列宁对俄国自由民粹主义的批判研究

汪勇 著

当代世界出版社
THE CONTEMPORARY WORLD PRESS

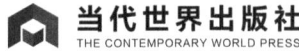

图书在版编目（CIP）数据

列宁对俄国自由民粹主义的批判研究 / 汪勇著.
北京：当代世界出版社，2024.10. -- ISBN 978-7
-5090-1852-1

Ⅰ．A82；D351.2

中国国家版本馆 CIP 数据核字第 2024SW2095 号

书　　名：	列宁对俄国自由民粹主义的批判研究
作　　者：	汪勇 著
出 品 人：	李双伍
策划编辑：	刘娟娟
责任编辑：	刘娟娟　徐嘉璐
出版发行：	当代世界出版社有限公司
地　　址：	北京市地安门东大街 70-9 号
邮　　编：	100009
邮　　箱：	ddsjchubanshe@163.com
编务电话：	（010）83907528
	（010）83908410 转 804
发行电话：	（010）83908410 转 812
传　　真：	（010）83908410 转 806
经　　销：	新华书店
印　　刷：	廊坊市印艺阁数字科技有限公司
开　　本：	710 毫米×1000 毫米　1/16
印　　张：	27.5
字　　数：	250 千字
版　　次：	2024 年 10 月第 1 版
印　　次：	2024 年 10 月第 1 次
书　　号：	ISBN 978-7-5090-1852-1
定　　价：	98.00 元

法律顾问：北京市东卫律师事务所　钱汪龙律师团队　（010）65542827
版权所有，翻印必究；未经许可，不得转载。

前　言

俄国民粹主义作为影响俄国近百年的社会思潮，其内部思想复杂、派别林立、体系庞杂，但他们也有非常突出的共同特点，即理想化农村公社（村社），企图以此为基石建立农民社会主义。国内外研究者基本上把俄国民粹主义作为一个整体加以研究，但本书认为，俄国民粹主义的不同派别有着不同的吁求，对俄国社会的影响不同，受列宁的关注程度也是不同的。俄国民粹主义主要有革命民粹主义、自由民粹主义和社会革命党三种样态。列宁对革命民粹主义保持了足够的尊敬，而对自由民粹主义则采取了批判的态度。自由民粹主义作为俄国民粹主义发展到特定历史阶段的特殊样态，作为19世纪末20世纪初在俄国盛行的社会思潮，在理论上和实践上对当时俄国经济社会产生了巨大影响。自由主义民粹派拒斥资本主义，迷恋村社制度，企图以改良方式进行社会变革，其理论主张使俄国革命和发展道路变得扑朔迷离。与此同时，他们利用"合法刊物"对与其观点相左的马克思主义发起攻击。彼时，列宁以马克思主义者的身份登上俄国政治舞台，面对这一情况，他主动承担起对自由民粹主义的批判任务。

列宁把马克思主义理论同俄国具体实际相结合，采用了科学方法完成了对自由民粹主义的批判任务。从批判的内容来看，首先，针对备受人们关注的俄国发展道路问题，自由民粹主义认为，资本主义发展是"人为的""偶然的"，市场匮乏，资本主义在俄国是行不通的，片面清谈资本主义生产只能带来农民破产、贫富差距加大的灾难，企图"寻找其他道路"来避开资本主义，进入社会主义。对此，列宁批判地指出，自由民粹主义革命性丧失，与自由主义合流，堕落为企图以"小事情"的改良方式来实现社会变革的文化主义，他们不情愿看到资本主义的发展，鼓吹"人民经济优越论"，但只要"刮一刮"，就能显示其原形；这种主张显示出其实质是代表小资产阶级利益的机会主义。列宁进一步分析了自由民粹主义理论根源，认为他们的这种主张只不过是西欧浪漫主义的变种，只不过是重拾在西欧早被抛弃的西斯蒙第"经济浪漫主义"的"陈旧废物"，二者在国外市场、剩余价值等问题的看法上如出一辙。

针对自由主义民粹派以主观社会学对马克思主义唯物史观发起攻击，诬陷唯物史观为"宿命论"的问题，列宁在充分肯定个人作用的基础上，批判了自由民粹主义所谓的历史是由"具有自己的一切思想和感情的活的个人"创造的论调，认为其所主张的"个人"不过是塞满小资产阶级思想和情感的提线木偶，这种思维模式难以把握社会发展规律，也是造成其在发展道路、资本主义生产、文化教育方案等方面出现错误认知的重要原因。

从批判的方法来看，列宁坚持马克思主义方法论原则，遵循历史唯物主义和辩证唯物主义的哲学基石，以理论阐释与革命实践相统一的逻辑进路，阐释了具有原则高度的科学社会主义目标；在坚持充分占有材料和科学分析相结合的基础上，采用历史主义分析、阶级分析、统计分析和辩证分析等具体的科学方法，以高度的方法论自觉廓清了种种理论迷雾，全面剖析了自由民粹主义的内在机理，透视了自由民粹主义的内涵实质和阶级本质，揭示了自由民粹主义的空想性和反动性。

列宁以其深邃的理论和科学的方法完成了对自由民粹主义的批判任务，为传播马克思主义、探索适合俄国的发展道路发挥了巨大的推动作用，在马克思主义发展史和科学社会主义运动史上具有重要的历史地位，更是为辨析与批判当今全球肆虐的民粹主义思潮，以及形形色色、层出不穷的各种思潮提供了宝贵的理论指导和方法借鉴。

目 录

绪 论 /1

第一章

概念澄明：俄国自由民粹主义理路

/ 39

第一节　俄国民粹主义的理论考察 / 42

第二节　俄国自由主义的理论考察 / 82

第三节　俄国自由民粹主义的理论考辨 / 93

第二章

批判缘起：列宁批判俄国自由民粹主义的背景阐释

/ 123

第一节　列宁批判俄国自由民粹主义的历史背景 / 125

第二节　列宁批判俄国自由民粹主义的理论背景 / 139

第三节　列宁批判俄国自由民粹主义的现实需要 / 161

第三章

批判架构：列宁批判俄国自由民粹主义的多维向度

/ 177

第一节　列宁对俄国自由民粹主义发展道路观点的批判 / 180

第二节　列宁对俄国自由民粹主义经济学思想的批判 / 208

第三节　列宁对俄国自由民粹主义文化教育理念的批判 / 248

第四节　列宁对俄国自由民粹主义思想基石的批判 / 272

第四章

批判方法：列宁批判俄国自由民粹主义的方法论阐释

/ 291

第一节　列宁批判俄国自由民粹主义的方法论基础 / 293

第二节　列宁批判俄国自由民粹主义的方法进路 / 312

第三节　列宁批判俄国自由民粹主义的方法论特征 / 339

第五章
理论价值：列宁批判俄国自由民粹主义的价值分析

/351

第一节　列宁批判俄国自由民粹主义的历史地位／353

第二节　列宁批判俄国自由民粹主义的当代意蕴／377

余 论
理性审视批判的两个问题
———— /391

参考文献
———— /403

绪 论

绪 论

一、选题缘由和意义

民粹主义作为一种社会思潮，自19世纪在俄国和美国诞生以来，像"幽灵"一样在世界各地徘徊，在世界政治舞台扮演着不容小觑的角色，影响着世界政治发展。2008年全球金融危机之后，世界范围内的民粹主义乘势而起，在欧洲、美洲、非洲和东南亚时有显现。以英国"脱欧"、特朗普上台担任美国第45任总统为主要标志，世界民粹主义运动进入了一个新阶段。在美国，受2008年全球金融危机冲击，经济乏力、就业锐减、福利削弱和收入差距拉大等社会问题不断加剧，民粹主义爆发周期进一步缩短，各种形式的民粹主义运动相继出现，如"美国例外论"的"茶党"运动、"我们是99%"的"占领华尔街"运动、特朗普的反智排外主义等。民粹主义缺乏意识形态精神内核，是一种依附性思潮。特朗普利用底层白人的不满情绪，运用推特（Twitter）等社交媒体营造出尊重"人民"、反对"精英"的氛围，展现"克里斯玛型"领袖气质，获得了民众的支持，撕裂了美国社会；还利用民粹主义，通过身份政治把底层民众的焦虑根源归结为移民、少数族裔和全球化等因素，"对内有针对性地排除少数族裔和移民的平权诉求，对外施行贸易保护主义、强化掠夺性资本主义霸权"①。民粹主义诞生至今，尽管时代和地域不尽相同，表征形式也存在若干差异，但其理想化的内在实质并未发生根本性变化。

俄国民粹主义不仅对俄国历史产生过深远影响，还对世界其他国家有着较大影响。俄国自由民粹主义在政治、经济、文化上的系列主张，使俄国革命道路和发展前景变得扑朔迷离。正值这一时期，伟大的无产阶级革命家列宁登上俄国历史舞台，列宁把马克思主义与俄国实际相结合，以科学方法对当时俄国的自由民粹主义进行了全面系统的批判。列宁的批判不仅澄清了俄国革命理论和发展道路的问题，还为俄国抵制错误思潮和传播马克思主义提供了思想基础，为当时社会转型、思潮迭起的俄国何去何从提供了正确的思想引领。

在马克思主义发展史上，列宁对错误思潮的批判，特别是对俄国自由民粹主义的批判，是应对错误思潮的成功典范。深入研究这一批判，剖析这一错误思潮的内在机理，从理论内容和科学方法的维度深入挖掘列宁对俄国自由民粹主义的批判价值，探究批判的理论原理和方法论意蕴，能够为有效应对民粹主义等错误思潮提供理论指导和方法借鉴。因此，深入研究列

---

① 张育瑄：《现代美国民粹主义的结构与困局分析》，载《世界民族》，2021年第1期，第32页。

宁对俄国自由民粹主义的批判，具有重要的理论和现实意义。

（一）理论意义

第一，廓清俄国民粹主义的概念，更正错误认识。本书通过对俄国民粹主义进行历史考察，研究列宁文本中"民粹主义"是在何种意义上使用的，并从中剥离出具有特定内涵的自由民粹主义。目前，学界"重点研究革命民粹主义，对自由民粹主义（注：原书作者采用的是改革民粹主义）研究的比较薄弱，有许多地方甚至是空白"①，即便是关于列宁文本中民粹主义的相关研究，亦更多从总体的"民粹主义"展开。实际上，民粹主义在列宁视域中有广义和狭义之分，广义上包含着对民粹主义的辩证看待，存在着批判与肯定。正因如此，部分西方学者特别是部分西方"列宁学"②学者认为，列宁思想来源于俄国民粹主义，把列宁思想与其对革命民粹主义革命性与民主性的肯定，简单地画上等号，以意识形态的偏见及片面的、静

---

① 马龙闪、刘建国：《俄国民粹主义及其跨世纪影响》，桂林：广西师范大学出版社，2013年版，第172页。

② 西方"列宁学"缘起于20世纪60年代，作为一种社会思潮，主要采用资产阶级或小资产阶级立场来研究列宁及列宁主义，对列宁的思想来源、生平活动及其著作进行歪曲理解，试图通过制造列宁主义与马克思主义、与同时代人、与后继者相对立的观点，来否定列宁主义和马克思主义。参见叶卫平：《西方"列宁学"研究》，北京：中国人民大学出版社，1991年版，第1—28页。

止的、孤立的形而上学思维模式对列宁思想溯源，甚至错误地认为"列宁是一个民粹主义者"。本书在历史语境下研究列宁对俄国自由民粹主义的批判，旨在以批判彻底划清列宁与民粹主义界限，澄清模糊概念，更正错误认识，还列宁主义以本来面貌。

第二，深挖列宁早期批判思想的丰富内涵。自由民粹主义是19世纪末20世纪初影响俄国发展的主要思潮。自由主义民粹派在《俄国财富》杂志（Русское богатство，1876—1918年）①、《祖国纪事》杂志（Отечественные записки，1868—1884年）等所谓"合法刊物"上对马克思主义发起攻击。为了维护和传播马克思主义，列宁开启对自由民粹主义错误观点的批判，在批判过程中不仅逐步深化了对俄国民粹主义的认识，也为对合法马克思主义②、自由主义、经济主义等错误思

---

① 该杂志于1876年创办，1893年起成为自由民粹主义刊物，1914—1917年改名为《俄国纪事》。

② 合法马克思主义即司徒卢威主义，是19世纪90年代出现在俄国自由派知识分子中的一种思想政治流派，主要代表人物即彼·伯·司徒卢威。合法马克思主义利用马克思经济学说中能为资产阶级所接受的个别论点为俄国资本主义的发展作论证。司徒卢威在批判小生产的维护者民粹派的同时，赞美资本主义，号召人们"承认自己的不文明并向资本主义学习"，抹杀了资本主义的阶级矛盾。合法马克思主义者起初是社会民主党的同路人，后来彻底转向资产阶级自由主义。到1900年《火星报》出版时，合法马克思主义作为思想流派已不再存在。参见中共中央马克思恩格斯列宁斯大林著作编译局编译：《列宁全集》第二版增订版（第九卷），北京：人民出版社，2017年版，第434页。

想的批判提供了丰富经验。一方面,考察列宁文本中的民粹主义,结合语境剥离出批判对象,从而达到精准研究列宁对俄国自由民粹主义的批判,避免因概念内涵笼统化导致批判靶向偏离和研究对象错位。另一方面,系统研究批判的方法论,以此拓展列宁早期批判思想的广度,深化其批判思想的深度。

第三,以历史主义审视列宁在批判思想上的超越性。在俄国历史上,格·瓦·普列汉诺夫(Георгий Валентинович Плеханов,1856—1918年)[1]率先开启了对民粹主义的批判。

---

[1] 全名为格奥尔基·瓦连廷诺维奇·普列汉诺夫,俄国早期的马克思主义理论家,后来成为孟什维克和第二国际机会主义领袖之一。19世纪70年代参加民粹主义运动,是土地和自由社成员及土地平分社领导人之一。1880年侨居瑞士,并同民粹主义决裂。1883年在日内瓦创建俄国第一个马克思主义组织——劳动解放社。普列汉诺夫翻译和介绍了许多马克思和恩格斯的著作,对马克思主义在俄国的传播发挥重要作用;写过不少优秀的马克思主义著作,批判民粹主义、合法马克思主义、经济主义、伯恩施坦主义和马赫主义。20世纪初,普列汉诺夫是《火星报》和《曙光》杂志编辑部成员。1905—1907年革命时期,他反对列宁的民主革命的策略,后来在孟什维克和布尔什维克之间摇摆。在俄国社会民主工党第四次(统一)代表大会上作了关于土地问题的报告,维护马斯洛夫的孟什维克方案;在国家杜马问题上坚持极右立场,呼吁支持立宪民主党人的杜马。在斯托雷平土地改革时期和新的革命高涨年代,他反对取消主义,领导孟什维克护党派。第一次世界大战期间持社会沙文主义立场。1917年二月革命后,他支持资产阶级临时政府,对十月革命持否定态度,但拒绝支持反革命。重要的理论著作有《社会主义与政治斗争》(1883年)、《我们的意见分歧》(1885年)、《论一元论历史观之发展》(1895年)、《论个人在历史上的作用》(1898年)等。参见中共中央马克思恩格斯列宁斯大林著作编译局编译:《列宁全集》第二版增订版(第一卷),北京:人民出版社,2013年版,第539页。

普列汉诺夫作为早于列宁的俄国马克思主义传播者和第一个马克思主义团体——劳动解放社的创立者，在批判民粹主义等错误思潮上发挥过重要作用。列宁对此给予了很高评价。但普列汉诺夫教条式地对待马克思主义，且在俄国革命道路和资本主义发展问题上把马克思主义庸俗化，导致其未能完成对民粹主义的批判任务。而列宁以马克思主义立场出发，从政治、经济、文化等方面对自由民粹主义进行了全面的批判，完成了对自由民粹主义的批判任务，实现了对普列汉诺夫批判民粹主义的超越。

（二）现实意义

第一，为认识错误思潮、坚持马克思主义提供实践指南。列宁批判俄国自由民粹主义与维护和传播马克思主义是一体两面，二者相辅相成。俄国自由民粹主义在当时俄国有着举足轻重的影响，其对马克思主义发起攻击，成为马克思主义在俄国传播的主要障碍。列宁以强大的理论勇气和实践魄力，开启对自由民粹主义的批判工作，不仅揭示了自由民粹主义的思想实质，还探究了其错误根源，关键是划清了马克思主义与俄国自由民粹主义错误思潮的界限，维护和传播了马克思主义。列宁批判自由民粹主义的理论视域、逻辑架构为我们警惕和抵制包括民粹主义在内的各种社会思潮的侵蚀、维护马克思主义在意识形态领域的指导地位提供了实践指南。

第二,为应对民粹主义等错误思潮提供方法借鉴。不管是发轫于19世纪的俄国民粹主义,还是如今在世界范围内蔓延的民粹主义,其基本内核有着许多共通性。西方敌对势力利用网络技术和文化交流、学术讨论等方式传播错误思潮,给相关研究提出更高要求。习近平总书记在党的十九大报告中强调:"注意区分政治原则问题、思想认识问题、学术观点问题,旗帜鲜明反对和抵制各种错误观点。"[①] 列宁基于辩证唯物主义和历史唯物主义,坚持历史主义、辩证分析、阶级分析等具体方法,彻底完成了批判任务。这一批判的方法论意蕴为应对民粹主义等错误思潮提供了借鉴。

二、国内外研究现状

俄国民粹主义作为从沙俄到苏俄转变时期的政治思潮及社会运动,对俄国发展道路理论和革命实践活动产生过巨大影响。列宁作为俄国社会主义的创始人,赓续了马克思主义的批判精神,通过在批判中建构的逻辑理路,完成了列宁主义的创

[①] 习近平:《习近平谈治国理政》(第二卷),北京:外文出版社,2017年版,第33页。

建。列宁对自由民粹主义的批判在列宁思想的发展历程中有着举足轻重的地位。研究列宁对俄国自由民粹主义错误思潮的批判是理解列宁主义理论形成的重要基础和前提。纵观国内外列宁思想研究，国内学者研究重点主要在于列宁中晚期的帝国主义理论、社会主义革命和建设理论及政党理论，相较而言，对列宁早期批判俄国自由民粹主义等错误思潮的研究略显薄弱；国外学者主要通过歪曲早期列宁与民粹主义的关系来否定列宁主义的马克思主义属性。

（一）国内研究现状

近年来，在世界民粹主义兴起背景下，俄国民粹主义研究也逐步为学界所重视。从国内学界来看，鲜有直接以"俄国自由民粹主义"为对象的相关研究。有鉴于此，综述主要从作为宽泛概念的俄国民粹主义展开。在学术论文方面，通过检索中国知网（CNKI），发现，截至 2024 年 3 月，篇名明确以"俄国民粹主义"为研究对象的期刊论文有 43 篇，博士学位论文 4 篇，硕士学位论文 12 篇；其中，主题涉及"列宁"与"俄国民粹主义"研究的期刊论文有 8 篇，博士学位论文 3 篇，硕士学位论文 5 篇。从发表时间来看，这些成果主要集中在 21 世纪，且呈逐步增多的趋势。在学术著作方面，以"俄国民粹主义"为主题词，通过中国国家图书馆检索发现，截至2024年3月，专著有3本：陆波在1956年编著的《俄国民粹主义与马克思主义》，夏银平于2005年出版的《俄国民粹主义再认识》，马龙闪、刘建国于2013年出版的《俄国民粹主义及其跨世纪影响》。目前，学界未有直接系统地研究列宁对俄国民粹主义批判的专著。具体情况如下：

1. 直接以列宁对俄国民粹主义批判为主题的研究

从公开发表的研究成果来看，青年学者徐芹颇具影响力，她的主要研究领域是列宁的早期思想，列宁对民粹主义的批判是其中重要的研究维度。徐芹在这一维度的研究成果颇丰，主要围绕列宁对民粹派某一方面的批判展开研究，如"非资本主义道路""人民经济""社会主义远景论"等。她在《论列宁对民粹派"非资本主义道路"理论的批判》一文中写道，在列宁看来，民粹派无视俄国资本主义发展的现实，企图依靠正在瓦解的村社，跳过资本主义的发展阶段，进入社会主义社会，只不过是脱离实际的幻想。① 在《列宁对民粹派"人民经济论"的批判及其当代价值》一文中指出，列宁认为民粹派把村社经济鼓吹为比资本主义经济更为优越的"人民经济"，并把

---

① 徐芹：《论列宁对民粹派"非资本主义道路"理论的批判》，载《理论学刊》，2010年第2期，第8—12页。

二者对立起来，批判他们以资本主义的高级阶段——大机器工业为标准来简单地衡量俄国资本主义，实际上，"人民工业"的手工业已经是资本主义的"萌芽状态"。① 在《列宁对民粹派社会主义远景论的批判及其当代价值》一文中指出，民粹派指责科学社会主义不反映社会现实，而是依靠"未来的远景"获得工人的支持；列宁对这一"社会远景论"进行批判，认为科学社会主义对未来虽然提出过一些一般性的暗示，但它是依靠科学分析和批判资产阶级制度来吸引工人的。② 在俄国民粹派实现社会主义这个问题上，杨谦、杨文亮在《论列宁对民粹派"社会主义实现论"的批判》一文中写道，在列宁看来，民粹派在主观社会学下，企图以"村社根基论"和"农民领导革命论"为基石的"社会主义实现论"是行不通的。③ 另外值得一提的是，徐文文以俄国民粹主义为总体性对象，强调作为一种整体意识形态的民粹主义思潮，在其博士学位论文《列宁对俄国民粹主义批判研究》中，从俄国民粹派的经济观、文化

---

① 徐芹：《列宁对民粹派"人民经济论"的批判及其当代价值》，载《南京政治学院学报》，2015年第5期，第19—23页。
② 徐芹：《列宁对民粹派社会主义远景论的批判及其当代价值》，载《江汉论坛》，2015年第12期，第49—54页。
③ 杨谦、杨文亮：《论列宁对民粹派"社会主义实现论"的批判》，载《思想理论教育导刊》，2018年第2期，第50—54页。

观、历史观等方面，阐释了列宁对俄国民粹主义的批判。① 肖遥同样以俄国民粹主义为对象，从经济观、政治观、文化观和哲学观等维度研究列宁的批判思想。②

近年来，随着研究的进一步深化，以列宁对俄国民粹主义批判为主题的研究也呈现出多元化特点。其一，有学者开始关注列宁对民粹主义的批判方法。孙秀玲、吕薇洲指出，错误思潮通常善于通过伪装、混淆概念和学术化转移来迷惑和欺骗大众；列宁善于综合运用马克思恩格斯的阶级分析、哲学批判等科学方法，撕开民粹主义的伪装，揭露其反动本质，为我们提供了指导意义。③ 杨军、郝垚丽也持相似的观点，认为，列宁在对民粹主义的批判中运用包括历史分析法、阶级分析法、比较分析法等科学的方法。④ 其二，有学者开始探索列宁对民粹主义批判的总体性研究，如李健在《列宁对俄国民粹派的批判要点分析》一文中，简明扼要地把列宁对民粹主义的批判概括

---

① 徐文文:《列宁对俄国民粹主义批判研究》，辽宁大学博士学位论文，2021年5月。

② 肖遥:《列宁对俄国民粹主义批判研究》，中共中央党校(国家行政学院)博士学位论文，2022年6月。

③ 孙秀玲、吕薇洲:《列宁对民粹主义思潮的批判方法及其当代价值》，载《天津师范大学学报(社会科学版)》，2021年第1期，第64—70页。

④ 杨军、郝垚丽:《列宁批判俄国民粹主义的科学方法及其启示》，载《思想教育研究》，2021年第7期，第94—99页。

为三个方面，即以民粹派的哲学方法论、经济观点和乌托邦性质为批判要点，揭示了民粹派的小资产阶级本质。① 另有一些学者研究列宁批判民粹主义的辩证性，耿仁杰、孙来斌发现，列宁通过深入剖析俄国民粹主义流派及其实质、揭示民粹主义反动性和革命性、客观评价民粹主义与俄国马克思主义的关系，对民粹主义进行了辩证的批判。② 具有相似逻辑的还有丁笃本，他认为，列宁在党的组织原则上坚持马克思主义立场，对革命民粹派政党的组织原则的批判、改造与吸收具体是从三个方面进行的：一是吸收了政党应该由先进分子组成，批判了民粹派脱离广大群众的组织联系；二是吸收了实行统一的高度集中的领导，批判了民粹派的集中制的前提保证，强调要发展党内民主；三是吸收了政党的严格组织纪律，提出无产阶级要有铁的纪律，批判了民粹派靠个人激情支撑的纪律。③ 其三，有学者通过研究列宁著作的具体篇目来阐释列宁对民粹主义的批判。其中受关注度最高的列宁著作是《什么是"人民之友"以及他们如何攻击社会民主党人？》（以下简称《什么是"人

---

① 李健：《列宁对俄国民粹派的批判要点分析》，载《思想理论教育导刊》，2020年第12期，第29—33页。

② 耿仁杰、孙来斌：《列宁对俄国民粹主义的辩证批判及其重大意义》，载《理论视野》，2021年第4期，第20—26页。

③ 丁笃本：《列宁对俄国革命民粹派政党组织原则的批判继承》，载《求索》，1992年第5期，第109—111页。

民之友"?》),田心铭、夏银平、胡钧等学者均以该文为样本,阐释了列宁对俄国民粹主义的批判,认为列宁在批判中捍卫和发展了唯物史观。① 上述学者从不同侧重点全面开启了对列宁批判民粹主义的研究。

2. 以历史哲学视角阐释列宁对俄国民粹主义批判的研究

这一维度的研究中,夏银平的《俄国民粹主义再认识》颇具代表性,作者从历史哲学角度对俄国民粹主义进行研究,其中对列宁与俄国民粹主义的关系进行的分析,着重从社会发展道路角度来比较俄国民粹主义观点与列宁思想的异同,在比较分析中简要地阐释了列宁对俄国民粹主义的批判。② 安启念则是在历史哲学视域下把列宁主义的实质定位为斗争实践,指出,列宁早期与民粹派的根本分歧在于是否把社会主义事业建立在现代资本主义文明基础上;列宁从理论与实践方面完成了

---

① 田心铭:《在反对自由主义民粹派的斗争中捍卫和阐发唯物主义历史观——列宁〈什么是"人民之友"以及他们如何攻击社会民主党人?〉第一编研读》,载《思想理论教育导刊》,2012年第11期,第21—27页;夏银平、冯婉玲:《列宁对非马克思主义错误思潮的批判及其启示——以〈什么是"人民之友"以及他们如何攻击社会民主党人?〉为样本》,载《中共福建省委党校(福建行政学院)学报》,2020年第5期,第152—158页;胡钧:《唯心史观和社会学中的主观方法批判——读列宁〈什么是"人民之友"以及他们如何攻击社会民主党人?〉》,载《高校理论战线》,2009年第8期,第17—23页。

② 夏银平:《俄国民粹主义再认识》,广州:中山大学出版社,2005年版,第184—198页。

批判民粹派的任务，宣告了民粹主义现代文化观的破产。① 马龙闪、刘建国从历史学角度全面系统地研究了俄国民粹主义，在他们看来，在各个不同的历史时期，列宁不同著作中"民粹主义"这一术语的含义是各不相同的，并对列宁意义上的"民粹主义"作了两个层面的考察，一层是指宏大的社会思潮，即农民民主派的思想体系，另一层是指狭义的、专门含义的用语，大体指自由民粹主义或现代民粹主义。而列宁所批判的正是狭义的、指代专门含义的自由民粹主义，即改革派民粹主义。② 此外，有学者以列宁视域探索了俄国民粹主义的历史性变化。徐瑾在其博士学位论文中，把列宁对民粹主义的认识变化过程总结为从否定到肯定再到殊途同归，认为这一认识变化是列宁在马克思主义的指导下，通过对俄国革命形势发展的分析、对国情的重新认识，以及民粹主义的历史演变形成的，把否定维度归结为列宁对民粹主义的批判，并从政治观、经济观、文化观、社会观和革命观等方面进行研究。③ 曹维安以19世纪俄国重大历史事件为背景，在其著作《俄国史新论》中对

---

① 安启念：《东方国家的社会跳跃与文化滞后——俄罗斯文化与列宁主义问题》，北京：中国人民大学出版社，1994年版，第230—257页。
② 马龙闪、刘建国：《俄国民粹主义及其跨世纪影响》，桂林：广西师范大学出版社，2013年版，第242—263页。
③ 徐瑾：《列宁对俄国民粹主义认识的变化及其当代启示研究》，华中师范大学博士学位论文，2018年5月。

民粹派代表人物和民粹派运动进行了划分和阐释,在论述民粹派与马克思主义的论战时,提到了列宁对民粹主义的批判。① 从历史学、历史哲学这一维度开展的关于列宁对民粹主义批判的研究,还散见于金雁、张翼星等学者的著作之中。②

3. 在思想发展史中关于列宁对俄国民粹主义批判的研究

这类情况主要见于有关马克思主义发展史、列宁思想史的研究,如:马建行主编的《马克思主义史(第二卷):马克思主义在垄断资本主义初期的发展》;庄福龄主编的《简明马克思主义史》;顾海良总编,孙来斌、刘斌主编的《20世纪马克思主义发展史(第二卷):19世纪末至十月革命前马克思主义的发展》等。这些著作中都用了一定篇幅阐释俄国民粹主义及列宁对俄国民粹主义的批判。庄福龄主编的《马克思主义史》(四卷本)和《简明马克思主义史》,从维护马克思主义立场出发,认为列宁通过对民粹主义等错误思潮的批判,捍卫和发展了马克思主义,形成了列宁主义。具体而言:一方面,列宁运用马克思的唯物主义和唯物史观对米海洛夫斯基的主观社会

---

① 曹维安:《俄国史新论——影响俄国历史发展的基本问题》,北京:中国社会科学出版社,2002年版,第316—380页。

② 金雁、秦晖:《农村公社、改革与革命——村社传统与俄国现代化之路》,北京:东方出版社,2013年版;张翼星:《列宁哲学思想的历史命运》,重庆:重庆出版社,1992年版。

学进行批判；另一方面，列宁运用马克思主义政治经济学原理、观点和方法，批判民粹主义的社会发展观，科学地论证俄国资本主义的产生和发展。①张一兵主编的《资本主义理解史》（六卷本）采用有别于传统马克思主义发展史的叙述范式，坚持马克思主义立场，从哲学视角对资本主义历史进行考察。其中，刘怀玉等编撰的《资本主义理解史（第三卷）：苏俄马克思主义的资本主义观》同样遵照这一叙述逻辑，阐释了列宁资本主义观是在同民粹派的斗争中形成的。②孙来斌、刘斌主编的《20世纪马克思主义发展史（第二卷）：19世纪末至十月革命前马克思主义的发展》一书，以列宁与民粹派论战分析来完成对民粹派理论的清算。主要涉及五个方面：一是从社会分工出发，批判民粹派主张的国内不具有市场的观点，彻底清算他们的经济理论；二是批判资本主义"人为论"，论证俄国资本主义发展的客观必然性；三是批判民粹主义的主观社

---

① 《马克思主义史》共四卷，由中国人民大学马列主义发展史研究所编，于1995—1996年出版。全套书由庄福龄担任主编，马建行、沈云锁、顾海良、梁树发担任副主编，每卷有各自主编和副主编。其中涉及列宁对民粹主义批判的部分参见马建行主编：《马克思主义史(第二卷)：马克思主义在垄断资本主义初期的发展》，北京：人民出版社，1995年版，第98—119页；庄福龄主编：《简明马克思主义史》，北京：人民出版社，2001年版，第188—194页。

② 张一兵主编，刘怀玉、刘维春、陈培永著：《资本主义理解史(第三卷)：苏俄马克思主义的资本主义观》，南京：江苏人民出版社，2009年版，第19—94页。

会学,维护唯物史观的真理性;四是批判民粹派的"人类天性"论,阐述历史唯物主义;五是批判民粹派把历史必然性与个人作用对立的错误思想。① 此外,以此方式展开的相关研究成果还有郭继严、辛仲勤等主编的《马克思主义发展史》,黄楠森等主编的《马克思主义哲学史》(第四卷),以及《马克思主义发展史》编写组编写的《马克思主义发展史》等。② 总体来看,这类研究主要侧重要点知识介绍,因此具有较高的同质性。

4. 在马克思主义东方社会理论中关于列宁对俄国民粹主义批判的研究

马克思主义东方社会理论的俄国民粹主义部分是学者们关注的重要方面。事实上,不论是马克思、恩格斯,还是列宁,他们在思想理论上与俄国民粹主义都有过交锋,在现实生活中

---

① 顾海良总编,孙来斌、刘斌主编:《20世纪马克思主义发展史(第二卷):19世纪末至十月革命前马克思主义的发展》,北京:中国人民大学出版社,2019年版,第156—174页。说明:《20世纪马克思主义发展史》(九卷本)是由北京大学马克思主义学院组编,顾海良担任总编,并作为"十三五"国家重点图书出版规划项目,由北京大学、中国人民大学、复旦大学、武汉大学、南京师范大学等国内多所高校和科研机构协同完成,是目前最为详细的马克思主义发展史,学术性、理论性强。

② 郭继严、辛仲勤等主编:《马克思主义发展史》,北京:中国人民大学出版社,1989年版;黄楠森等主编:《马克思主义哲学史》(第四卷),北京:北京出版社,1994年版;《马克思主义发展史》编写组:《马克思主义发展史》,北京:高等教育出版社,2013年版。

亦有交集，这既使列宁对俄国民粹主义的批判成为马克思主义东方社会理论研究的重要组成部分，也为学者们研究这一维度提供了丰富的素材。如何萍指出，马克思主义东方社会理论是探讨东方农民国家的现代化问题。在通往现代化路径上，列宁和俄国民粹主义在理论上秉持两种完全相左的社会主义观：科学社会主义和村社社会主义。列宁对民粹派的批判不在于论证东方社会能否跨越资本主义"卡夫丁峡谷"，而是论证其不能跨越"卡夫丁峡谷"。列宁认为，低级社会形态需要从外部借助高级经济社会形态的一切文明成果，加速现代化进程。① 俞良早认为，马克思恩格斯东方社会理论的特点是力图回答能不能在村社的基础上实现社会主义的问题，但没有同东方成熟的社会主义实践相结合；而列宁的东方社会理论是同成熟的东方社会主义实践相结合的，能更加有效地指导说明 20 世纪东方的社会主义实践。② 列宁的东方社会理论是对马克思恩格斯东方社会理论的继承和发展，并从实践上否定了民粹派的村社社会主义。而胡运锋研究发现，俄国民粹派的村社理论中不乏合理内核，譬如，他们看到了有别于欧洲的俄国发展道路、农民

---

① 何萍：《从列宁对民粹派的批判看列宁的东方社会理论》，载《马克思主义哲学研究》，2001 年创刊号，第 69—80 页。

② 俞良早：《马克思主义东方学》，北京：人民出版社，2011 年版，第 26—43 页。

在革命中的地位和作用、到工人中进行宣传活动等,这些合理内核为列宁的东方社会理论提供了一定的思想来源。①

5. 在研究西方"列宁学"中涉及列宁对俄国民粹主义批判的研究

西方"列宁学"学者是西方学界研究列宁的主要群体。他们错误地提出,列宁思想的主要来源是俄国民粹主义,甚至断言"列宁是一个民粹主义者"。为此,国内学界出现了"一体两面"的系列研究成果,即在批判西方"列宁学"、捍卫列宁主义时,蕴含着研究列宁批判民粹主义的向度。具有代表性的学者是叶卫平,他在《西方"列宁学"研究》中指出,西方"列宁学"夸大尼·加·车尔尼雪夫斯基(Николай Гаврилович Чернышевский,1828—1889年)和民意党②对列宁的影响,把列宁主义说成是民粹主义的理论产物。对此,叶卫平还辩证地分析了民粹主义对列宁的影响,认为车尔尼雪夫斯基虽然对列宁走向革命道路产生过影响,但列宁批判了车尔尼雪夫斯基在立场上的小资产阶级、理论上的乌托邦和经济学上的形式错误,

---

① 胡运锋:《列宁东方理论及其时代意蕴》,载《求实》,2014年第12期,第4—9页。

② 俄国民意党,民粹派的一个秘密组织,1879年从土地和自由社中分裂而来,主要通过暗杀沙皇等密谋暗杀活动来推翻专制统治。列宁的哥哥亚历山大·伊里奇·乌里扬诺夫是该组织成员。

否定了西方"列宁学"的错误断言。① 俞良早也同样认为，西方"列宁学"的上述观点是不符合历史事实的。列宁在斗争策略上与民意党人主张的恐怖主义是针锋相对的；在俄国发展问题上，列宁批判了民粹派关于俄国资本主义不能充分发展的观点；在社会主义基础上，列宁划清了科学社会主义革命路线与民粹派村社社会主义路线的界限；通过梳理车尔尼雪夫斯基、彼·尼·特卡乔夫（П. Н. Ткачёв，1844—1886年）、涅恰耶夫（Сергей Геннадиевич Нечаев，1847—1882年）与列宁的关系，划清了不同理论之间的界限。② 陈红、姜波主要围绕列宁的与车尔尼雪夫斯基一样书名的《怎么办？》进行分析，驳斥西方"列宁学"所持"列宁是民粹主义者"的错误观点，认为车尔尼雪夫斯基虽然对列宁思想的形成产生了影响，但由列宁在流放期间撰写的一系列论战性文章可知，二者只是名称的形式上相同而已，把形式相同等同于内容上的继承，这在逻辑上和事实上都是难以成立的。在民意党问题上，列宁虽然强调要用暴力推翻封建制度，但他极力反对民意党单枪匹马的暗杀

---

① 叶卫平：《西方"列宁学"研究》，北京：中国人民大学出版社，1991年版，第75—87页。

② 俞良早：《创论"东方列宁学"》，南京：南京师范大学出版社，2004年版，第129—140页。

斗争。这也说明列宁思想与民粹主义有着本质不同。① 张传平发现，虽然当前西方"列宁学"学者大多对列宁持否定态度，但也有一些学者力图深入列宁的思想理论，对其进行客观公正的分析和评价，其中，当代西方"列宁学"代表人物尼尔·哈丁（Neil Harding）把研究重点由《怎么办？》转向《俄国资本主义的发展》，不赞成把列宁思想看作是所谓的先驱者车尔尼雪夫斯基、特卡乔夫等人及民意党的理论产物。②

需要说明的是，上述就国内关于列宁对俄国民粹主义批判的研究所作的归类，只是为了分析上的方便。实际上，国内学者有共同的研究目标：挖掘列宁与民粹主义的真正关系，回击西方学者对列宁与民粹主义关系的歪曲理解，正确认识列宁思想，捍卫列宁主义，以及把握列宁对民粹主义批判的实质和方法论意义，为当今应对错误思潮提供借鉴。

（二）国外研究现状

自 19 世纪民粹主义浪潮在美俄开启以来，民粹主义作为一

---

① 陈红、姜波：《对西方"列宁学"批判的批判》，载《当代世界与社会主义》，2021 年第 1 期，第 73—81 页。

② 张传平：《西方"列宁学"视域中的列宁主义及其批判》，载《南京社会科学》，2008 年第 12 期，第 10—16 页；张传平：《尼尔·哈丁与当代西方"列宁学"研究的理论转向》，载《山东社会科学》，2018 年第 7 期，第 70—75 页。

种政治思潮、一种政治心态，或是作为一种策略、一种社会运动，在世界范围扩散。与此同时，国外学界也随之兴起了关于俄国民粹主义的关注和讨论。总体而言，国外学界的研究具有两种不同范式，一种是俄语国家将民粹主义作为历史事实进行研究；另一种是英语国家将民粹主义作为超越时空的政治现象和社会运动进行研究。

在国外，列宁被赋予了多重面孔，不仅有"两个列宁"说，还有"三个列宁"说；① 既有"革命的列宁"和"改革的列宁"，也有"好的列宁"和"坏的列宁"。在西方左翼学者看来，要"开始重读、反思、重复、重述列宁或列宁主义，列宁似乎成为当代西方左翼政治理论的典范"②。这一系列观点意味着列宁研究在西方学界存在着较大的争论。列宁与民粹主义的关系研究也同样如此，有批判民粹主义的、吸收民粹主义

---

① "两个列宁"说最早由南斯拉夫哲学博士德拉古京·列科维奇在《列宁与斯大林主义》一文中提出，认为列宁遗产中存在着两个列宁：具体环境中的列宁和本质的列宁。具体环境中的列宁是态度生硬、不容异己的，是有限民主的代表者；本质的列宁具有原则高度。持有类似观点的还包括：法国共产党员弗朗西斯·科恩，他认为存在着理论家的列宁和行动者的列宁；政论家尤·布尔金在 20 世纪末发表文章《三个列宁》，认为存在十月革命的列宁、向新经济政策过渡的列宁和 1923 年年初的列宁。参见王丽华：《国外列宁研究中的不同观点》，载《当代世界与社会主义》，2005 年第 6 期，第 154—158 页。

② 韩爱叶：《重述列宁：真理抑或政治——兼论齐泽克对当代西方左翼政治理论的批判》，载《马克思主义与现实》，2014 年第 1 期，第 128—133 页。

的、隶属于民粹主义的等各不相同的观点。虽然尚未发现直接以列宁对民粹主义批判为研究对象的专著，但散见于其他形式成果之中的相关研究还是较为丰富的。

1. 苏联和俄罗斯关于列宁对俄国民粹主义的批判研究

十月革命前，列宁和普列汉诺夫对俄国民粹主义进行了深入的批判。十月革命后，俄国学者特奥多洛维奇（И. А. Теодорович）、涅夫斯基（В. И. Невский）则深化了对俄国民粹主义的研究。1938年，全联盟共产党（布尔什维克）[以下简称"联共（布）"] 中央特设委员会编撰出版《联共（布）党史简明教程》，对俄国民粹主义作出了定论，认为民粹主义是一种历史事实和历史现象。① 直到20世纪50年代，苏联学者安东诺夫（В. А. Антонов）、皮鲁莫娃（Н. М. Пирумова）、沃尔克（С. С. Волк）等重新开启俄国民粹主义研究，70年代后，马尔科夫（В. Л. Мальков）、霍罗斯（В. Г. Хорос）等学者吸收英语国家关于民粹主义的研究，并使用了外来词"популизм"，即"populism"，但研究趋势仍是用本土化理论

---

① 联共（布）中央特设委员会编，中共中央马克思恩格斯列宁斯大林著作编译局译：《联共（布）党史简明教程》，北京：人民出版社，1975年版，第10页。

来对待俄国民粹主义，试图构建一种独属俄罗斯的现象。① 东欧剧变、苏联解体后，随着俄罗斯政治学科的发展，民粹主义的相关研究也不断增多，列宁与俄国民粹主义的研究也成为其中一个重要向度。

在俄罗斯国内，关于列宁与民粹主义的研究主要有三种观点：第一种观点认为列宁对民粹主义持批评态度，但同时承认其进步性。尤里·别洛夫（Юрий Белов）在2014年10月22日发表于《真理报》的《新旗帜下的旧垃圾》(*Старый хлам под новым флагом*) 中指出，"列宁强烈批评民粹派，认为他们不承认资本主义在俄罗斯的发展有其必然性"，"民粹派的历史功绩体现在他们的理论中，他们是第一个提出俄国资本主义问题的人"。② 在尤金·亚历山大·伊里奇（Юдин Александр Ильич）看来，列宁强调了民粹主义思想的进步性，并呼吁关注其中的"民主思想"，"民粹派在这个问题上领悟更加深刻"。③ 第二种观点认为列宁与俄国民粹主义思想有相互影响的一面。尤金·亚历山大·伊里奇在《民粹主义与俄国马克思主

---

① 费海汀：《民粹主义研究：困境与出路》，载《欧洲研究》，2017年第3期，第128—148页。

② Юрий Белов, Старый хлам под новым флагом, газета "Правда", 22 января 2014.

③ А. И. Юдин, "Народничество и русский марксизм", *Вестник ТГУ*, № 4, 2011, C. 244-251.

义》(Народничество и Русский марксизм)中指出，在19世纪90年代，列宁以马克思主义立场击溃了民粹主义，但其思想和实践在某些方面受到了民粹主义的影响，尤其是在有关俄罗斯社会和农民的问题上。民粹主义代表农民的利益和思想，在现实俄国的革命过程中，由于俄罗斯农民人口占绝大多数，列宁不得不考虑农民的需求，重视农民利益，从而部分吸收了民粹主义中的民主思想，以适应俄罗斯的社会现实。革命胜利后，列宁意识到不能直接过渡到共产主义，因此他在理论上坚持马克思主义，但在实践中灵活运用了民粹主义的思想，为此他引入了新经济政策，以适应农民经济，这一政策反映了列宁在处理农民问题时对民粹主义的某种妥协和借鉴。① 第三种观点认为列宁思想本身就是一种民粹主义。鲁斯坦·瓦希托夫（Рустем Вахитов）在《列宁是一个自发的民粹主义者》（Ленин как стихийный народник）一文中指出，列宁创建的原本是俄罗斯的马克思主义，但列宁对革命问题、农民问题的态度具有民粹主义的基本特点。②

---

① А. И. Юдин,"Народничество и русский марксизм", Вестник ТГУ, № 4,2011,С. 244-251.

② Рустем Вахитов,"Ленин как стихийный народник", http://www.istoki-rb.ru/index.php? article=593/2010-04-21.

2. 英语国家关于列宁对民粹主义批判的研究

随着欧美民粹主义运动的跌宕起伏，西方英语世界的研究范式成为世界民粹主义研究主流。近些年来，特别是英国"脱欧"、美国特朗普上台，以及拉丁美洲的民粹主义泛滥，英语国家关于民粹主义的研究热忱高涨。英语国家的民粹主义研究主要基于19世纪末美国人民党领导农民反抗运动的路向推进。20世纪50年代，他们开始把民粹主义视为一种现实的政治现象加以研究，主要以爱德华·希尔斯（Edward Shils）为代表。与此同时，希尔斯还开启对何谓民粹主义的探究，指出，民粹主义的本质是精英与大众的对立，是对精英统治阶层的一种不满情绪和反抗。1967年，伦敦经济学院组织来自世界各地的学者，召开以定义民粹主义为主题的大会，尽管会议没有达成共识，但结集出版了包括以赛亚·伯林（Isaiah Berlin）在内的诸多学者研究成果的论文集。① 20世纪90年代，世界民粹主义运动呈现出新的特征，就地域而言，从拉美向西欧蔓延；就内涵而言，民粹主义混杂着民族主义、种族主义和排外情绪，这进一步增加了民粹主义的研究难度。学者们从不尽相同的民粹主义运动和现象出发，给出了不同理解，根据保罗·塔格特

---

① G. Ionescu and E. Gellner, eds. *Populism: Its Meanings and National Characteristics*, London: Weidenfeld and Nicolson, 1969.

（Paul Taggart）的总结，学者们的复杂术语有新民粹主义（Neo-Populism）、新型民粹主义（New-Populism）、激进右翼民粹主义（Radical Right-Wing Populists）、新法西斯主义（Neo-Fascism）等。①但就其研究向度而言，列宁与民粹主义的关系研究亦是他们所关注的重要维度。

关于列宁与俄国民粹主义的研究，西方国家更多地研究以俄国民粹主义为源头的当下的民粹主义，从学科属性来看，主要集中在政治学领域。他们关于列宁的研究著作普遍重点关注民粹主义对列宁的影响。主要可以从以下两个方面加以理解：

一方面，认为列宁思想来源于民粹主义。在西方，由于意识形态偏见，学者们主要持有"列宁思想来源于民粹主义""列宁是一个民粹主义者"等错误观点，其中以西方"列宁学"最为典型。如斯蒂芬·T.波索尼（Stefan T. Possony）、A.J.帕兰（A. J. Polan）等西方"列宁学"研究者认为，列宁主义是车尔尼雪夫斯基著作《怎么办？》的理论产物，因为列宁青少年时期多次读过这一著作，于是认为列宁深受该书主人公拉赫美托夫（Rakhmetov）的影响，并且认为列宁坚信他的哥哥亚历山大刺杀沙皇的举动，也是该书塑造的，在亚历山大

---

① 保罗·塔格特著，袁明旭译：《民粹主义》，吉林：吉林人民出版社，2005年版，第100页。

刺杀失败被处死后，列宁再次细读了该书，从而更加坚定了其对主人公拉赫美托夫的崇拜。因此，斯蒂芬·T.波索尼在其著作《列宁：身不由己的革命家》（Lenin: The Compulsive Revolutionary）中明确指出，列宁在车尔尼雪夫斯基的《怎么办？》中"找到了自己想要成为的那种人的模型"①。A. J. 帕兰在《列宁与政治的终结》（Lenin and the End of Politics）中指出，列宁对欧洲文化和俄国文化不感兴趣，没有读过莎士比亚和拜伦的作品，对社会学、心理学、逻辑学和批判哲学更是从未涉猎，"他所崇拜的只是车尔尼雪夫斯基传统的民粹主义小说"②。西蒙·克拉克（Simon Clarke）更是写道："列宁从未打破俄国民粹主义的理论和政治传统，而是将马克思主义同化到非常不同的民粹主义理论框架中。"③ 罗伯特·瑟维斯（Robert Service）在其2000年出版的《列宁传记》（Lenin: A Biography）中，虽然使用了大量解禁资料，但其对列宁生平、政治活动等带有浓厚的意识形态偏见和主观臆测；不仅认为列宁思想来源于车尔尼雪夫斯基，还把车尔尼雪夫斯基的《怎么办？》描述

---

① Stefan T. Possony, *Lenin: The Compulsive Revolutionary*, London: George Allen and Unwin Ltd., 2017, p. 40.

② A. J. Polan, *Lenin and the End of Politics*, London: Methuen & Co. Ltd., 2017, p. 154.

③ Simon Clarke, "Was Lenin a Marxist? The Populist Roots of Marxism-Leninism", *Historical Materialism*, Vol. 3, No. 1, 1998, p. 3.

为一部拙劣的、缺乏想象力的小说。① 哈佛大学教授理查德·派普斯（Richard Pipes）在1990年编撰出版的《革命的俄国》（*The Russian Revolution*）一书中，采用了一定篇幅叙述了早期列宁思想中的民粹主义元素；② 他还在《俄国马克思主义及其民粹主义背景：19世纪后期》（*Russian Marxism and Its Populist Background: The Late Nineteenth Century*）一文中明确指出，俄国所有马克思主义者都是民粹主义继承者。③

尼娜·塔玛金（Nina Tumarkin）和莱泽克·科拉科夫斯基（Leszek Kolakowski）等学者认为，"列宁曾经是一个民意党人"。尼娜·塔玛金认为，虽然列宁在19世纪80年代末研究了《资本论》《我们的意见分歧》（普列汉诺夫作品），这些作品像屠格涅夫和车尔尼雪夫斯基的作品一样对列宁产生了激励作用，但列宁并未因此加强同马克思主义的联系，或抛弃民粹主义。列宁1888年返回喀山后，并没有同当地马克思主义小组联系，而是在1890年搬到萨马拉后，参加了民意党人的秘

---

① Robert Service, *Lenin: A Biography*, London: Macmillan, 2000, pp. 31-46.

② Richard Pipes, *The Russian Revolution*, New York: Knopf, 1990, pp. 339-383.

③ Richard Pipes, "Russian Marxism and Its Populist Background: The Late Nineteenth Century", *The Russian Review*, Vol. 19, No. 4, 1960.

密组织。① 莱泽克·科拉科夫斯基则断言："除了苏联官方的偶像化传记，大多数历史学家都认为列宁年轻时深受恐怖主义形式的民粹主义传统的影响；后来直到大约1899年，他同普列汉诺夫一样成为一个'西方化'的马克思主义者；直到1899—1902年，他才创造出自己的马克思主义变体，其中多少有些民粹主义传统的迹象。"② 除此之外，罗伯特·D.沃斯（Robert D. Warth）、I. M. 鲍亨斯基（I. M. Bochenski）、罗伯特·佩恩（Robert Payne）等学者也持相似观点，认为列宁是一个民粹主义者，或者曾经是一个民粹主义者。③

另一方面，认为列宁思想是对民粹主义思想的批判性吸收。英国学者尼尔·哈丁有别于其他众多歪曲和诋毁列宁主义的学者，在一定程度上跳出了西方意识形态的局限，力图对列宁主义进行深入的理论探讨和学术分析，观点颇有建树。他主张把研究重点由列宁的《怎么办？》转移到诸如《俄国资本主义的发展》《帝国主义论》等文献，试图引导西方研究的理论

---

① Nina Tumarkin, *Lenin Lives: The Lenin Cult in Soviet Russia*, Cambridge: Havard University Press, 1983, p. 33.

② 莱泽克·科拉科夫斯基著,唐少杰等译:《马克思主义的主要流派》（第三卷）,哈尔滨:黑龙江大学出版社,2015年版,第338—339页。

③ Robert Payne, *The Life and Death of Lenin*, New York: Simon and Schuster Press, 1964; 鲍亨斯基著,薛中平译:《苏俄辩证唯物主义》,北京:商务印书馆, 1965年版; Robert D. Wolf, *Lenin*, New York: Twayne Pubishers, 1973。

绪　论

转向。尼尔·哈丁在《列宁的政治思想》（*Lenin's Political Thought*）一书中指出，车尔尼雪夫斯基对列宁走向革命道路产生了很大影响，列宁在与自由民粹主义者论争时，曾盛赞车尔尼雪夫斯基是反对专制主义的革命典范和知识分子反抗精神的代表。列宁虽然"继承"了车尔尼雪夫斯基的这种反抗精神，但并不意味着车尔尼雪夫斯基是列宁思想上的主要导师，也不意味着列宁是一个民粹主义者。实际上，列宁在与民粹主义者接触的同时，也开始研究马克思主义理论，尤其是马克思的《资本论》，列宁思想更多是在民粹主义和马克思主义的双重影响下逐渐成型的，而最终，列宁也成为马克思主义者。到1893年，列宁已经是一位坚持不懈的年轻的俄国民粹主义批评家，是一位异常博学的马克思主义者。① 尼尔·哈丁在后来的"批判性研究成果"《列宁主义》（*Leninism*）一书中也强调，列宁主义之前的列宁对形形色色的民粹主义进行了持续的、见识广博的批判。② 英国历史学家克里斯托弗·里德（Christopher Read）在其著作《列宁：革命的一生》（*Lenin: A Revolutionary Life*）中以传记方式陈述了在瓦洛佳（Volodya，列宁的小名）

---

① Neil Harding, *Lenin's Political Thought*, London: The Macmillan Press Ltd., 1983, p.27.
② 尼尔·哈丁著,张传平译:《列宁主义》,南京:南京大学出版社,2014年版,第22页。

成为列宁之前，由于车尔尼雪夫斯基的《怎么办？》作为民粹主义的创始文本，被俄国青年学生奉为"圣经"，其中主人公拉赫美托夫深深影响列宁，即使列宁成为马克思主义者对民粹主义进行批判，却对车尔尼雪夫斯基等早期民粹主义者保持尊敬。① 英国学者约翰·古丁（John Gooding）系统探究了俄国社会主义发展历程，认为最早在哥哥亚历山大的影响下，车尔尼雪夫斯基成为列宁革命生涯的第一位导师，但不可否认的是，19世纪90年代后，列宁放弃了车尔尼雪夫斯基的民粹主义的社会主义信仰，成为坚定的马克思主义者。②

综上所述，西方学者囿于资产阶级意识形态，对列宁持批判性、否定性研究立场的占据主要位置，即便部分学者态度温和，试图以公正的学术立场加以研究，但仍然认为列宁在批判民粹主义的同时大量吸收了其中的思想。这些研究一定程度上为本书提供了丰富的素材，也提供了研究的逻辑起点和动力，促使本书深入探究：如何辩证看待自由民粹主义与俄国民粹主义的关系？列宁与俄国自由民粹主义到底是何关系？如何理解列宁视域下的俄国自由民粹主义？列宁又是如何批判俄国自由

---

① Christopher Read, *Lenin: A Revolutionary Life*, New York: Taylor & Francis Group, 2005, pp. 4-28.

② John Gooding, *Socialism in Russia: Lenin and His Legacy (1890-1991)*, London: Palgrave Macmillan, 2002, pp. 19-61.

民粹主义的？今天我们能从中学习到哪些经验？

（三）研究不足

从研究现状来看，就列宁对民粹主义的批判研究而言，存在以下不足：

其一，关于列宁对俄国民粹主义批判的研究不够精细化。学界目前的研究成果主要是以俄国民粹主义为整体的研究对象。而事实上，民粹主义不论是在俄国历史上，还是在列宁文本中，都呈现出思想繁杂、内涵丰富、派别林立的特点。学界虽然对俄国民粹主义的内涵及派别有一定的分析，但在研究列宁视域下的民粹主义方面专门化成果不足，精细化程度不够。因此，关于列宁在何种范围使用和批判民粹主义的问题，本书将展开研究。

其二，关于列宁对俄国民粹主义批判的方法论层面的研究尚有不足。列宁思想作为马克思主义的重要组成部分，它的重要价值不仅仅在理论层面，更为重要的是为我们今天经济社会发展提供方法论指导和借鉴。从研究现状来看，目前关于列宁对俄国民粹主义批判的方法论方面的研究成果屈指可数，明显不足。因此，本书重点之一就是挖掘列宁批判自由民粹主义的方法论意蕴，为应对错误思潮提供方法借鉴。

其三，关于列宁对俄国自由民粹主义批判的全面性和系统性研究有待深化。针对列宁对俄国自由民粹主义的批判，目前研究主要停留在"点""线"上，缺乏全面的系统研究。从研究进路可以看出，学界大体上历经了从研究俄国民粹主义，到研究列宁与俄国民粹主义的关系，再到研究列宁对俄国民粹主义的批判这一进路。列宁对俄国民粹主义的批判蕴含着对自由民粹主义的批判，从研究现状来看，学者们高质量的研究成果主要集中在列宁对俄国民粹主义某个具体方面的批判上，如民粹派的主观社会学、非资本主义道路、"小事情理论"等方面。显然，目前学界已经意识到加强系统性研究的必要性。近年来，关于列宁对俄国民粹主义的批判研究的硕博论文开始出现，开始注重从总体上加强系统性研究，但仍有进一步深化的空间。

三、主要研究方法

文献分析法。这是本书的主要研究方法。由于列宁和俄国民粹主义是历史性人物和概念，要进行研究，必须深入文献之中，本书作者花费大量时间和精力在关于列宁和民粹主义文献的文本耕读上，深入挖掘有关俄国民粹主义、列宁与俄国民粹主义的历史性文献资料，整理和定位俄国自由民粹主义，进而结合特定历史语境,分析和挖掘列宁批判俄国自由民粹主义的主要理论和方法。

比较分析法。民粹主义作为当时俄国的重要思潮,广受社会关注,马克思、恩格斯对其有过不少论述。有合法马克思主义者、"俄国马克思主义之父"之称的普列汉诺夫亦将其作为研究的重要对象。本书注重分析列宁与马克思恩格斯思想的传承关系;重视比较列宁与普列汉诺夫有关俄国自由民粹主义的论述,特别分析二者在批判理论与方法论维度的异同;深入分析列宁对普列汉诺夫的批判性超越。

史论结合法。自由民粹主义作为俄国历史特定发展阶段的产物,其本身亦蕴含着丰富的理论思想,因此必须采用史论结合的方法来分析,不能只是简单从社会现象演进的层面来研究,也不能只是简单从理论思辨角度来研究,否则会犯形而上学的错误,难以认清自由民粹主义的实质,不能把握列宁对自由民粹主义批判的精髓。本书主要结合19世纪末20世纪初俄国民粹主义理论与运动的实际情况,以马克思主义视角,发掘列宁文本中针对俄国自由民粹主义的批判思想,并以其特定历史语境探究列宁对俄国自由民粹主义的批判思想和批判方法。

四、可能的创新与不足

与其他同类研究相比，本书的创新主要体现在四个方面。第一，选题具有一定新颖性。目前鲜有直接以俄国自由民粹主义为研究对象的成果。相较于以往以俄国民粹主义为整体对象的研究，本书通过梳理列宁经典文本，研究分析其中民粹主义的概念内涵，明确列宁对民粹主义进行批判的几种方法，进而对俄国自由民粹主义进行定位，使得列宁批判的对象更加精准化，更加符合文本概念和历史环境的实际情况。第二，厘清了列宁视域下民粹主义的内涵和外延。在全面考察俄国民粹主义的基础上，全面梳理列宁文本，进而厘清列宁视域下的民粹主义，廓清了笼统概念和模糊认知。第三，系统地分析了列宁对俄国自由民粹主义批判的方法论，这也是目前学界开始关注但尚未深入分析和系统研究的一个方面。明确列宁批判方法对于我们今天在坚持马克思主义基础上应对错误思潮具有借鉴意义。第四，分析研究列宁与普列汉诺夫在批判民粹主义方面的思想差异，挖掘列宁在批判俄国民粹主义方面对普列汉诺夫的超越。这也是目前学界鲜有触及的地方。

本书不足之处在于：在经典文献和外文资料的阅读方面，对一些问题的理解和把握可能存在偏差；在对俄国自由民粹主义代表人物米海洛夫斯基思想的认识方面，还有待深入。

第一章
概念澄明：俄国自由民粹主义理路

第一章　概念澄明：俄国自由民粹主义理路

俄国民粹主义是一个历史深厚、内涵丰富、派别林立、跨越时空的复杂概念。它既代表一种社会思潮、政治现象，也表示一种社会运动。诚如俄国思想家尼·亚·别尔嘉耶夫（Николай Александрович Бердяев，1874—1948年）所言："我们有左翼和右翼，宗教式和无神论式等各种民粹思想。"① 作为一种社会政治思潮，它产生于19世纪中期至20世纪20年代的俄国，是当时落后俄国所特有的一种政治现象。民粹主义在发展过程中呈现出不同的理论色彩和实践诉求，其中既有革命的、激进的派别，也有保守的和温和的派别。19世纪六七十年代，它发展为社会运动，历经演化、低潮、再度活跃、高涨、消亡的发展历程。

俄国自由民粹主义作为俄国民粹主义发展到一个特定历史阶段的产物，它的理论和实践诉求随着俄国资本主义发展和革命条件变化而发生了明显的变化。学者们对俄国民粹主义发展到这一阶段的理论内涵存在不同看法和理解。仅就其名称而言就存在不少争议。苏联解体前，基本上采用列宁的有关表述，常称"自由主义民粹派""自由主义民粹主义""自由民粹主义"等。苏联解体后，学界对此颇有微词，试图改用"改革民

---

① 尼·亚·别尔嘉耶夫著，邱运华、吴学金译：《俄罗斯思想的宗教阐释》，北京：东方出版社，1998年版，第57页。

粹主义""警察民粹主义"等表述。对此,我们有必要以历史逻辑和理论逻辑对何谓"俄国民粹主义"、何谓"俄国自由主义",以及何谓"俄国自由民粹主义"等问题进行考察,澄清对这一概念内涵的模糊认知。

第一节 俄国民粹主义的理论考察

自由民粹主义作为俄国民粹主义的重要阶段和理论样态,要准确把握其思想实质,离不开对俄国民粹主义发展历程的考察。以历史逻辑对俄国自由民粹主义思潮进行定位,进而把握其丰富内涵,是十分必要的。

一、俄国民粹主义思想滥觞

关于俄国民粹主义起源的问题,列宁曾在1897年《我们拒绝什么遗产?》中指出,"民粹主义的胚胎、萌芽,不仅在60年代,而且在40年代甚至更早一些时候就已经有了"①。它"最初反映了'忏悔贵族'②对农奴制社会不合理性和沉重罪孽的一种忏悔意识,也反映了探索俄国发展道路的先进分子对

---

① 中共中央马克思恩格斯列宁斯大林著作编译局编译:《列宁全集》第二版增订版(第二卷),北京:人民出版社,2013年版,第406页。
② 通常指19世纪中期的恰达耶夫、赫尔岑等贵族知识分子。

西欧资本主义道路及其血腥罪恶的失望情绪"①。19世纪的俄国一直在探索本国的命运归属和发展道路,思考何去何从。可以说,在这期间,俄国的进步人士和知识分子都在为这一事业不断进行探索。

当时的俄国,一方面,农奴制处于严重危机当中。在沙皇颁布的各种敕令以及地主的残酷压迫下,农奴和农民社会生活极端恶化,失去生产积极性,加之生产工具和生产制度落后,农业生产力水平严重低下;沙皇连年对外征战,官僚机构不断膨胀,给农民带来了沉重负担,引起他们的极端不满和反抗。另一方面,俄国已经发展起了资本主义经济关系。在世界资本主义发展的大背景下,18世纪下半叶开始,俄国手工业迅速发展,实际存在着使用农奴劳动和使用雇佣劳动的手工业工场。与此同时,受欧洲革命风暴影响,俄国的农民、农奴、工人暴动不断,农奴制危机重重。

进入19世纪,法国启蒙思想传入俄国,少数进步贵族青年在与西欧的对比中开启了对俄国未来命运的思考。以十二月党人为典型的"叛逆贵族"大多在1812年卫国战争中"接触到

---

① 马龙闪、刘建国:《俄国民粹主义及其跨世纪影响》,桂林:广西师范大学出版社,2013年版,第1页。

欧洲民主思想而受到感染"①，自称为"1812年的产儿"②，要求废除农奴制，反对沙皇专制暴政，并试图以军事政变来实现诉求。他们于1825年12月26日发动近卫军在彼得堡参政广场起义。虽然起义很快被残酷镇压，但他们的革命和进步思想影响深远，"传播了西方自由、民主思想，以鲜血和牺牲唤醒了一大批后来的革命者"③，他们以爱国主义和人道主义立场开启了对俄国社会发展道路的探寻。

"十二月党人的运动蕴含着民粹主义的萌芽"④，他们拉开了俄国思想解放和启蒙的序幕。在他们的影响下，俄国知识界进步人士怀揣对民族命运的关切对国家发展道路进行了艰难探索，围绕俄国走西方道路还是东方道路问题，呈现出西方派和斯拉夫派两大阵营。而俄国民粹主义与斯拉夫主义有着共同思想文化基因，一定程度上可以说，斯拉夫主义者是19世纪俄国民粹主义的奠基者。诚如别尔嘉耶夫所言："斯拉夫主义是

---

① 中共中央马克思恩格斯列宁斯大林著作编译局编译：《列宁全集》第二版增订版（第二十八卷），北京：人民出版社，2017年版，第324页。
② 张建华：《俄国知识分子思想史导论》，北京：商务印书馆，2008年版，第64页。
③ 左凤荣、沈志华：《俄国现代化的曲折历程》（上），北京：社会科学文献出版社，2009年版，第18页。
④ Francis Haskell, *Roots of the Revolution, A History of Populist and Socialist Movement in Nineteenth Century Russia*, New York: Alfred A Knopf, 1960, p. 2.

我们这里最早的民粹派,但是他们是以宗教为基础的民粹派。"① 这主要体现在民粹主义有着浓厚斯拉夫主义的文化基因,譬如俄国民粹主义中的村社理论、人民思想、反资本主义等都为斯拉夫主义思想体系所固有。

关于俄国民粹主义的发源问题,列宁在《论民粹主义》一文中明确指出:"民粹主义由来已久。人们公认亚历山大·伊万诺维奇·赫尔岑和车尔尼雪夫斯基是民粹主义的创始人。"② 别尔嘉耶夫也有相似看法:"赫尔岑成了民粹主义的、特殊俄罗斯式的社会主义的发源地。"③ 赫尔岑作为19世纪上半叶俄国贵族地主阶级革命家,是在十二月党人为国牺牲、英勇献身的精神感召下成长起来,并开始探索俄国革命道路的。正如列宁在《纪念赫尔岑》一文中指出:"十二月党人的起义唤醒了他,并且把他'洗净'了。"④ 在列宁看来,赫尔岑是

---

① 尼·亚·别尔嘉耶夫著,雷永生、邱守娟译:《俄罗斯思想:十九世纪末至二十世纪初俄罗斯思想的主要问题》,北京:生活·读书·新知三联书店,1995年版,第40页。
② 中共中央马克思恩格斯列宁斯大林著作编译局编译:《列宁全集》第二版增订版(第二十二卷),北京:人民出版社,2017年版,第326页。
③ 尼·亚·别尔嘉耶夫著,雷永生、邱守娟译:《俄罗斯思想:十九世纪末至二十世纪初俄罗斯思想的主要问题》,北京:生活·读书·新知三联书店,1995年版,第59页。
④ 中共中央马克思恩格斯列宁斯大林著作编译局编译:《列宁全集》第二版增订版(第二十一卷),北京:人民出版社,2017年版,第262页。

民粹主义的创始人，开展了革命鼓动，是举起伟大斗争旗帜反对沙皇专制制度的第一人。他最初受西方派自由、平等、博爱的资产阶级革命思想影响，接受了空想社会主义。1848年欧洲革命失败后，他对空想社会主义的幻想破灭，从而转向东方，面向俄国。1849年，赫尔岑在《俄国》一文中描绘了他的具有俄国特点的社会主义学说——俄国社会主义，简单来说，就是通过村社道路走向社会主义，即村社社会主义。①

在赫尔岑的影响下，俄国涌现出维·格·别林斯基（Виссарион Григорьевич Белинский，1811—1848年）、车尔尼雪夫斯基等一批平民知识分子。列宁在其1914年撰写的《俄国工人报刊的历史》一文中指出："正像十二月党人唤醒了赫尔岑那样，赫尔岑和他的《钟声》杂志也促进了平民知识分子的觉醒。"②平民知识分子的觉醒使俄国民粹主义进入了一个新的发展阶段，在列宁看来，"响应、扩大、巩固和加强了这种革命鼓动的，是平民知识分子革命家，从车尔尼雪夫斯基到'民意党'的英雄们"③。

---

① 马龙闪、刘建国：《俄国民粹主义及其跨世纪影响》，桂林：广西师范大学出版社，2013年版，第45—57页。

② 中共中央马克思恩格斯列宁斯大林著作编译局编译：《列宁全集》第二版增订版（第二十五卷），北京：人民出版社，2017年版，第98页。

③ 中共中央马克思恩格斯列宁斯大林著作编译局编译：《列宁全集》第二版增订版（第二十一卷），北京：人民出版社，2017年版，第267页。

车尔尼雪夫斯基与民粹主义的关系曾经因意识形态问题而一度扑朔迷离。普列汉诺夫在其著作《尼·加·车尔尼雪夫斯基》中指出,车尔尼雪夫斯基"从来不是一个民粹主义者"①。与此同时,苏联学界有学者把他推崇为"接近科学社会主义"的思想家、"准马克思主义者"。1938年出版的《联共(布)党史简明教程》中明确把民粹主义列为"马克思主义的敌人"。因此,车尔尼雪夫斯基与民粹主义的关系一度混乱不清。实际上,关于二者的关系,列宁曾有过明确说明:"民粹主义作为一种社会潮流,始终未能同右的自由主义和左的无政府主义划清界限。但是,继赫尔岑之后发展了民粹主义观点的车尔尼雪夫斯基,比赫尔岑更前进了一大步。"②毋庸置疑,在列宁看来,车尔尼雪夫斯基和赫尔岑都是民粹主义者。

车尔尼雪夫斯基出生在俄国东正教神甫家庭,大学时代接受了傅立叶的空想社会主义,并受到赫尔岑和别林斯基等人的影响。车尔尼雪夫斯基作为民粹主义理论的"创始者"和"奠基人"之一,较为系统地阐释了这一理论体系。第一,主张以暴力方式推翻沙皇专制和农奴制。车尔尼雪夫斯基发表一系列

---

① 普列汉诺夫著,汝信译:《尼·加·车尔尼雪夫斯基》,北京:商务印书馆,2021年版,第364页。
② 中共中央马克思恩格斯列宁斯大林著作编译局编译:《列宁全集》第二版增订版(第二十五卷),北京:人民出版社,2017年版,第99页。

作品，以文学为武器揭露和抨击俄国沙皇专制和农奴制，将沙皇专制痛斥为一种恣意妄为的极权统治，认为必须改变现状，废除农奴制。他认为，改变现状必须依靠农民，农民革命思想是其社会政治思想的核心。列宁曾说："他善于用革命的精神去影响他那个时代的全部政治事件，他越过书报检查机关的重重障碍和种种刁难宣传农民革命的思想，宣传推翻一切旧政权的群众斗争的思想。"① 第二，对资本主义持否定态度。车尔尼雪夫斯基表现出了俄国民粹主义反对资本主义的一般特点。他认识到资本主义经济危机的规律性现象、经济的不平等，以及人们"无产阶级化"的贫困现象。他认为："一方面，在英国和法国出现了千个富翁，另一方面，却出现了几百万贫民。"② 他还认为，资本主义制度下的劳动剥削与奴隶制度下的劳动剥削是相同的。第三，阐发了理想的村社社会主义。车尔尼雪夫斯基对资本主义在俄国的发展没有信心，因此思考如何绕过资本主义进入社会主义。他认为，村社可以防止资本主义的发展，把人们从"无产阶级化的疾病"中解救出来，虽然村

---

① 中共中央马克思恩格斯列宁斯大林著作编译局编译：《列宁全集》第二版增订版（第二十卷），北京：人民出版社，2017年版，第176页。
② 《车尔尼雪夫斯基全集》（第三卷），第182页。转引自普列汉诺夫著，汝信译：《尼·加·车尔尼雪夫斯基》，北京：商务印书馆，2021年版，第362页。

社是旧传统的残余，但在特定的条件下可以发展成为社会主义制度。① 纵观其思想主张，车尔尼雪夫斯基这一系列社会政治思想显然为民粹主义提供了初步思想体系，故列宁又称其为"启蒙者""'60年代遗产'的代表者"。

二、俄国民粹主义发展历程

俄国民粹主义作为一种社会运动，发端于19世纪中期，是对俄国村社制度有着特殊情怀的一种政治现象。其发展历程大体如下：19世纪六七十年代，由一种知识分子的思潮走向"到民间去"运动；此后历经演化、分化、低潮，到20世纪初再度兴起、活跃、消亡。它在各个不同时期被赋予不同内涵。

19世纪40—50年代，平民知识分子和"忏悔贵族"受西欧启蒙思想和革命运动影响，对改变人民的苦难、促进国家的发展有着强烈的责任感和使命感，形成了以车尔尼雪夫斯基等为主要代表的民粹主义者——车尔尼雪夫斯基在《怎么办？》中称之为"新人"——主张以暴力革命改变这一状况、实现农民解放的群体。

19世纪60—70年代，民粹主义运动进入小组活动时期。1861年，亚历山大二世进行"伟大改革"，其实质仍是对农民

---

① 张建华：《俄国史》，北京：人民出版社，2004年版，第82页。

实施无耻掠夺和暴力镇压。诚如列宁所言："'伟大改革'是农奴制的改革，而且不可能是别的改革，因为它是由农奴主实行的。"① 改革引起了人民的不满和反抗，19世纪60年代初，出现了土地和自由社；19世纪60年代中期到70年代初，在莫斯科、彼得堡出现了规模较小的小组形式的民粹主义运动，如伊舒金小组、涅恰耶夫的人民复仇社、包括克鲁泡特金和米·亚·巴枯宁（М. А. Бакунин，1814—1876年）在内的柴科夫小组等。19世纪70年代，俄国民粹主义爆发了规模大、范围广的"到民间去"运动。由于对采用何种手段达到目的存在争论，民粹主义形成了三个派别，即暴动派、宣传派、夺权派。民粹主义的组织形式各异，其中影响最大的是土地和自由社，后来分化为民意党和黑土平分社。

19世纪80—90年代，由于民意党的暴力行动受到沙皇政府残酷镇压，公开的革命行动难以为继，民粹主义革命运动由高潮走向低谷，渐渐采取沙皇政府可以容忍的方式，即改良方式。革命民粹主义为自由民粹主义所取代。但作为社会政治思潮和社会运动，民粹主义在俄国社会历史舞台上依然发挥重要的影响。虽然自由民粹主义逐渐占据主导地位，但少数并未发

---

① 中共中央马克思恩格斯列宁斯大林著作编译局编译：《列宁全集》第二版增订版（第二十卷），北京：人民出版社，2017年版，第174页。

生转向的革命民粹派成员为了争取政治自由，开始组建各种党派小组，如青年民意党小组（1892年）、旧民意党小组（1893年）、北方社会革命党（1894年）、南方社会革命党（1897年）、社会革命党农民联盟（1902年）等。1902年，在维·米·切尔诺夫（Виктор Михайлович Чернов，1873—1952年）的努力下，各小组组建了统一的社会革命党。20世纪初期，以社会革命党成立为标志，俄国民粹主义进入"复兴"和自我调整的新阶段。

三、俄国民粹主义历史样态

俄国民粹主义从19世纪初"叛逆贵族"的最初萌生到20世纪20年代社会革命党的最终破灭，历经近百年。虽然赫尔岑的村社社会主义理论以及车尔尼雪夫斯基的思想为其奠定了理论基础，但"民粹主义"这一术语在俄国文献中出现是在19世纪60年代，直到70年代土地和自由社成员才以"民粹主义者"（народник，复数形式为народники）指称自己，意指"为人民奋斗的人"。中文译文取自日文。[①]"民粹主义"一词

[①] 刘北成：《俄国民粹派和民粹主义的再评价》，载《战略与管理》，1994年第5期，第20页。

在俄文中为"народничество"①,从词源的发生学来看,它的俄文词根"народ"同英文"民粹主义"（populism,亦称 narodnichestvo）一样,都解释为"人民""民族""平民""百姓"等②,有"爱民""亲民""平民化"等崇尚人民的意涵。总体来看,它是代表小资产阶级利益的农民社会主义;其基本观点是信仰和崇尚人民,将村社理想化,主张绕过资本主义,直接过渡到社会主义。其历史样态大体而言可以从三个方面来概括:革命民粹主义、自由民粹主义、社会革命党。

（一）19世纪60—70年代俄国民粹主义的繁盛：革命民粹主义

俄国民粹主义发展至19世纪70年代,作为高潮部分的革命民粹主义呈现出一系列新特征。一是形成了三大派别：暴动派、宣传派和夺权派；二是进行了"到民间去"运动；三是成立了土地和自由社组织。

1. 革命民粹主义的三大派别

暴动派的主要代表人物是巴枯宁,他出生于贵族家庭,是

---

① 根据音译和意译,民粹主义在英文中对应有两个词汇：narodnichestvo 和 populism；民粹派则对应：narodnik 和 populist。
② 黑龙江大学俄语语言文学研究中心辞书研究所编：《大俄汉词典》（修订版）,北京：商务印书馆,2001年版,第1099页。

著名的无政府主义者，也是俄国民粹主义者，还是欧洲革命家。他在青年时期就深受空想社会主义及别林斯基的影响，常常发表带有革命民粹主义色彩的政论文章。1848年，他参加了欧洲革命，在德国参加德累斯顿起义被捕，之后被引渡回国，曾向沙皇政府"忏悔"。1861年流放期间，他逃往伦敦，在赫尔岑《钟声》杂志工作。1864年，他加入第一国际，后因宣扬无政府主义、从事分裂活动，于1872年被开除。

"无政府主义流派在民粹主义中也得到了相当广泛的发展，主要以米·亚·巴枯宁为代表。"① 巴枯宁崇尚人民，在观念和思想上把无政府主义和民粹主义糅为一体。如1868年9月，巴枯宁在日内瓦的《人民事业》杂志上发表的《我们的纲领》一文中指出，为了使人民得到彻底的解放，主张废除财产继承权，土地应当归于从事耕种的村社成员，组建自由工人的自由联盟组织；主张彻底地摧毁国家，废除一切国家制度。② 此后，他还在1869年写的一张传单《告俄国青年兄弟的几句话》中，号召青年人赶快抛弃这个注定要灭亡的世界，抛弃大学、学院

---

① В. Д. Жукоцкий, Ф. П. Фурман, "Народничество русской интеллигенции и культуры", *Философия и общество*, №3, 2004, C. 163.
② 米·亚·巴枯宁、尼·伊·茹柯夫斯基：《我们的纲领》，载中共中央马克思恩格斯列宁斯大林著作编译局国际共运史研究室编译：《俄国民粹派文选》，北京：人民出版社，1983年版，第46—47页。

和学校,"到民间去";认为知识青年不应该是人民的教师、慈善家和领导者,而仅仅充当人民自我解放的助产婆,他们必须把人民的力量和努力团结起来。①

巴枯宁主张直接"战斗的暴动道路"。他在《国家制度和无政府状态》的补充(一)中明确指出,改变人民经济生活的道路和方法可以有两种:一种是纯粹革命的、期望直接组织全民的暴动;另一种是比较和平的,是用比较缓慢地却是彻底地改变人民经济生活的办法来解放人民。但由于政府的不允许、农民什么都不懂,在目前社会中第二种解放是不可能的。他认为,在俄国,社会革命存在着两种重要因素:人民的极度贫困和对苦难的忍无可忍。这些在斯切潘·拉辛暴动和普加乔夫暴动等一系列局部暴动中已经表现出来。但每个村社都是闭关自守的整体,分散的村社状态削弱了人民力量,彼此没有联系的、局部的暴动注定失败。所以人民要解放、完全胜利,需要革命青年打破农民对沙皇的信仰,千方百计地在分散的村社建立积极的暴动联系,直接走"战斗的暴动道路",把各地各行

---

① 米·亚·巴枯宁:《告俄国青年兄弟的几句话》,载中共中央马克思恩格斯列宁斯大林著作编译局国际共运史研究室编译:《俄国民粹派文选》,北京:人民出版社,1983年版,第52页。

业的局部性暴动组织成总暴动，推翻沙皇专制，建立自由联盟。① 正因如此，以他为代表的革命民粹主义者被称为暴动派，在他的著作中，"暴动"一词出现的频率也是极高的。

宣传派的主要代表人物是彼·拉·拉甫罗夫（П. Л. Лавров，1823—1900年），俄国革命民粹主义理论家、哲学家、政论家、社会学家，曾使用笔名彼·米尔托夫、阿诺尔迪等发表文章。他出生在富有的地主家庭，青年时期对圣西门、傅立叶和欧文的空想社会主义抱有极大兴趣，此后成为启蒙思想的拥护者，反对沙皇专制制度。19世纪50年代末，拉甫罗夫开始为《祖国纪事》和《同时代人》撰稿。1862年，他秘密加入土地和自由社革命团体。曾获车尔尼雪夫斯基好评，并与其交好。1866年被捕，次年流放沃洛格达，1870年逃亡巴黎，加入第一国际。他还参加了巴黎公社的斗争，与马克思和恩格斯有密切联系。流放期间，拉甫罗夫完成了对俄国民粹主义运动产生很大影响的《历史信札》② 的写作。1873—1876

---

① 巴枯宁著，马骧聪等译：《国家制度和无政府状态》，北京：商务印书馆，1982年版，第215—235页。

② 《历史信札》最初陆续发表在《星期周报》（《Неделя》，1866—1901年）1868年第1—47期和1869年第6、11、14期上，由于作者当时处于流放期间，不能用真名发表，因此使用了笔名彼·米尔托夫，拉甫罗夫从流放地逃亡到巴黎后，于1870年9月将《历史信札》以单行本修订出版，包括第一封至第十五封信。1891年，《历史信札》经过修改和补充后重新出版，增加了第十六封信和第十七封信。

年，拉甫罗夫创办并主编《前进》杂志，标志着俄国革命民粹主义宣传派形成。1882年，拉甫罗夫加入民意党。

拉甫罗夫主张革命知识分子"到民间去"进行革命宣传，为革命的到来做好准备。他的《历史信札》在当时影响巨大、传播甚广，被人们称为"案头之书""革命圣经"，其中所阐释的为人民献身的思想深深鼓舞着当时的青年一代。他以书信方式回答了当时青年最关心的问题，"分别研究了人类进步的过程、历史和进步的关系、个人与进步的关系、政党与社会进步的关系、国家与法律的关系、批判与信仰的关系等问题，历史—进步—个人—政党—国家—批判—实践构成了他的思想逻辑进程"①。除了是民粹主义者，拉甫罗夫还是社会学中主观学派的代表人物，阐释了他的唯心史观。在拉甫罗夫看来，人类在生存过程中造就了"文明的少数"和"辛勤和苦难的多数"，社会历史没有规律可循，都是偶然事件的堆砌；人类社会进步"完全是靠具有批判思维的个人取得的：没有他们，肯定不会有进步；没有这些人传播进步的愿望，进步也是极不稳固的"②。他认为，改良不如革命，革命的历史作用更大，主张

---

① 彼·拉甫罗夫著,张静译:《历史信札》,北京:人民出版社,2022年版,前言第1页。
② 彼·拉甫罗夫著,张静译:《历史信札》,北京:人民出版社,2022年版,前言第1页。

革命知识分子"到民间去",开展宣传教育工作,为革命做好准备工作。拉甫罗夫在《前进,我们的纲领!》中指出,争取俄国美好未来,必须走革命的道路,革命何时到来谁也无法预言,当国家职能越是集中在一个地方或者一个人身上时,革命时刻就越会突然到来,"为了迎接这一时刻,需要增长见识、积累生活经验、锻炼自己的坚强性格。让俄国人民做好革命的准备,向他们讲明他们的真正的需要,他们的永恒的权利,他们的艰难的义务,他们的强大的力量"①。在他看来,俄国农民还没有意识到自己的革命力量属性,因此需要革命知识分子进行革命宣传和教育,为革命的到来做好准备。在这一点上,拉甫罗夫与巴枯宁有着明显的不同,所以,拉甫罗夫所代表的民粹主义派别被称为宣传派或者准备派。

夺权派的主要代表人物是特卡乔夫,俄国革命民粹派思想家、政论家和文学批判家。1861年,17岁的特卡乔夫在考入彼得堡大学后,开始从事反对沙皇专制统治的活动,此后参加了民粹主义的涅恰耶夫小组、克拉科夫小组、柴科夫小组的秘密活动,其间多次被捕。1873年,他流亡瑞士,开始革命新阶段。起初,他加入拉甫罗夫《前进》杂志,不久双方发生分

---

① 彼·拉·拉甫罗夫:《前进,我们的纲领!》,载中共中央马克思恩格斯列宁斯大林著作编译局国际共运史研究室编译:《俄国民粹派文选》,北京:人民出版社,1983年版,第293页。

歧，1874年，特卡乔夫发表《俄国革命宣传的任务》，二人彻底决裂。拉甫罗夫发表《致俄国社会革命青年》的小册子进行回击，同时邮寄给马克思一份，后来在恩格斯的《流亡者文献》中体现。1875—1881年，他同波兰流亡者共同创办《警钟》杂志。1881年以后，特卡乔夫因病停止一切工作。1886年1月4日病逝。

夺权派是最为激烈的革命激进主义，实际上是对第一次"到民间去"运动失败的极端革命反应。他们的政治思想是在对宣传派和暴动派的批判中得以阐释的。针对宣传派，他提出了"直接革命行动"的主张。这一思想在他1874年发表的《俄国革命宣传的任务》小册子中得以体现，这本小册子是他"致《前进》杂志编辑的一封信"，标志着他与拉甫罗夫彻底决裂。他不赞成拉甫罗夫主张的革命，在特卡乔夫看来，"所谓的革命，其实完全不是革命，至少不是我们革命党所向往的革命，也不是我们青年应该准备为之献身的革命"①。他认为，拉甫罗夫的革命是通过青年"到民间去"宣传，来号召人民做好革命准备，而俄国的第三等级一半以上是无产者（赤贫者），但这样有利的革命条件是不可能长久存在的，不能无休止地等

---

① 彼·尼·特卡乔夫：《俄国革命宣传的任务》，载中共中央马克思恩格斯列宁斯大林著作编译局国际共运史研究室编译：《俄国民粹派文选》，北京：人民出版社，1983年版，第346页。

第一章　概念澄明：俄国自由民粹主义理路

待革命，村社已经开始解体，农民中间正在形成富农阶级，出现农民贵族。随着土地占有者、农场地主阶级以及资产阶级的形成和巩固，人民处境日益恶化，暴力革命成功的希望将逐渐渺茫。①他甚至主张"不等资本主义站稳脚跟时，就要'制造革命'"，"如果革命不在近期发生，等到一切已成定局，那么俄罗斯将遭遇欧洲资本主义的命运，共产主义的时代就会遥遥无期"。②因此，他在日内瓦出版的《警钟》杂志的社论中大声呼喊："革命家不是准备革命，而是干革命。干革命吧！赶快干革命吧！任何犹豫不决、任何拖延耽搁都是犯罪。"③应该立即采取"直接革命行动"，才有可能取得成功。

特卡乔夫在批判宣传派的同时，回击了巴枯宁的无政府主义，深化了他自己的革命理论。特卡乔夫在《能实际达到的近期革命目标应该是什么？》一文中明确指出："革命的最近的、直接的目标应当不是别的，而只能是掌握政权和把当前的保守

---

① 彼·尼·特卡乔夫：《俄国革命宣传的任务》，载中共中央马克思恩格斯列宁斯大林著作编译局国际共运史研究室编译：《俄国民粹派文选》，北京：人民出版社，1983年版，第353页。

② В. Д. Жукоцкий, Ф. П. Фурман, "Народничество русской интеллигенции и культуры", Философия и общество, №3, 2004, С. 162.

③ 彼·尼·特卡乔夫：《敲起警钟！》，载中共中央马克思恩格斯列宁斯大林著作编译局国际共运史研究室编译：《俄国民粹派文选》，北京：人民出版社，1983年版，第376页。

的国家变成革命的国家。"① 这遭到拉甫罗夫、巴枯宁等无政府主义者的反驳，他们断言革命家不应该是为了夺取国家政权（物质力量），而是要破坏这种政权。而特卡乔夫对无政府主义者予以回击，认为夺取政权还不是革命，只是革命的前奏，革命的真正实现是由革命的国家来完成的，革命的国家的活动是由革命破坏活动和革命建设活动双重构成；暴力变革只是开端，夺取政权后，革命的国家再通过在社会的经济、政治和司法关系方面进行一系列改革来实现社会革命。② 1876年，特卡乔夫在《警钟》杂志上发表《革命与国家》一文，进一步批判了无政府主义并系统阐释了其革命理论。面对无政府主义者提出的"贵族老爷的人民革命""权力都会把人毁掉"等观点，特卡乔夫给予了回击，对无政府主义者所持的"人民革命"是来自少数特权阶层的自上而下革命、具有反人民性的观点予以反驳。在特卡乔夫看来，无政府主义者不懂得自上而下的革命，这种革命是资产阶级的、资本主义的反人民理想，而这里的实际革命者，是那些把自己完全献给解放人民群众的伟

---

① 彼·尼·特卡乔夫：《能实际达到的近期革命目标应当是什么？》，载中共中央马克思恩格斯列宁斯大林著作编译局国际共运史研究室编译：《俄国民粹派文选》，北京：人民出版社，1983年版，第379页。
② 彼·尼·特卡乔夫：《能实际达到的近期革命目标应当是什么？》，载中共中央马克思恩格斯列宁斯大林著作编译局国际共运史研究室编译：《俄国民粹派文选》，北京：人民出版社，1983年版，第379—381页。

大事业、为了纯粹人民的理想而斗争的人，是把革命视为生活的唯一目的的人，是绝不与现存制度妥协的人。①

实际上，特卡乔夫对无政府主义的批判一定程度上是对民粹派理论的偏离。通过《人民与革命》一文可以发现，特卡乔夫违背了俄国民粹主义对俄国人民（农民）的信仰，靠近了布朗基主义，认为"革命的少数人在自己的改革活动中不应该指望人民的积极支持。人民在破坏了直接压迫他们的机构，消灭了暴虐的直接剥削者以后，他们的革命作用也就终止了"②。特卡乔夫由此走向了民粹派革命的反面，把人民当成了革命的工具。值得一提的是，特卡乔夫是"70年代第一个在我们当中谈到马克思的人"③。此外，他同涅恰耶夫共同制定的《革命者基本信条》及其革命组织建设思想直接对民意党以及俄国革命产生了很大影响。

尽管革命民粹主义这三派在革命策略上不尽相同，但在民粹主义的原则、思想上大体是一致的。总体来说，他们都信仰

---

① 彼·尼·特卡乔夫：《革命与国家》，载中共中央马克思恩格斯列宁斯大林著作编译局国际共运史研究室编译：《俄国民粹派文选》，北京：人民出版社，1983年版，第397—399页。

② 彼·尼·特卡乔夫：《人民与革命》，载中共中央马克思恩格斯列宁斯大林著作编译局国际共运史研究室编译：《俄国民粹派文选》，北京：人民出版社，1983年版，第411—412页。

③ 尼·亚·别尔嘉耶夫著，邱运华、吴学金译：《俄罗斯思想的宗教阐释》，北京：东方出版社，1998年版，第70页。

人民，支持理想化公社，主张以革命的方式推翻沙皇专制制度，并希冀绕开资本主义走向社会主义。

2."到民间去"运动

"到民间去"运动是革命民粹派在19世纪70年代开展的重大实践行动，包括1874年和1875—1876年两次。整体来看，该运动没有统一的组织进行协同指挥，是自发开展的，但参加人员多，行动规模大，波及范围广，影响力度在当时是不可小觑的。

19世纪60年代末，民粹主义小组的成立为"到民间去"运动作了组织动员准备。柴科夫小组的彼·阿·克鲁泡特金起草的《革命宣传纲领》中明确"到民间去"的俄国知识分子的任务及其行为准则，主张革命者应当彻底放下贵族身份，永远变成农民、工人，去从事宣传活动。[①] 同时，多尔古申小组受巴枯宁的观点影响，认为革命者应当"到民间去"发起暴动，并印制了《告知识分子书》《告俄国人民书》等传单，号召人民起义。[②]

[①] 彼·阿·克鲁泡特金:《革命宣传纲领》，载中共中央马克思恩格斯列宁斯大林著作编译局国际共运史研究室编译:《俄国民粹派文选》，北京:人民出版社,1983年版,第260—261页。

[②] 孙成木、刘祖熙、李建主编:《俄国通史简编》(下册),北京:人民出版社,1986年版,第166页。

1874年年初，在小组的宣传准备下，"到民间去"运动开启，他们乐观地认为社会革命很快会在俄国实现。两三千名热血青年装扮成农民，模仿农民语言，学习工匠手艺，奔走于乡村之中，许多人来到曾经斯切潘·拉辛暴动策源地伏尔加地区开展宣传活动。运动总体历时三年，涉及俄国37个省的广大地区，采取流动宣传和驻地宣传、农民集会和说唱民歌等多种多样的手段和形式，但刚刚实行改革后的俄国农民并未对此产生过高兴趣。"民粹分子找到了群众，这些群众是刚刚被沙皇解放了的群众，是拥有了份地并团结到村社的群众，这些群众明白，他们的村社是二位一体的沙皇——统治者与保护者的最大的政治组织力量。但这些农民甚至比'老爷'更不愿意否认沙皇的'公仆'职能。"① 此外，知识分子与人民（农民）在世界观上完全相左，知识分子的无神论意识与农民总体的东正教信仰冲突。"由于人民有与知识分子不同的世界观、不同的信仰，有时，农民把民粹派知识分子泄露给政权的代表，而这些知识分子本来是要为人民献出生命的。这种情况使知识分子

---

① 曹维安：《俄国史新论——影响俄国历史发展的基本问题》，北京：中国社会科学出版社，2002年版，第348页。

转而从事恐怖斗争。"① 加之组织涣散,缺乏强有力的领导,又得不到农民的支持,不能把农民有效地组织起来,以及当局的残酷镇压,"到民间去"运动以失败告终。在运动中,共有4000多人被捕,28人被判处三到十年的苦役,32人被判三年监禁,39人遭到流放。② 总体来看,虽然这次运动失败,但对革命未来如何发展提出了思考。革命者"在实践中不得不承认农夫具有共产主义本能的想法是幼稚的"③。通过运动,他们清楚了土地和自由才是俄国人民的夙愿和理想。因此,1876年10月,革命民粹派最大秘密组织土地和自由社在彼得堡成立。

3. 土地和自由社

早在19世纪60年代初,因对1861年改革不满,革命联合组织土地和自由社于1861年年底形成,因当时人民渴望土地和自由,故以此命名,是各种秘密团体组成的"联盟形式",主要由赫尔岑、奥加辽夫等民粹主义先驱开展起义策划和宣传

---

① 尼·亚·别尔嘉耶夫著,雷永生、邱守娟译:《俄罗斯思想:十九世纪末至二十世纪初俄罗斯思想的主要问题》,北京:生活·读书·新知三联书店,1995年版,第113页。
② 马龙闪、刘建国:《俄国民粹主义及其跨世纪影响》,桂林:广西师范大学出版社,2013年版,第137页。
③ 中共中央马克思恩格斯列宁斯大林著作编译局编译:《列宁全集》第二版增订版(第一卷),北京:人民出版社,2013年版,第242页。

活动。该组织于1864年3月中断活动，后来自动解散。为了纪念这一组织，19世纪70年代下半叶的革命民粹主义组织也取名为土地和自由社。这时的土地和自由社是以普列汉诺夫、亚历山大·德米特里耶维奇·米哈伊洛夫（Александр Дмитриевич Михайлов，1855—1884年）、马·安·纳坦松等为主要创立者的革命民粹派组织，后来，谢尔盖·克拉夫钦斯基、尼古拉·莫罗佐夫加入其中。成立初期名为民粹派，直到1878年机关刊物《土地和自由》杂志①问世，"土地和自由社"之名才广为流传。1876年12月6日，普列汉诺夫在彼得堡喀山大教堂广场发表了激情洋溢的演说，他喊出了："我们的旗帜，就是他们的旗帜；在这面旗帜上写着：土地和自由归于农民和工人！也就是：土地和自由万岁！"② 宣示了这个新的革命组织的正式存在。

土地和自由社是一个出色的革命组织。列宁在1901年秋至1902年2月所写的《怎么办？》一书中，曾给予土地和自由社较高的赞誉，指出它是"我们大家应当奉为楷模的出色的组

---

① 《土地和自由》杂志于1878年10月25日在彼得堡出版第一期，1879年4月8日出版最后一期，总共五期。此外，作为杂志的增刊还出版过登载革命新闻纪事的《〈土地和自由〉小报》。《〈土地和自由〉小报》第一号于1879年3月12日出版，第六号于同年6月14日出版。

② 米·约夫楚克、伊·库尔巴托娃著，宋洪训、纪涛、谢梅馨等译：《普列汉诺夫传》，北京：生活·读书·新知三联书店，1980年版，第17页。

织"①。它与以往组织不同，吸取了前一阶段"到民间去"运动的经验教训，有着更为严密严格的组织体系。从组织架构来看，整个组织由"管理中心"或"中央"来领导，下设农村小组、工人小组、知识分子小组，以及特勤小组和综合办公室。

  土地和自由社作为一个组织，具有相对进步性，体现为其注重制定纲领。纲领是明确一个组织的奋斗目标、实现路径和依靠力量等一系列问题的体系。土地和自由社制定的纲领包括：1876—1877年的第一个纲领②，1878年的第二个纲领，还有1878年10月的《〈土地和自由〉杂志纲领》。总体来看，纲领明确了资本主义发展对村社的破坏，以及实施暴力变革、主张村社自治等民粹主义基本理念。第一个纲领当时并未公开，主要概括了当时人民的愿望和要求：第一，将土地转交到农村劳动阶层手中并进行平均分配；第二，根据地方的愿望将俄罗斯帝国分为几个部分；第三，将全部社会职能转交到村社手中，即实现村社的完全自治。第一个纲领主张通过暴力变革实现以上要求。准备和完成这种革命的手段是通过鼓动来组织

---

  ① 中共中央马克思恩格斯列宁斯大林著作编译局编译：《列宁全集》第二版增订版（第六卷），北京：人民出版社，2013年版，第128页。

  ② 第一个纲领最初保存在《土地和自由》杂志的莫罗佐夫的皮包里，后来交由自由派报纸《评论报》秘书保存。直到1930年，才在《"土地和自由"社及"民意党"文献》一书中出版。

革命力量，从而造成国家混乱，取得胜利。①

第二个纲领由初稿和定稿两个文本组成。这个纲领相对完整，明确了组织的最终理想、人民的愿望和要求、总任务和具体任务。在定稿中明确把无政府主义和集体主义作为土地和自由社的最终政治经济理想；依据土地平均分配、村社自治、信仰自由原则，以及地方意愿，将俄罗斯分为几个部分（分而治之）；以土地和自由为口号。总任务主要有两项：一是把人民中的不满分子组织起来，使他们同现有的人民革命组织联合起来；二是增强破坏国家的力量。具体任务包括组织工作和破坏工作两部分。就组织工作而言，强调要把知识分子和工人联合起来，同敌视政府的革命教派联合起来；在不满情绪最尖锐的地区建立广泛、牢固的联系及可靠的居民点，同时吸收流民式的强徒加入；同工厂建立联系；在大学知识分子中开展宣传工作，同自由派建立联系，以文艺形式进行宣传鼓动。在破坏工作方面，主要是在军官中建立联系、成立组织，把在某些政府机关中供职的人员吸引到我们方面来，有计划地消灭政府中的

---

① 中共中央马克思恩格斯列宁斯大林著作编译局《马列著作编译资料》编辑部编:《马列著作编译资料》(第十辑)，北京：人民出版社，1980年版，第214页。

首恶分子或突出人物，以及支持敌对制度的任何人。① 这个纲领展现了巴枯宁的思想理念和斗争策略。从初稿到定稿内容表述的变化可以看出，把对无政府主义的"同情"修改为"最终的政治和经济理论"。由此可见，当时土地和自由社内部对此存在着较大分歧。但从纲领总体来看，巴枯宁色彩浓厚，这也为后期民意党的出现提供了可能。值得一提的是，纲领吸取了"到民间去"运动失败经验，如在宗教问题上，提出了尊重人民信仰自由。

土地和自由社自诞生之日起就积极开展革命活动。亚历山大·米哈伊洛夫、维拉·伊万诺夫娜·查苏利奇（Вера Ивановна Засулич，1849—1919年）、普列汉诺夫等成员在农民、工人和大学生中间开展了一系列革命活动。他们开始注重政治斗争，对工人运动给予了一定程度重视，曾组织领导了几次工人罢工运动。部分成员开始热衷于暗杀恐怖活动，1879年3月，土地和自由社内部成立执行委员会开展刺杀活动，在设计刺杀亚历山大二世失败后，遭到当局镇压，导致内部分歧进一步加剧。在1879年6月于沃罗涅什召开的代表大会上，

---

① 中共中央马克思恩格斯列宁斯大林著作编译局《马列著作编译资料》编辑部编：《马列著作编译资料》（第十辑），北京：人民出版社，1980年版，第214—220页。

内部分歧彻底公开化，恐怖行动支持者获得多数人支持，获得少数人支持的普列汉诺夫宣布退出土地和自由社。同年 8 月，土地和自由社分裂为主张进行恐怖活动的民意党和坚持传统方案的黑土平分社。1881 年 3 月，亚历山大二世被刺杀后，沙皇政府进行了强力镇压，很快民意党和黑土平分社都停止了活动。但几乎同时，民粹主义分化衍生出较为温和的自由民粹主义。

（二）19 世纪 80—90 年代俄国民粹主义的转向：自由民粹主义

民意党人被镇压后，民粹派的生存环境进一步恶化，但并未就此销声匿迹，而是采取合法的形式在公开的刊物上宣传自己的思想和主张。当时流行的自由主义影响力逐渐上升，民粹派已经难以开展大规模的、激烈的斗争。从理论上，民粹主义被加以改造，逐步同资产阶级自由派合流，主张以改良方式进行合法斗争。民粹主义转变为自由民粹主义。从 19 世纪八九十年代至 20 世纪初，以米海洛夫斯基为代表人物的自由民粹主义成为当时俄国社会的主要思潮，主要代表人物还有瓦·巴·沃龙佐夫（Василий Павлович Воронцов，1847—1918 年）、尼·弗·丹尼尔逊（Николай Францевич Даниельсон，

1844—1918年)①、尤佐夫（Юзов，1848—1893年)②、雅·瓦·阿布拉莫夫（Яков Васильевич Абрамов，1858—1906年)、列夫·亚历山德罗维奇·吉霍米罗夫（Лев Александрович Тихомиров，1852—1923年)、彼得·彼得罗维奇·切尔文斯基（Пётр Петрович Червинский，1849—1931年）等，其内部有以米海洛夫斯基为代表的左翼和以切尔温斯基和阿布拉莫夫为代表的右翼。

自由民粹主义主要以一种理论形态呈现，通过报刊发布其主要观点，这些传播平台主要有：鼓吹"小事情理论"、号召放弃革命斗争、从事"平静的文化工作"的《星期周报》；与马克思开展理论争论，由米海洛夫斯基和弗拉基米尔·加拉克季诺维奇·柯罗连科（В. Г. Короленко，1853—1921年）领导的《俄国财富》杂志；1877年米海洛夫斯基加入编辑部后占据影响优势的《祖国纪事》杂志。1904年自由民粹主义领袖米海洛夫斯基逝世后，自由民粹主义并未消失，"六三政变"

---

① 又称尼·逊、尼古·-逊、尼古拉·-逊。

② 尤佐夫，又名约瑟夫·伊万诺维奇·卡布利茨（Иосиф Иванович Каблиц），俄国民粹派政论家。19世纪70年代前半期参加了民粹派小组和"到民间去"运动；70年代末期为《星期周报》《言论》等刊物撰稿；80—90年代成为自由主义民粹派思想家，在民粹派中持极右立场。主要著作有《民粹主义的基础》(1882年)、《俄国社会生活中的知识分子和人民》(1885年)。参见中共中央马克思恩格斯列宁斯大林著作编译局编译：《列宁全集》第二版增订版（第二卷），北京：人民出版社，2013年版，第533—534页。

后，人民社会党①因缺乏群众基础，实际上处于瓦解状态，但 1917 年二月革命后又恢复组织，同年 6 月，该党与劳动派联合，组建劳动人民社会党，但在次年被布尔什维克政权取缔。② 因此，它的影响力十分有限。列宁称人民社会党人是"社会立宪民主党人""社会革命党孟什维克③""市侩机会主义者"。

米海洛夫斯基早期受赫尔岑、别林斯基影响，历经 19 世纪 70 年代到 80 年代的十年变化后，思想变得更加温和，成为自由民粹主义的核心人物。米海洛夫斯基主要提出了主观社会学、个性理论和广为人知的"英雄和群氓"理论。

主观社会学的提出是由于"米海洛夫斯基认为客观真理是关于自然界的理解和把握，如果把这一真理运用在社会科学中

---

① 1906 年从社会革命党右翼分裂出来的小资产阶级政党。该党赞同立宪民主党的路线。这个党代表富农阶级利益，积极支持资产阶级临时政府。十月革命后参加反革命阴谋活动和武装叛乱，1918 年后不复存在。事实上，该党的影响力十分有限。

② 曹维安：《俄国史新论——影响俄国历史发展的基本问题》，北京：中国社会科学出版社，2002 年版，第 360 页。

③ "孟什维克"为俄文音译，意思是"少数派"，此处是指俄国社会革命党的少数派。值得注意的是，孟什维克这一概念常指 1903 年俄国社会民主工党分裂而成的两大派别之一，即以列宁为代表的布尔什维克与以马尔托夫和普列汉诺夫为代表的孟什维克。

是不能成立的"①。在当时,"所有智力生活都充满着实证主义的影响,米海洛夫斯基的课题研究必须困难地冲破实证主义的浓雾"②。他反对社会有机论,反对斯宾塞的社会达尔文主义,反对采用"自然的、客观的态度"观察社会。米海洛夫斯基认为,斯宾塞把自然科学方法搬来构建社会科学方法、过分夸大自然科学方法在社会科学中的运用是错误的,认为社会科学中掺杂着人们的思想,不可避免地会运用主观方法。他还为此制定了真理体系,认为真理分为真实真理和正义真理,真实真理体现在科学教育中,正义真理则是在社会人际关系中持有,真理是有关认识领域、伦理道德和心理因素的术语。③ 因此,米海洛夫斯基的主观社会学是为反对资本主义的实证主义而提出的社会科学的主观方法。

个性理论是米海洛夫斯基的中心思想,是用来说明社会发展程度的机理。在米海洛夫斯基看来,人类文明发展状况与人的个性紧密相联,个性化程度和水平与社会文明程度成正比,

---

① 夏银平:《重新认识俄国民粹主义的"主观社会学"》,载《学术研究》,2010年第8期,第37页。

② 尼·亚·别尔嘉耶夫著,雷永生、邱守娟译:《俄罗斯思想:十九世纪末至二十世纪初俄罗斯思想的主要问题》,北京:生活·读书·新知三联书店,1995年版,第114—115页。

③ 马龙闪、刘建国:《俄国民粹主义及其跨世纪影响》,桂林:广西师范大学出版社,2013年版,第181页。

个性越发展，人类文明发展程度越高。整体的发展程度与个体的多样性是成正比的，但又与其更高系统之间存在着张力。人在这样的体系中有着独特意蕴，人与社会之间关系就是其典型例证。人们在分工中发展自己的体能器官，体现了人的各种有益特质，推动人的个性发展，同时社会又以整体发展抑制人的其他职能，使个性的个体变为工具。在当时历史条件下，俄国农奴制和资本主义发展都给底层人民以沉重压迫，米海洛夫斯基从维护底层人民利益和社会平等出发，指出，要让社会利益服从以劳动人民为首的个人利益。由此逻辑，米海洛夫斯基认为，人是文明进步的主要推动者，因此特别注重考察伟大人物对历史、文明的推动作用。显然，米海洛夫斯基这一思想具有反资产阶级和农奴制的先进性，但其社会和个人绝对对立的思想具有片面性。从历史的发展过程看，二者具有相辅相成、相得益彰的一面。

在个人与群体的关系问题上，米海洛夫斯基提出了著名的"英雄和群氓"理论，更多从社会心理学视角研究"英雄"和"群氓"的内在机理。他对"英雄"和"群氓"进行了明确阐释。所谓"英雄"，就是"以自己的榜样带动群众从善或行恶，去干最崇高的事或最卑鄙的事、合乎理性的事或毫无理性的事的人"，而"群氓"是"能够被最崇高的或最卑鄙的，或者既不高尚也不卑鄙的榜样带动的人"。①同时，他还明确指出，"英雄"和"群氓"这两个术语不带任何褒贬义，把醉鬼瓦西里·安德鲁称为"英雄"同崇高人物相提并论，显然既没有对"英雄"的崇拜，也没有对"英雄"的否定，"英雄"可以是疯子、坏蛋、蠢材和微不足道的人。米海洛夫斯基主要关注作为术语的"英雄"与"群氓"二者之间的关系。"英雄"之所以能够带动群体，是因为"英雄"由群众造就。"英雄不是天上掉下来的，而是地上长到天上去的，创造伟人的环境就是产生群氓的环境，只不过在伟人身上集中体现了分散在群氓中的力量、情感、本能、思想和愿望。"②群体聚集为"英雄"所带动，米海洛夫斯基认为，这是一种独立的社会心理现象。一方面，当社会生活出现急剧变化时，人们喜怒哀乐、义愤与抗争等情绪易于表达，此刻情绪常常充满着无私情怀和追求真理的精神，在这一情绪的影响下，人们顷刻间凝聚起来了。在米海洛夫斯基看来，人们意识深处潜藏的不仅是粗暴和自私的本能，也有不时对善良和光明的向往。另一方面，人有着固有的

---

① 尼·康·米哈伊洛夫斯基：《英雄和群氓》，载中共中央马克思恩格斯列宁斯大林著作编译局国际共运史研究室编译：《俄国民粹派文选》，北京：人民出版社，1983年版，第815页。
② 尼·康·米哈伊洛夫斯基：《英雄和群氓》，载中共中央马克思恩格斯列宁斯大林著作编译局国际共运史研究室编译：《俄国民粹派文选》，北京：人民出版社，1983年版，第816页。

模仿行为，这些集结的"群氓"，他们情愿不假思索地跟随"英雄"、模仿"英雄"，认为"英雄"体现了他们的思想情绪。总体来看，米海洛夫斯基在发展方向和道德标准上与革命民粹主义是接近的，但在活动方式和斗争手段上是存在分歧的。

（三）20世纪初俄国民粹主义的复兴：社会革命党

在俄国民粹主义发展的历史上，以《联共（布）党史简明教程》为代表的苏联学界，长期抹杀20世纪初以社会革命党为标志的俄国新民粹主义兴起的事实。他们认为，在民意党炸死沙皇亚历山大二世后，民粹派组织已被沙皇破坏，而"列宁和他的拥护者所进行的斗争，还在90年代就从思想上把民粹主义彻底粉碎了"①。按照以上说法，俄国民粹主义自19世纪90年代后就彻底地不复存在。显然，这一对俄国民粹主义问题的认识是错误的。目前，学界就此问题基本达成共识：20世纪初的社会革命党代表了民粹主义的复兴，甚至是革命民粹派发展的最高阶段。②

---

① 联共（布）中央特设委员会编：《联共（布）党史简明教程》，北京：人民出版社，1975年版，第22页。
② 金雁：《革命民粹派发展的最高阶段——社会革命党》，载《学习时报》，2005年7月18日，第6版。

19世纪80—90年代，俄国民粹主义虽然遭遇重创，一度低落，但并未销声匿迹。进入20世纪后，在新的革命条件下，它调整方针、政策和路线，朝着社会民主主义方向演变。实际上，早在19世纪80年代，民意党和黑土平分社都曾以社会革命党自居，民意党执行委员会曾在1880年10月25日的《致卡尔·马克思》信中以社会革命党全党的名义向马克思表示深深的敬意。①90年代，革命民粹派在俄国和欧洲建立了大批以"社会革命"命名的新民粹主义小组。1902年，在切尔诺夫等人的努力下，社会革命党联盟（1894年）、南方社会革命党（1897年）、社会主义土地联盟（1900年）等达成协议，组建了统一的社会革命党。但该组织缺乏统一的政治纲领，其内部各派别独自行动，主要延续革命民粹派从事恐怖活动的传统。直到1905年12月社会革命党第一次代表大会召开，通过了党的纲领和组织章程，这一状况才得以改变。社会革命党正式登上俄国政治舞台，一直活动到1925年被取缔。

社会革命党是传统民粹主义的修正模式，是民粹主义和修正主义思想的折中混合物。20世纪初，西方资本主义强势发展，受西欧民主化、自由化和市场化思想的渗透，以及国内斯

---

① 民意党执行委员会：《致卡尔·马克思》，载中共中央马克思恩格斯列宁斯大林著作编译局国际共运史研究室编译：《俄国民粹派文选》，北京：人民出版社，1983年版，第525页。

第一章　概念澄明：俄国自由民粹主义理路

托雷平工地改革①的影响，社会革命党逐步淡化了传统民粹主义色彩，对民粹主义理论作出了很大修正。第一，改变了对俄国发展资本主义的看法。传统民粹主义长期以来对资本主义持否定态度，认为资本主义发展带来的只有剥削和罪恶，他们看到西欧"羊吃人"的惨剧、工人农民困苦生活的悲惨境遇，以及资产阶级的贪婪腐化，因此恐惧和鄙弃资本主义，主张绕过资本主义发展阶段直接过渡到社会主义。社会革命党却对资本主义进行了有限肯定，明确了资本主义在俄国不可争议的存在和发展，并深刻领会了资本主义的创造力与破坏力。在其领导人切尔诺夫看来，"因为这些资产阶级-资本主义形式比较狭窄，限制并扭曲了集体劳动和大社会化生产的发展"②。显然，社会革命党认识到了资本主义在发展"集体劳动"和"社会化大生产"方面的积极作用。但他们主要还是强调资本主义的消极方面，认为资本主义发展越全面、越充分，社会分化就越剧

---

① 斯托雷平土地改革指俄国首相彼得·阿尔卡季耶维奇·斯托雷平（1906—1911年在任）为维护地主资产阶级利益、防止革命，于1906—1911年制定实施的旨在摧毁村社制度、扶植富农经济的土地改革政策。该项政策准许农民退出村社，取得村社的份地作为私产，并允许出卖；这一政策的推行破坏了传统的村社土地公有制，加速了农民的分化，在一定程度上促进了农村资本主义的发展。

② 马龙闪、刘建国：《俄国民粹主义及其跨世纪影响》，桂林：广西师范大学出版社，2013年版，第292页。

烈，并产生"被剥削的劳动者"和资产"剥削阶级"。在他们看来，剥削阶级借助辛迪加和托拉斯①以及国家管理机关来维护自己的统治，并将科学、艺术和文化置于自己的支配之中。

第二，提出了不切实际的政治纲领目标，滑向了无政府主义泥沼。1861年的农奴制改革促进了社会发展，俄国朝着公民社会方向演进，但直到1905年，俄国尚未达到公民社会的程度。②因此，切尔诺夫提出的民主政权是不切实际的，带有无政府主义和民粹主义色彩。譬如，在政治纲领方面提出，不论在城市还是乡村，都要建立具有广泛自治权利的民主共和国；在民族关系方面，主张广泛地行使自治权利，承认各民族无条件的自决权；主张实行直接、秘密、平等、普遍的选举和

---

① 辛迪加、托拉斯、卡特尔、康采恩是垄断组织的四种形式。其中，辛迪加以企业组合的形式存在，同一生产部门的少数大企业通过协定建立起有关共同销售商品和采购原料的垄断组织，其目的是以高价销售商品、低价买进原料，从而获取高额垄断利润。参加辛迪加的企业没有商业上的独立性，但在法律上和生产上仍保持独立资格。托拉斯是垄断组织的一种高级形式。以信托或同盟形式存在。它是由许多生产同类商品的企业或在产品生产上有紧密联系的企业合并组成。其目的是垄断销售市场和原料来源，争夺投资场所，增强整体竞争能力以获取高额垄断利润。参加托拉斯的企业丧失了生产、销售和法律上的独立性，按股权份额分红取利。退出托拉斯不能带走原始资本，只能把股权转卖。参见陶文楼主编：《新时期企业领导干部实用大辞典》，天津：天津人民出版社，1993年版，第120页。

② 鲍·尼·米罗诺夫著，张广翔等译：《俄国社会史》（下卷），济南：山东大学出版社，2006年版，第149页。

全民公决；主张取消常备军，代之以民兵等。① 显然，这一系列的政治权利脱离当时俄国实际，停留在空想之中，难以付诸实践，在政治理念上具有无政府主义色彩。

从实际情况来看，俄国人民尚未具备履行自治权利的能力。《试论民粹派纲领》曾明确提出："人民群众对政治完全没有兴趣，也不理解，更谈不上教育他们去积极进行政治活动了。在工人中间接受政治理想当然要容易得多，但我们已经说过，我国城市工人的数量太少，而且不可能增加到他们能靠自己的力量进行可靠的政治变革的程度；为此必须有农民群众的协助和支持，而农民群众自己是没有政治理想的，他们真正感兴趣的只是社会理想。因此根本政治制度的问题比起土地变革任务来自然退到次要的地位了。"② 由此可见，政治权利和政治变革并不是当时人民群众的首要诉求。这一结论在革命民粹派的"到民间去"运动中得到了验证，即便进入20世纪，农民在1905年革命中的要求仍然是土地，并直接触发了沙皇政府的斯托雷平土地改革。显然，政治纲领与人民群众的实际期盼

---

① 解国良：《俄国社会革命党研究（1901—1925）》，北京：社会科学文献出版社，2012年版，第67页。
② 《试论民粹派纲领》，载中共中央马克思恩格斯列宁斯大林著作编译局国际共运史研究室编译：《俄国民粹派文选》，北京：人民出版社，1983年版，第603—604页。

是不匹配的，更多是从西欧剽窃而来的不切实际的口号。

第三，以劳动原则取代公社原则。在传统民粹派的典型特点中，最为突出的是他们具有整体主义色彩的公社原则，而这样的一种公社是注重集体协作的农民社会，农民秉持平等协作的集体主义传统，对个人主义持否定态度，并把公社原则置于劳动之上。① 社会革命党把他们的革命称为"人民劳动革命"，即社会革命，在其土地社会化纲领中把劳动作为重要原则，确立劳动价值以及劳动人民的社会伦理，认为革命目的是保护劳动人民的利益、解放他们的权益。社会革命党在其纲领中指出："党将支持土地社会化，即支持土地不再属于某些个人或集团私有，而把它变成全民财产。社会化的土地将由中央和地方人民自治机关支配，即由从民主组织的无等级的村社到国家来支配（移民、迁徙、管理储备土地等）。使用社会化的土地，应该坚持平均劳动的原则，即在个体和合作劳动的条件下，通过征收社会需求税，在使用租金的条件下保证需求定额；在土地的使用权从一个人和集团转移给另一个人和集团的条件下，给土地改良予以补偿。"② 土地社会化的纲领对土地所有制进行

---

① 金雁：《革命民粹派发展的最高阶段——社会革命党》，载《学习时报》，2005年7月18日，第6版。

② 解国良：《俄国社会革命党研究（1901—1925）》，北京：社会科学文献出版社，2012年版，第70页。

了重构,一方面,把土地变得无主,成为全民财产,废除了政府、官员和贵族地主剥削的私有制根基;另一方面,确立了劳动在土地使用中的作用,并在被开发的土地进行转让时予以资金补偿,不仅支撑了农民开发土地的愿望,还体现了劳动价值原则。在社会革命党看来,劳动战胜剥削是革命的首要目标,从而使得劳动原则取代了传统民粹派的公社原则。

社会革命党内部思想不统一,此起彼伏的派别纷争分裂活动贯穿党的始终。列宁在1906年撰写的《社会革命党的孟什维克》一文中明确指出:"社会革命党的纲领草案表明它显然正在经历'从民粹主义到马克思主义'的转变。实行这样的转变的党,内部必然发生分裂是显而易见的。"① 从社会革命党的实际情况来看,在其组建统一政党的过程中,由于在纲领和策略问题上的分歧,造成了分裂的局面,在讨论党纲的第一次代表大会上,左右两派宣布退出,并分别组建了各自的组织。对此列宁也有过描述:"社会革命党则是在第一次试图公开行动一下,证明一下自己是作为一个真正的党在行动的时候,便分裂成了三派:(1)左派——'最高纲领派';(2)中派——旧式的社会革命党人;(3)右派——机会主义者(或者叫'合法

---

① 中共中央马克思恩格斯列宁斯大林著作编译局编译:《列宁全集》第二版增订版(第十三卷),北京:人民出版社,2017年版,第391页。

主义者'、'劳动人民社会党人'等等)。"① 社会革命党的左派是以"农业恐怖主义分子"为主的"最高纲领派",他们反对一切合法斗争,认为实现最高纲领的唯一手段是恐怖行动,并于1906年10月组建社会革命党联盟。右派是指反对"革命专政"和"恐怖斗争"的民粹派,主张渐进发展社会主义,在参加两次党纲和党章讨论后退出大会,随后于1906年组建了劳动人民社会党,该派被认为是自由民粹主义的政治力量,但存在时间短且影响力微弱。以切尔诺夫为首的中派沿着旧式革命党人的方向,保持着社会革命党的名称,在俄国革命历史上产生了深远影响。

第二节　俄国自由主义的理论考察

俄国自由民粹主义也称自由主义民粹主义,亦称自由主义民粹派,在俄国历史上有着特殊的历史地位,与自由主义有着千丝万缕的联系,但有学者对自由主义民粹派或者自由民粹主义这一称谓颇有微词。因此,我们需要从理论上对何谓俄国自由主义以及自由民粹主义进行考察。在俄罗斯的传统中,一说

---

① 中共中央马克思恩格斯列宁斯大林著作编译局编译:《列宁全集》第二版增订版(第十三卷),北京:人民出版社,2017年版,第391—392页。

第一章 概念澄明：俄国自由民粹主义理路

到俄罗斯思想，人们往往想起的是斯拉夫主义、民粹主义、虚无主义、宗教哲学及马克思主义等流派和思潮。自由主义作为舶来品，在启蒙运动席卷西欧后，很快传入俄国，受到俄国开明政治官员的支持和传播，并且与其他社会思潮相互影响和碰撞。

一、俄国自由主义的历史考察

俄国自由主义作为西欧自由主义的变种，在俄国历史舞台上曾产生过重要影响，其精神内核与西欧自由主义一脉相承，但由于俄国缺乏相应的文化传统和社会环境，俄国自由主义的内涵实质上更加接近当时西班牙和希腊，或者亚洲和拉丁美洲国家的自由主义。因此，乔治·费舍尔（George Fischer）将之称为"落后国家的自由主义"[①]。何谓"落后国家的自由主义"？在俄国的自由主义有着怎样的发展轨迹？搞清楚这些问题是理解自由民粹主义的基本前提。

自由主义的词源是拉丁语的"liberales"，发轫于19世纪初的西欧，是一种用于描绘社会理想的思潮、政治学说或运动。西方自由主义思想虽然可溯源至古希腊罗马时期，但作为一种

---

① George Fischer *Russian, Liberalism: From Gentry to Intelligentsia*, Cambridge: Harvard University Press, 1958, pp. viii-ix.

政治思潮和智识传统,当代英国哲学家约翰·格雷(John Gray)认为,"自由主义的出现不早于17世纪"①。这一思想早在1789年《人权宣言》中就以道德和秩序术语"自由"和"平等"存在,自由主义第一次从政治意义上被使用是在拿破仑1799年为雾月政变所作的辩护中。1812年,西班牙国会中的宪法拥护者作为政治团体,是第一个自称为"自由主义者"的群体。不久,英国的托利党以贬义蔑称辉格党人中的激进主义者为"自由主义者"。此后,自由主义逐渐成为欧洲常用的政治术语。② 19世纪30年代,辉格党再次执政,转向自由主义,并以自由党命名,执政期间以自由主义原则进行全面改革,使得自由主义在欧洲风生水起,产生了一大批影响巨大的自由主义思想家,如法国的托克维尔、英国的约翰·密尔、德国的洪堡等。自由主义作为一种政治学说、一种意识形态,其基本内核是坚持个人主义和个人至上。

自由主义不是亘古不变的学理,而是不断发展变化的学说汇总。但就其基本原则而言,自由主义有着某种确定的含义,有其所共享的、典型的一般原则:一是以个人主义为基础和出

---

① 约翰·格雷著,曹海军、刘训练译:《自由主义》,长春:吉林人民出版社,2005年版,第1页。

② G. de Bertier de Sauvigny, "Liberalism, Nationalism and Socialism: The Birth of Three Words", *The Review of Politics*, Vol. 32, No. 2, 1970, pp. 147–154.

发点,在论及政治、经济、文化时,重点强调个人自由、机会平等。二是把自由作为自由主义核心原则,但自由主义追求自由与秩序之间的平衡,强调法治原则下的自由。三是在平等原则问题上,作为个人主义的引申,自由主义始终强调权利的平等和形式的平等,却拒斥实质的平等。四是在民主原则问题上,自由主义强调个人权利至上,主张个人自由的价值是第一位的,政府仅仅是保障个人权利与自由的手段,民主的价值是第二位的,是备用的、暂时的、有条件的。五是在国家问题上,自由主义本质上是一种国家学说,其核心是界定国家和个人的关系,在权力无限的国家与无政府状态之间寻找平衡,对国家充满恐惧,但又不愿陷入无政府主义。自由主义承认国家存在的必要性,认为形成国家是人类为了有序生活不得不付出的代价,但必须将这种代价限制在最低程度,因此,自由主义主张在国家权力的活动空间通过分权方式对国家的权力与职能进行限制。[①] 此外,自由主义还注重法治原则,认为"自由"是法律保障下的自由,法治原则最重要的体现是实行宪政。

自彼得一世改革后,俄国打开通向欧洲的窗口。通常认为,俄国自由主义思想发轫于叶卡捷琳娜二世的社会改革活

---

① 李强:《自由主义》,北京:东方出版社,2015年版,第143—246页。

动,她在西欧启蒙思想和大革命影响下,实行"开明君主专制"①,使俄国人民也能受到西欧思想文化的影响。她在统治期间译介了大量启蒙思想家的著作,并长期与伏尔泰、狄德罗等法国启蒙思想家保持书信往来;赠予狄德罗私人图书馆,并盛情邀请他来俄国帮助自己进行政治改革。②

通常认为,作为完整意识形态的俄罗斯自由主义是从法国人那里获得的。在1812年俄法战争中,由俄国青年军官组成的十二月党人目睹了欧洲革命的成果,深受影响。十二月党人帕维尔·佩斯特尔(Pavel Pestel)在1826年公开宣称法国作家对自己产生影响,声称自己充满了自由思想和自由主义观念。③赫尔岑在其自传回忆录《往事与随想》中指出,他曾受十二月党人影响,同情他们并发誓要替那些在起义中被处以死刑的人报仇,同沙皇战斗到底,他还对法国大革命保持浓厚兴趣。④在他后来主编的《钟声》杂志上常见"自由主义"的相

---

① 这一制度在18世纪风行欧洲,欧洲许多宫廷都曾宣布实行。这一制度提倡"君主与哲学家相结合",实行自上而下的改革,实行法治,同资产阶级联合,最终建立资产阶级君主立宪制度。叶卡捷琳娜二世在欧洲宫廷政治风气和法国启蒙思想家的影响下在俄国实行这一制度。

② 张建华:《俄国史》,北京:人民出版社,2004年版,第53页。

③ Charles E. Timberlake ed. *Essays on Russian Liberalism*, Columbia: University of Missouri Press, 1972, p. 3.

④ 赫尔岑著,巴金、臧仲伦译:《往事与随想》(上册),南京:译林出版社,2009年版,第52—53页。

关内容。俄国著名自由主义代表人物鲍里斯·契切林（Борис Чичерин）首次对自由主义进行了整体性分析，并把自由主义划分为庸俗的、反对派的和保守的。①

俄国自由主义由西欧传入后，很长时期内被打上了浓厚的贬义色彩，故而人们拒斥自由主义称谓。虽然赫尔岑、契切林等人对自由主义进行过积极的推崇，但在俄国，自由主义在相当长的时间内遭受来自各方的抨击。屠格涅夫在1862年发表的小说《父与子》中明确指出，"自由主义"是外国没用的字眼，对于俄国人一点用处也没有。这些所谓的自由主义者被定义为"那些喜欢自由的人"，通常指贵族、地主，他们无所事事，喜欢随时看看窗外风景，到处闲逛，听戏跳舞。② 以至于在契切林之后直到19世纪60年代末，很少有用自由主义标榜自我的。究其缘由：一方面，自由主义作为舶来品，难以被俄国底层民众理解和接受，因此，当时意欲以"立宪"和"民主"为党名的自由主义政党，采用了"人民自由党"这一称谓。另一方面，自由主义受到多方批判，被赋予太多负面内

---

① 刘国华：《〈俄国自由主义思想（1860—1880）〉简评》，载《国外社会科学》，2006年第4期，第82页。

② Franco Venturi, *Roots of Revolution: A History of the Populism and Socialist Movements in Nineteenth-Century Russia*, Chicago: The University of Chicago Press, 1960, p. 299.

涵。君主派认为它是伪装的激进主义，革命者却认为它代表封建贵族和资产者的阶级利益。总之，自由主义思想虽然在俄国得以传播和运用，但"自由主义者"这个名称并未受到广泛认可。

19世纪70—80年代，自由主义广泛流传，逐渐被人们所接受，并公开以"自由主义派"和"保守主义派"来描述地方自治会议成员的政治立场。《苏赞县地方自治机关周刊》的一篇社论中就谈到1882年地方自治会议中自由派和保守派的斗争。与此同时，有人专门撰文回应这篇社论，并进一步讨论党派的出现问题。可见，当时俄国对自由主义的避讳正在逐步退却。地方自治活动家、立宪民主党人伊万·彼得伦科维奇（Iwan Petrunkevich）或许是公开自称自由主义者的第一人，他在与美国新闻记者乔治·凯南（George Kennan）的通信中以自由主义者自居，但也仅此一次。① 直到1905年立宪民主党成立，俄国自由主义才以政党形式出现，它是唯一称得上是自由主义政党的党派。对此，瓦多沃佐夫（В. В. Ватолозов）认为，在此之前，严格来讲，俄国没有一个真正意义上的自由主

---

① Charles E. Timberlake ed. *Essays on Russian Liberalism*, Columbia: University of Missouri Press, 1972, pp. 9–11.

义政党，只有带有自由主义倾向的群体。①

二、俄国自由主义的典型特质

俄国自由主义是欧洲自由主义的变种，在俄国化的过程中有着自己独有的特征。

其一，俄国自由主义以上层统治阶级和贵族知识分子群体为主要成员，缺乏稳定的社会阶级基础，但在西欧自由主义的影响下，俄国统治阶级和知识分子都被卷入这一浪潮之中。因此，俄国自由主义具有这样的特征："既包括政府自由主义、官僚自由主义和贵族自由主义，又包括资产阶级自由主义和知识分子自由主义。"② 事实上，俄国自由主义从两个方面展开：一方面，以自由主义为手段来巩固阶级统治的官方改革路径。主要表现在叶卡捷琳娜二世的"开明君主专制"，亚历山大一世实施宪政的国家政治体制改革，亚历山大二世实施的废除农奴制、实行地方自治等自由化措施。另一方面，知识分子以自由主义为行动指南。当时知识分子的两大流派——斯拉夫派和

---

① Charles E. Timberlake ed. *Essays on Russian Liberalism*, Columbia: University of Missouri Press, 1972, p. 13.
② 郭文：《俄国近代自由主义的理路》，广州：世界图书出版公司，2014年版，第35页。

西方派"都属于自由主义者,也都是理想主义者"①。虽然斯拉夫派是彼得一世以来外国文化影响泛滥的一种对立面,坚持俄国历史的特殊性,主张保留村社宗法制度,但他们并非维护落后的农奴制,反而是对现存制度的批判和否定。因而斯拉夫派"在民族主义的外衣下,他们的思想本质上是自由主义的"②。西方派是受自由主义影响的典型派别,西方派学者契切林曾宣称自己为自由主义者。西方派倡导的"知识讲坛"、19世纪60年代自上而下的地方自治运动、20世纪初的立宪民主运动等都有着浓厚的自由主义意蕴。③ 总之,相较西欧,推崇俄国自由主义的上层贵族阶级是保守的和落后的,而俄国知识分子虽然是现代进步的中坚力量,但人数不多,再加上俄国资产阶级力量薄弱,缺乏可靠的政治实力,且与大众脱节,决定了他们常常陷入观念迷圈,成为一种发展不充分的自由主义。

其二,俄国自由主义是缺乏阶级基础的政治附属品。相较西欧,俄国自由主义未能发展出一个支撑其发展的社会基础,缺少阶级支撑。在俄国300余年的专制历史中,似乎始终在民

---

① 曹维安:《俄国史新论:影响俄国历史发展的基本问题》,北京:中国社会科学出版社,2005年版,第300页。

② 姚海:《俄罗斯文化》,上海:上海社会科学院出版社,2005年版,第178页。

③ 张建华:《俄国知识分子思想史导论》,北京:商务印书馆,2008年版,第15页。

主与专制、激进与保守、落后与进步、革命与反革命之间，二者择其一，"自由主义思想和自由主义立场只能是势力强大的政治保守主义和在一些时期势力同样强大的政治激进主义的附属品"①。俄国的社会环境和历史传统使得自由主义在俄国难以发展成为主流意识，只能依附于政府、贵族和官僚等"他者"。虽然它是以"西方主义"为核心的政治伦理，强调借鉴西方的经验，在俄国思想的启蒙、沙俄政府的改革、民粹派的农民社会主义运动等方面都发挥着重要推动作用，但因被赋予太多负面含义，难以为民众所接受，最终只能以"附属品"的形式出现。

其三，俄国自由主义是理论的"混杂物"。俄国缺乏西方产生自由主义的两个重要的历史根源："一是中世纪的封建制度即西欧国家的自由建立在王权和封建领主所形成的平衡（分权）基础上；二是宗教权威独立于世俗政权以及神职人员的自治。"② 而

---

① 张建华：《俄国知识分子思想史导论》，北京：商务印书馆，2008年版，第148页。
② 杜立克：《对俄国自由主义的理论探讨》，载《史学月刊》，2004年第8期，第80页。

在俄国，一方面，村社制度、缙绅会议①等虽然蕴含着某种民主因素，但个人主义原则缺失、个体自由思想匮乏，不足以说明俄国存在自由主义；另一方面，俄国东正教没有获得至高无上的权威，自由主义传入俄国后，便成为皇权的附庸，依附于帝国世俗政权，极力宣扬"君权神授""英明沙皇的权力来自上帝，他的权威至高无上"。②

自由主义是一个宽泛的概念，既是一种理论、制度和意识形态，还是一种政治运动或旗帜。俄国自由主义从外部传入，又汲取俄国国内各种流派的思想，理论构建中存在民族文化、集体主义和东正教等因素，还受自然权利、人民主权、社会学派、民粹主义等理论的影响，在其发展过程中形成了政府自由主义、贵族自由主义、资产阶级自由主义、官僚自由主义、知识分子自由主义及自由主义民粹派等。

---

① 缙绅会议在俄语中为"земский собор"。其中，"земский"一词有"土地的""国土的""地方的""国家的"等含义，"собор"一词意为"会议"，在16世纪通常用于最高宗教僧侣集团会议和宗教界集会的语境中，沙皇和他的近臣往往也会参加此类会议。缙绅会议存在于16世纪中期到17世纪中期的俄国，是由沙皇召集的具有全国性质的会议，参加者通常包括杜马成员、主教公会、商人、手工业者和农民等，会议内容一般集中在与国家重大事务有关的决策上，具有资政议事和立法职能。参见曹维安、谢慧芳：《论俄国缙绅会议》，载《世界历史》，2010年第5期，第23—32页。

② 孙成木、刘祖熙、李建主编：《俄国通史简编》（上册），北京：人民出版社，1986年版，第87页。

第三节 俄国自由民粹主义的理论考辨

俄国自由民粹主义作为自由主义和民粹主义合流的理论混合物，是俄国民粹主义在特定历史阶段的特殊产物，在俄国历史上具有深远影响。关于俄国自由民粹主义的概念内涵，目前还存在诸多分歧，因此，我们在系统梳理俄国民粹主义和俄国自由主义的基础上，对何谓俄国自由民粹主义，其与俄国自由主义和俄国民粹主义之间有何关联，列宁视域下的俄国自由民粹主义是如何展开的等等问题，从理论内涵和概念外延上作进一步深入考辨，从而更加精准地把握列宁所批判的俄国自由民粹主义这一对象。

一、俄国自由民粹主义的概念争辩

俄国民粹主义是19世纪中叶到20世纪初在俄国出现的带有浓厚空想色彩的小资产阶级思想流派，是俄国特有的时代产物。在近百年的历史进程中，其内部发展错综复杂。根据列宁分析，民粹主义发展分为两个阶段，第一个阶段是19世纪60—70年代的革命民粹主义，即旧民粹主义；第二个阶段是

19世纪80—90年代与自由派合流的自由民粹主义。① 自由民粹主义主张以合法的方式进行斗争，亦称"合法民粹主义"。目前，我国学界针对自由民粹主义这一称谓有两种观点。

其一，以改革民粹主义取代自由民粹主义的观点。近年来，学界有这样一种声音：认为改革民粹主义更能反映19世纪末这一时期的民粹主义特质，以往常用的自由民粹主义，即自由主义民粹主义不符合客观实际。在他们看来，自由主义有其特定含义，它主张走资本主义发展道路，主张自由市场、自由经济及自由选举；而自由民粹主义这个派别是不具备这些特点的，他们反对西方资本主义、固守俄罗斯的传统，反感商品、市场和货币。故而称为自由民粹主义是不恰当的。而此时的民粹主义反对暴力革命，主张渐进式改革，倡导文化主义，提倡"小事情理论"，是对"到民间去"运动的反思和修正，加之与革命民粹主义相呼应，因此，称为改革民粹主义更为恰当。②

然而，改革民粹主义这一称谓只是看到了民粹主义在斗争方式上的变化，即由革命转向了改良的合法斗争。如果采用改

---

① 中共中央马克思恩格斯列宁斯大林著作编译局国际共运史研究室编译:《俄国民粹派文选》，北京：人民出版社，1983年版，前言第1页。
② 马龙闪、刘建国:《俄国民粹主义及其跨世纪影响》，桂林：广西师范大学出版社，2013年版，第171—172页。

革民粹主义这一称谓，则更多是从变革手段来加以说明，将失去对民粹主义属性问题的规定，对自由主义的影响将被忽视。即便是从词语内涵来看，"改革"一词更多强调的是方法和手段，而自由民粹主义则能够对民粹主义的属性给予规定。

正如别尔嘉耶夫所言："民粹思想是有代表性的俄罗斯现象。"[①] 俄国民粹主义有着独特的意涵，并非简单的"政治涂料"，需要对其进行特定的修饰，才能对民粹主义进行历史的、理论的、政治的定位。一方面，通过对自由主义与俄国民粹主义的考源可知，自由主义一定程度上与民粹主义相伴而生，二者合流有其历史和理论的根源。从最初萌生的代表人物十二月党人、赫尔岑，到西方派和斯拉夫派论战，以及宣传刊物《祖国纪事》《俄国财富》等，都充分体现了自由主义亦根植于俄国知识分子血脉之中。另一方面，19世纪70—80年代，革命民粹主义遭受严重打击后发生了转向，放弃激进的方式，转向争取政治自由。与此同时，自由主义成为欧洲资本主义的主流意识形态，并传入俄国，虽然俄国各界不愿公开承认自己是自由主义者，但不可否认其在俄国产生的重要影响，特别是对俄国民粹派知识分子的影响。此时，以"自由主义"为俄国民粹

[①] 尼·亚·别尔嘉耶夫著，邱运华、吴学金译：《俄罗斯思想的宗教阐释》，北京：东方出版社，1998年版，第57页。

主义修饰成分,符合当时民粹主义的历史语境和特定内涵,采用"自由主义民粹主义""自由主义民粹派"或"自由民粹主义",能够更加精准地对此时的俄国民粹主义进行历史和理论的定位。

其二,以警察民粹主义取代或分化自由民粹主义。国内史学界有学者把俄国民粹主义分为革命民粹主义、自由民粹主义、警察民粹主义、社会革命党人的民粹主义和20世纪20—30年代的新民粹主义等五种类型,① 他们认为,在19世纪80年代革命民粹主义衰败后,由自由民粹主义到20世纪初社会革命党的民粹主义兴起期间还存在着一种警察民粹主义。在他们看来,自由民粹主义既不反对沙皇专制,又抵制资本主义,因此毫无民主主义和自由主义可言,只剩下社会封建主义,并引用列宁提到的"警察民粹派"②,称之为"警察民粹主义"。他们认为,警察民粹主义代表人物除了列宁提到的萨宗诺夫外,还有革命民粹主义的叛徒吉霍米罗夫,他们用此人取代自由民粹主义的代表人物米海洛夫斯基来论证警察民粹主

---

① 金雁:《俄国民粹主义的缘起》,载《学习时报》,2005年5月9日,第5版。

② 中共中央马克思恩格斯列宁斯大林著作编译局编译:《列宁全集》第二版增订版(第六卷),北京:人民出版社,2013年版,第381页。

义。① 把革命恐怖主义、立宪民主党的右翼分子卡拉乌洛夫作为警察民粹主义的典型，认为警察民粹主义是民粹主义的极右翼，是宗法共同体人格化的沙皇、地主和专制制度的卫道者。传统宗法共同体在资本主义自由化的冲击下面临危机，保守的贵族和农民都害怕自由化和个人主义，贵族担心等级壁垒的破坏，而农民担心作为宗法共同体的村社瓦解，使其失去"庇护"，这样一种人身依附关系的存在造就妥协性和"警察化"倾向。他们还认为，警察民粹主义中的少数分子打着"人民"旗号来反对西方民主制度，声称立宪政治是虚伪的，远不及至上的主宰来"为民做主"更合乎正义。②

这一观点是有失公允的，自由民粹主义者虽然寄希望于政府帮助农民，主张进行合法斗争，但他们并未放弃反对沙皇专制制度。就吉霍米罗夫而言，他不仅放弃了民粹主义，最终还向沙皇亚历山大三世递交悔过书，俨然变成了一个彻底的反革命的保皇主义者，这显然是变节行为。尽管自由民粹主义内部思想不尽相同，存在以米海洛夫斯基为代表的左翼和以尤佐夫、阿布拉莫夫为代表的右翼，但他们都是坚定的农民民主主

---

① 金雁、秦晖：《农村公社、改革与革命——村社传统与俄国现代化之路》，北京：东方出版社，2013年版，第227—249页。
② 金雁：《论"警察民粹主义"——民粹主义新论之一》，载《开放时代》，2001年第7期，第50—61页。

义者。

二、俄国自由民粹主义与俄国自由主义的关系澄明

俄国民粹主义在19世纪80年代发生重要转向。一方面,以普列汉诺夫、查苏利奇为代表的革命民粹主义成员放弃了民粹主义主张,转向马克思主义。另一方面,以米海洛夫斯基、丹尼尔逊、切尔温斯基和尤佐夫等为主要代表的民粹主义右翼势力,在《星期周报》上传播"小事情理论",意在合法条件下对人民进行启蒙教育,从而使民粹主义脱离激进主义轨道,走向温和的自由民粹主义轨道。"民粹派已经和自由主义融为一体;形成了一个自由主义民粹派。"① 尽管俄国自由民粹主义与自由主义有着千丝万缕的联系,但二者却有着本质区别,因此,必须要对二者关系进行考察,以便明晰俄国自由民粹主义这一概念。

其一,俄国知识分子是民粹主义和自由主义的共同社会载体。俄国的民粹主义和自由主义都是在欧洲启蒙思想和法国大革命的影响下萌生的,作为"俄国早期的自由主义的丰碑——

---

① 中共中央马克思恩格斯列宁斯大林著作编译局编译:《列宁全集》第二版增订版(第八卷),北京:人民出版社,2017年版,第72页。

十二月党人"①，这些"叛逆贵族"知识分子也是俄国民粹主义萌生的重要因素。"民粹主义的起源与俄罗斯知识分子的形成历史有着直接的联系。"② 俄国革命民粹主义的"到民间去"运动、民意党、自由民粹主义及20世纪初的社会革命党，一定程度上是由俄国知识分子领导推进的。而俄国知识分子又在不同程度上充当自由主义思潮的传播者和实践者，他们追求西方化，主张国家和社会的演进性，强调以和平方式变革社会，反对革命。因此，俄国知识分子常常深受多重思潮影响，在革命与不革命、民主与独裁、激进与保守中作出选择，甚至相互转换。而俄国自由民粹主义的转向很大程度上归结为知识分子的思想观念发生转变。他们在遭受"到民间去"运动的失败后，吸取革命民粹主义的教训，认为首先必须争取政治自由，并主张以和平方式争取政治自由，进而帮助人民谋求利益，故"争取政治自由已是他们斗争的主题，建立民主机制已成为他们向社会主义前进的必要条件"③。由此可以看出，这些民粹派知识分子有效地吸收自由主义思想，成了自由民粹主义者，开

---

① 郭文：《俄国近代自由主义的理路》，广州：世界图书出版公司，2014年版，第58页。

② В. Д. Жукоцкий, Ф. П. Фурман, "Народничество русской интеллигенции и культуры", Философия и общество, №3, 2004, С. 157.

③ 曹维安：《简论俄国的自由民粹派》，载《陕西师范大学学报（哲学社会科学版）》，2001年第3期，第73页。

启了俄国民粹主义的新阶段。事实如此,在19世纪80年代末至90年代初的俄国革命解放运动中,学生和自由职业者成为主要力量,"资产阶级自由派运动和自由主义民粹派运动混合在一起,学生和知识分子在其中起着显著的作用——这就是当时的各政党和当时的运动的阶级实质"①。

其二,俄国自由民粹主义本质上仍然是民粹主义。俄国自由民粹主义是民粹派发生转向的产物,但并未改变其民粹主义的本质属性。首先,他们的基本价值取向仍然崇尚和信仰"人民",虽然他们不愿意成为革命者,反对恐怖活动,但他们是坚定的人道主义者,对深受压迫的俄国农民充满了同情和关怀,对加深俄国农民困难处境的资本主义进行了批判,对帮助农民摆脱困境提出了人道主义的方案。如米海洛夫斯基提出的"英雄和群氓"理论,在他看来,"创造伟人的环境就是产生群氓的环境,只不过是在伟人身上集中体现了分散在群氓中的力量、感情、本能、思想和愿望"②。这一理论在某种程度上体现了群众创造英雄,蕴含着对人民群众的崇尚之意。

---

① 中共中央马克思恩格斯列宁斯大林著作编译局编译:《列宁全集》第二版增订版(第二十三卷),北京:人民出版社,2017年版,第422页。
② 尼·康·米哈伊洛夫斯基:《英雄和群氓》,载中共中央马克思恩格斯列宁斯大林著作编译局国际共运史研究室编译:《俄国民粹派文选》,北京:人民出版社,1983年版,第815页。

其次，他们依旧企图保存村社和理想化村社。在自由民粹主义者切尔温斯基看来，文化阶层要尝试真正了解农村，理解俄国农村的遗产，并在心理上同它结合到一起，主张农村的理想变成整个民族的理想。① 同为自由民粹主义者的沃龙佐夫也强调："我们直到目前为止仍保留着诸如集体劳动精神、村社等这类全人类普遍的性格特点及组织形式，这也是我们的幸运。"②

最后，他们依旧坚持俄国发展道路的独特性，希冀避开资本主义。19世纪末，尽管资本主义在俄国发展，但沃龙佐夫认为，资本主义在俄国是没有前景的，他指出："那些对工资高昂的抱怨、解散村社的要求以及据说是因受古老工业的落后方式束缚而拼命挣扎的年轻资本主义的其他表现，照我们看来，只不过说明俄国资本主义是一具死胎，说明它需要想方设法为自己的破产辩护，需要嫁祸于人。"③ 总而言之，自由民粹主义者对村社的信仰及对资本主义的拒斥并未从根本上改变。在这

---

① 马龙闪、刘建国：《俄国民粹主义及其跨世纪影响》，桂林：广西师范大学出版社，2013年版，第196页。

② 瓦·巴·沃龙佐夫：《俄国资本主义的命运》，载中共中央马克思恩格斯列宁斯大林著作编译局国际共运史研究室编译：《俄国民粹派文选》，北京：人民出版社，1983年版，第699页。

③ 瓦·巴·沃龙佐夫：《俄国资本主义的命运》，载中共中央马克思恩格斯列宁斯大林著作编译局国际共运史研究室编译：《俄国民粹派文选》，北京：人民出版社，1983年版，第654页。

一问题上,合法马克思主义者司徒卢威也认为,从米海洛夫斯基到尤佐夫,"在不同程度上信仰俄国'独特发展'的可能性确实是所有这些作者的共同特点"①。

其三,俄国自由民粹主义内含自由主义的属性,但与自由主义有着本质区别。应当在当时语境下来理解自由民粹主义,如果将其内涵抽离历史语境,就会陷入抽象的概念规定之中,产生认知偏差。如前所述,自由主义作为舶来品由西欧传入俄国,由于被赋予了太多负面含义,在整个19世纪极少有人愿意自称为自由主义者,加上与人民大众存在脱节,难以被大家所接受。但不可否认,自由主义对19世纪的俄国社会产生了重大影响。一方面,自由主义深深影响并促使了俄国民粹主义的转向。列宁在分析米海洛夫斯基的思想转向时指出:"70年代的俄国农民社会主义,因为自由具有资产阶级性质而对自由'嗤之以鼻',曾同那些竭力掩盖俄国生活中的对抗性的'高头大额的自由派'作过斗争,而且幻想过农民革命,但现在它已经完全变质了,产生了庸俗的小市民的自由主义,这种自由主义认为农民经济的进步潮流给人以'振奋人心的印

---

① 司徒卢威著,李尚谦等译:《俄国经济发展问题的评述》,北京:商务印书馆,1992年版,第27页。

象'。"① 在列宁看来,此时的米海洛夫斯基已经受自由主义影响由革命民粹主义转向了自由民粹主义,并在其1905年撰写的《从民粹主义到马克思主义》一文中再次论述了民粹派的"自由转向"。② 另一方面,自由民粹主义与自由主义有本质的区别。自由民粹主义的本质仍然是民粹主义,而不是自由主义,因为他们的目的和立场不是为了建立资本主义制度,也不是为了自由市场和自由经济,更不是以个人主义原则为基础和出发点,而是受资本主义发展影响的带有自由主义倾向的民粹主义,他们的最终目标仍然是农民社会主义。但二者在反对沙皇专制统治、争取政治自由上有着相同目标。诚如列宁所言,自由民粹主义"根本不是民粹主义(就这个词旧有的惯用的意义来说),并且这种成功和这种广为流传,是以民粹主义的庸俗化为代价的,是以同我国自由主义针锋相对的社会革命的民粹主义转变为同这种自由主义同流合污的、仅仅代表小资产阶级利益的文化派的机会主义为代价的"③。自由民粹主义者以所谓的"人民之友"自居,企图以社会主义者的名义来说话,实

---

① 中共中央马克思恩格斯列宁斯大林著作编译局编译:《列宁全集》第二版增订版(第一卷),北京:人民出版社,2013年版,第151页。
② 中共中央马克思恩格斯列宁斯大林著作编译局编译:《列宁全集》第二版增订版(第九卷),北京:人民出版社,2017年版,第175—181页。
③ 中共中央马克思恩格斯列宁斯大林著作编译局编译:《列宁全集》第二版增订版(第一卷),北京:人民出版社,2013年版,第240页。

质上是"可怜的小资产阶级的妥协"。① 但值得一提的是,民粹主义者曾有过与自由主义者结盟的意图,"1878年12月,一些民粹主义者曾与切尔尼戈夫省地方自治局的自由主义者彼得伦克维奇(И. И. Петрункевич)和林德福尔斯(А. Ф. Линдфорс)在基辅举行过一次秘密会谈"②。

三、俄国自由民粹主义与俄国民粹主义的关系澄明

俄国民粹主义在其发展演变过程中汇聚了来自各个流派的思想,是一道宏大而又复杂的思想潮流。由于其本身庞大复杂,难以用单一思想概念进行概括,因而增加了理解难度。自由民粹主义与俄国民粹主义之间是何关系,是我们明晰俄国自由民粹主义需考察的方面。

其一,自由民粹主义是俄国民粹主义的一个发展阶段。俄国民粹主义自19世纪初萌生到20世纪初衰败,持续约一个世纪,而自由民粹主义存在于19世纪80年代到20世纪初。俄国民粹主义内部一直以来错综复杂、派别林立,自由民粹主义只是其中之一。

---

① 中共中央马克思恩格斯列宁斯大林著作编译局编译:《列宁全集》第二版增订版(第一卷),北京:人民出版社,2013年版,第347页。
② 郭文:《俄国近代自由主义的理路》,广州:世界图书出版公司,2014年版,第24页。

革命民粹主义"到民间去"运动的失败促使自由民粹主义因素滋生。革命民粹派意识到当时的农民群众还不能接受革命的宣传,他们开始思考今后的斗争方向,部分民粹派知识分子开始在农村从事教育、医疗和农技推广等工作,这成为自由民粹主义产生的温床。

民意党的激进暗杀活动惨遭当局镇压,直接导致了革命民粹主义的转向。尽管1881年民意党人成功刺杀了亚历山大二世,但并未赢得民众支持与同情,反而招致社会舆论的一致谴责,在镇压和谴责声中一蹶不振。19世纪80年代,在当局的镇压和人们的质疑声中,俄国民粹派开始质疑自己的行动策略,内部不倾向以激进方式解决俄国发展道路问题的主张逐渐占据主导地位,革命性逐步丧失,转向具有自由主义倾向的民粹主义。他们对当局采取妥协态度,寄希望于以当局的改变来推进社会的变革,他们公开在当时的"合法刊物"上发文,试图从改良农具、改革金融、文化教育等"小事情"着手推动社会变革。

实际上,早在19世纪60年代,民粹主义思潮中就存在着革命和改革两种倾向。正如列宁1911年在《关于纪念日》一文中指出:"民粹主义的这两重倾向,即自由主义倾向和民主主义倾向,在1861年改革的时代就已经十分清楚地显示出来了。"[①] 19世纪60年代末至70年代初,俄国部分知识分子用有别于激进主义的思想去思考国家渐进发展,主要代表人物有米海洛夫斯基、弗列罗夫斯基、丹尼尔逊等。他们对民粹主义创始人——赫尔岑和车尔尼雪夫斯基的思想有着不同理解和解读;"到民间去"运动的失败迫使部分青年知识分子反思激进运动,他们从切实体验中意识到争取政治自由的重要性;他们同时看到了农民的落后、麻木和对政治的疏离,从而认为可以先在合法条件下对人民进行启蒙教育和宣传。70年代末80年代初,《星期周报》团结了一批自由主义民粹派知识分子针对革命激进主义展开批判,实质上成为自由主义民粹派的主要阵地,开启了自由民粹主义的新阶段。这一阶段在列宁的批判下,随着米海洛夫斯基1904年的去世,基本宣告结束。

其二,自由民粹主义是俄国民粹主义的特殊理论样态。俄国民粹主义作为总体概念来理解,是一个派别林立、思想庞杂的理论体系。但不论其如何错综复杂,从总体上来看,各派别之间总是有些共同的思想特征。具体而言,一是都推崇底层劳苦大众,把人民理想化。他们"把人民看作真理的支柱,这种

[①] 中共中央马克思恩格斯列宁斯大林著作编译局编译:《列宁全集》第二版增订版(第二十卷),北京:人民出版社,2017年版,第167页。

信念一直是民粹主义的基础"①，甚至认为农民天生就是社会主义者和共产主义者。二是把村社理想化，妄图建立以村社为基石的社会主义。村社是民粹主义者对"人民"迷恋的重要载体，在他们看来，俄国村社是俄国优越于西欧的关键所在，村社的集体主义是走向社会主义的基石和出发点。三是敌视资本主义，民粹主义各派别都对发展资本主义持否定态度，企图避开资本主义，直接过渡到社会主义。

从理论样态来看，自由民粹主义是俄国民粹主义在总体坚持民粹主义基本原则下的特殊样态。除了兼具以上俄国民粹主义一般特征，还有其独特的标识性特征。其中最为显著的是，自由民粹主义无视阶级对立和阶级斗争，主张在变革的手段上采取缓和的改革方式，寄希望于当局的变革。民意党在遭受严重打击后，主张放弃革命，走向了改革的一端。他们充分展现了对人民群众的乡土情结，认为村社正在遭受资本主义的侵蚀和破坏，呼吁知识分子刻不容缓地干预这一情况，主张对官僚制度实行渐进式改革，倾向于采取合法斗争，宣传"小事情理论"。一方面，他们认为，俄国"工业结构的重心应该放在人

---

① 尼·亚·别尔嘉耶夫著,雷永生、邱守娟译:《俄罗斯思想:十九世纪末至二十世纪初俄罗斯思想的主要问题》,北京:生活·读书·新知三联书店,1995年版,第102页。

民的小生产上"①,主张国家通过改组银行、发放低息贷款、实行"共耕制""劳动组合""技术改良"等措施维护人民的利益。② 另一方面,他们号召知识分子要有向人民学习的心态,同人民相结合,注重研究人民心灵状况,理解人民思想、情感等精神方面内涵。

四、列宁视域下的俄国自由民粹主义

为了全面准确地把握列宁视域下的民粹主义概念和内涵,本书对《列宁全集》进行了文本梳理。通过考察列宁文本可知,"民粹"一词在列宁文本中出现频率极高,在《列宁全集》第二版增订版第一卷至第六十卷的正文中共出现2398次,具体分布情况见图1-1:

---

① 瓦·巴·沃龙佐夫:《俄国资本主义的命运》,载中共中央马克思恩格斯列宁斯大林著作编译局国际共运史研究室编译:《俄国民粹派文选》,北京:人民出版社,1983年版,第678页。

② 杨文亮:《论列宁对俄国民粹派"小事情理论"的批判与重构》,载《河南大学学报(社会科学版)》,2021年第2期,第8—13页。

第一章 概念澄明：俄国自由民粹主义理路

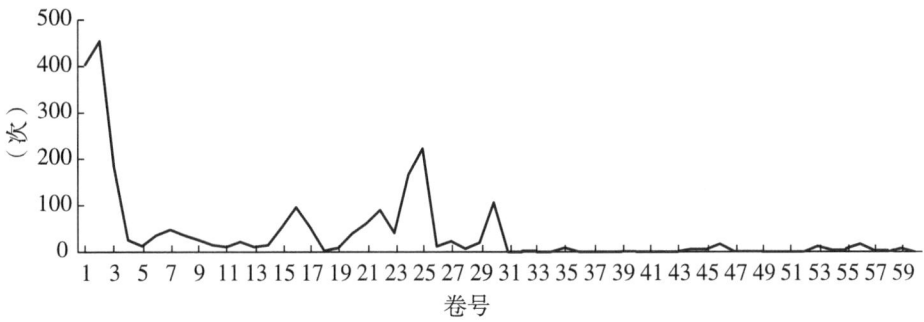

图 1-1 "民粹"一词在《列宁全集》第二版增订版各卷正文中出现的频次
资料来源：作者自制。

通过图 1-1 可知，"民粹"一词在列宁文本中存在五个使用频次较高的时期。第一个时期作为出现频次的最高峰，出现在《列宁全集》第一至第三卷，这一时期正是列宁登上俄国政治舞台，开启全面批判自由民粹主义、捍卫和发展马克思主义的重要阶段。第二个时期出现在《列宁全集》（第十六卷），该卷收录了列宁在 1907 年 3 月至 1908 年 3 月间的著作。一方面，在这期间，列宁出版了他为《十二年来》文集写的序言，《十二年来》文集收录了其在 1895—1905 年间所写的文章和小册子。在《〈十二年来〉文集序言》中，列宁回顾了他早期批判自由民粹主义的著作。另一方面，列宁在《社会民主党在1905—1907 年俄国第一次革命中的土地纲领》一文中，围绕各政党的土地纲领以及两届杜马中的土地问题争论，特别是针对社会革命党及革命民粹派的土地政策进行剖析和驳斥，因而大量使用了"民粹"一词，但此处的"民粹"主要指代社会革命党和革命民粹主义。第三个时期出现在《列宁全集》（第二十二卷），该卷收录了1912年7月至1913年2月间的著作，在此期间，列宁撰写了《两种乌托邦》《论民粹主义》《民粹派内部的情况怎样？农村中的情况又怎样？》等文章。这一时期，列宁从总体上的民粹主义出发，阐释和分析了民粹主义的瓦解过程。第四个时期出现在《列宁全集》（第二十五卷），该卷收录了1914年3月至7月间的《左派民粹派在美化资产阶级》《论左派民粹派》《左派民粹主义和马克思主义》等文章。这一时期，列宁使用"左派民粹派"和"左派民粹主义"概念，主要批判了左派民粹派的农民民主主义的农奴制残余。列宁最早使用左派民粹派是在1911年12月《第四届国家杜马选举运动》一文中。需要指出的是，在他的著作中，左派民粹派主要指代社会革命党，他不仅明确说明过左派民粹派指代社会革命党这一点，而且还将这一概念作为修饰语使用，如"左派民粹派分子尼·拉基特尼科夫先生"[①]，而这位先生的身份是社会革命党的中央委员。第五个时期出现在《列宁全集》（第三十卷），该卷收录了列宁在1917年5月至7月的著作，其间，二月革命胜利后，面对资产阶级临时政府和苏维埃政权同

---

① 中共中央马克思恩格斯列宁斯大林著作编译局编译：《列宁全集》第二版增订版（第二十五卷），北京：人民出版社，2017年版，第317页。

时存在的局面，列宁的主要任务就是同社会革命党和孟什维克进行斗争，力图把革命推向社会主义革命阶段。因此，列宁大量使用民粹主义者来指代社会革命党，如在《忘记了主要的东西》一文中，就明确采用"民粹主义者（社会革命党人）"① 这一表述。

总体而言，进入20世纪，社会革命党成立后，民粹主义进入了一个新的阶段，列宁常以民粹主义、左派民粹派等指代社会革命党，但需要注意的是，并不是所有情况都是如此，因此需要结合特定语境和实际情况进行分析，从而确定其所表达的具体意涵。

（一）列宁视域下"自由民粹主义"概念的文本考察

在列宁思想体系中，民粹主义是一个十分重要的概念，其使用情况也颇为复杂。列宁在不同时期、不同著作中使用"民粹主义"，其意涵是不尽相同的。因此，我们不能简单依据他的话语片段或局部言论来窥探其对俄国民粹主义的具体态度，而是需要结合特定历史语境来加以理解，从而做到对列宁语境中民粹主义的具体内涵进行精准定位，以便正确地理解列宁对民粹主义的看法和态度。

---

① 中共中央马克思恩格斯列宁斯大林著作编译局编译：《列宁全集》第二版增订版（第三十卷），北京：人民出版社，2017年版，第20页。

毋庸讳言，列宁早期在一定程度上受到过民粹主义影响。从列宁经历来看，他的哥哥亚历山大是俄国著名的民粹主义者，列宁对他崇拜有加，并在他的影响下研读了车尔尼雪夫斯基的作品。据列宁妻子娜·康·克鲁普斯卡娅回忆道："毫无疑问，哥哥的遭遇对弗拉基米尔·伊里奇有深刻的影响。"① 正是这个原因，西方"列宁学"妄称"列宁是一个民粹主义者"。这一断言显然是对列宁的误读，目前发现的最早的列宁作品是1893年《农民生活中新的经济变动》一文，他以马克思主义立场和方法对民粹派的村社理论进行了批判，否认了俄国村社农民没有受到资本主义冲击，以及把村社作为社会主义基石的谬论。显然，在列宁现存的著作中，对民粹主义的态度是从批判开始的，并对19世纪80年代末转向后的自由民粹主义进行全面深入批判，认为自由民粹主义的"人民之友"是民粹主义堕落为最平庸的小资产阶级激进主义理论的明显例证。但随着列宁对民粹主义的认识不断深化，他对俄国民粹主义进行了辩证批判：对民粹主义不同流派及其阶级实质作深刻剖析；既揭示民粹主义的反动性、局限性，也肯定其革命性、历

---

① 娜·康·克鲁普斯卡娅著,哲夫译:《回忆列宁》,北京:人民出版社,2020年版,第6页。

史进步性的辩证臧否。①

列宁在其著作中,除了使用"民粹主义"一词,还有"自由主义民粹派""流行的民粹主义""一般民粹主义""旧民粹主义""现代民粹主义""革命的民粹主义""左派民粹派"等用法,其具体意涵在不同时期和语境下是存在很大差异的。但学界部分学者将列宁在早期著作《什么是"人民之友"?》《我们拒绝什么"遗产"?》等中所批判的民粹主义作为固定格式来理解,这显然是错误的,因为这里使用的"民粹主义"实指自由民粹主义,亦称现代民粹主义。既不是广义上作为整体的民粹主义,也不是早期的革命民粹主义,即旧民粹主义。因此,我们必须对列宁视域下的民粹主义进行细致考究,把俄国自由民粹主义从笼统的民粹主义概念中剥离出来,以更加清晰和明确的概念来理解列宁视域中的俄国自由民粹主义内涵。

从列宁视域出发,民粹主义可以从两个维度来理解:第一,指广义上的或总体意蕴的民粹主义,包含各不同时期的农民民主主义的思想体系,是一种宏大的社会思潮。1905年革命后,列宁逐步对民粹主义有了全面深入的认识。1913年,列宁在《论民粹主义》一文中,从总体上对民粹主义进行了简

---

① 耿仁杰、孙来斌:《列宁对俄国民粹主义的辩证批判及其重大意义》,载《理论视野》,2021年第4期,第20—26页。

要分析，认为民粹主义是俄国农民民主派的思想体系，这一体系由来已久，自赫尔岑和车尔尼雪夫斯基创立开始，历经70年代盛极一时的"到民间去"运动、80年代沃龙佐夫和丹尼尔逊的经济理论，到20世纪初社会革命党人的左派民粹派，并告诫工人"任何一个觉悟工人都应当密切注意这一思想体系的演变"，还把农民民主主义作为民粹主义的唯一的实际内容和社会意义。①

第二，指具体语境或特定含义的"民粹主义"。民粹主义在不同时期的具体形式不尽相同。随着理论与实践的深入，列宁也在用法和态度上区别对待。19世纪90年代，列宁刚刚登上政治舞台，此时的俄国社会，自由民粹主义泛滥，严重阻碍了马克思主义的传播，列宁继普列汉诺夫之后，继续深入批判民粹主义。这一时期列宁著作中除采用"民粹主义"外，还常使用"现代民粹主义"和"自由主义民粹派"来指代"自由民粹主义"。列宁在1897年的《我们拒绝什么遗产？》一文中明确表示，以车尔尼雪夫斯基作为60年代"具有更典型的声调的遗产代表""当我们讲到民粹主义上述基本观点的时候，我们应当首先确认，'遗产'与这些观点毫不相干""他们与

---

① 中共中央马克思恩格斯列宁斯大林著作编译局编译：《列宁全集》第二版增订版(第二十二卷)，北京：人民出版社，2017年版，第326—327页。

第一章　概念澄明：俄国自由民粹主义理路

民粹主义毫无共同之处"。① 显然，此时的列宁是在自由民粹主义这一意义上来使用民粹主义这一概念。到20世纪初，列宁逐步从总体上对俄国民粹主义有了清晰认识，提出了"右翼自由主义民粹派"和"左翼社会革命党"。② 随着认识的深化，列宁对民粹主义有了更精细化的分类：其一，以"60年代人"、"到民间去"运动和民意党人为代表的革命民粹主义。其二，以米海洛夫斯基、沃龙佐夫为代表的堕落的自由民粹主义。1914年2月民粹派纪念米海洛夫斯基逝世十周年时，列宁明确以"米海洛夫斯基集团"来对自由主义民粹派进行概括，指出，"80年代和90年代，民粹派，特别是《俄国财富》杂志（即米海洛夫斯基集团的）的那些作家也都谈过这一点。只要提一提例如尼古拉·—逊先生的名字就足以证明了"③。其三，20世纪初兴起的具有民粹主义性质的社会革命党。

通过考察列宁思想历程可知，在列宁视域中所批判的民粹

---

① 中共中央马克思恩格斯列宁斯大林著作编译局编译：《列宁全集》第二版增订版（第二卷），北京：人民出版社，2013年版，第405页。列宁在谈到19世纪60年代思想遗产时援引斯卡尔金，是出于应付书报检查的考虑。他在1899年1月26日给亚·尼·波特列索夫的信中，对这个问题作了说明。

② 中共中央马克思恩格斯列宁斯大林著作编译局编译：《列宁全集》第二版增订版（第七卷），北京：人民出版社，2013年版，第326页。

③ 中共中央马克思恩格斯列宁斯大林著作编译局编译：《列宁全集》第二版增订版（第二十四卷），北京：人民出版社，2017年版，第349页。

主义主要指阻碍马克思主义传播的自由民粹主义。具体体现在列宁早期著作中，涉及的主要篇目有：1893年的《农民生活中新的经济变动》《所谓市场问题》，1894年的《什么是"人民之友"？》《民粹主义的经济内容及其在司徒卢威先生的书中受到的批评》，1895年的《农庄中学与感化中学》，1897年的《评经济浪漫主义（西斯蒙第和我国的西斯蒙第主义者）》《我们拒绝什么遗产？》《民粹主义空想计划的典型》，1895年年底至1899年1月撰写的巨著《俄国资本主义的发展》，等等。其中，《俄国资本主义的发展》标志着对自由民粹主义批判任务的完成。但需要指出的是，列宁对自由民粹主义的批判不仅仅局限于早期的这些著作之中，上述统计可知，"民粹"这一概念在列宁视域中有着举足轻重的地位。因此，需要结合具体语境来识别列宁著作中的自由民粹主义内涵意蕴，对这一概念予以精心剥离，使其更加精准和全面，避免因"民粹主义"概念的泛化和模糊化导致研究对象偏离。具体需要从以下三个方面着手：

第一，注重文本语境下关于"自由民粹主义"概念指涉的内涵和外延。从组织派系来看，自由民粹主义实质上指19世纪80—90年代的自由主义民粹派和20世纪初从社会革命党右翼分裂出来的劳动人民社会党。但需要指出的是，列宁并非严格按照这些概念加以使用，列宁除了明确以上述概念作出指称外，在其文本中，特别是在他的早期著作中，还使用"民粹主义""民粹派""现代民粹主义"，以及带引号的"人民之友"等术语来指代自由民粹主义，如《什么是"人民之友"？》《民粹主义的经济内容及其在司徒卢威先生的书中受到的批评》等。总而言之，需要结合文本语境对列宁视域下的自由民粹主义作细致分析和剥离，以更加全面准确地把握自由民粹主义这一对象，明确列宁对其批判的完整性和精准性。

第二，列宁在文本中主要以自由民粹主义的代表人物为载体展开批判。除了总体上对民粹主义的特征和内涵进行概括性批判外，列宁更多是以自由民粹主义代表人物作为批判对象。在其文本中常常提及的代表人物有：米海洛夫斯基、沃龙佐夫、谢·尼·克里文柯（Сергей Николаевич Кривенко，1847—1906年）、谢·尼·尤沙柯夫（Сергей Николаевич Южаков，1849—1910年）、丹尼尔逊、尤佐夫、阿布拉莫夫、维·斯·普鲁加文（Виктор Степанович，1858—1896年）、尼·费·安年斯基（Николай Федорович Анненский，1843—1912年）等。这些人物在列宁文本中虽都以自由主义民粹派思想家的形象出场，但需要注意的是，一方面，多数成员都有着多重身份，要么是政论家、文艺评论家，要么是社会学家、经济学家。譬如，典型的代表人物米海洛夫斯基不仅是自由主义民粹派理论家，还是政论家、文艺评论家、实证哲学家和社会学家。另一方面，部分成员前期是革命民粹主义者，后期转向自由民粹主义，如克里文柯、尤佐夫等。尤佐夫在19世纪70年代参加了革命民粹主义小组和"到民间去"运动，属于革命民粹主义一员，但80—90年代成为自由主义民粹派思想家，持极右立场。

第三，自由民粹主义的理论阵地——报纸杂志——在列宁视域中亦用于指称自由民粹主义。列宁在《俄国工人报刊的历史》中指出，不仅要知道各种机关刊物的名称，更为重要的是了其解内容、性质和思想路线。① 自由民粹主义者的思想表达与传播离不开报纸杂志，思想观念的争论往往是在报纸杂志上展开的。正如列宁所言："《俄国财富》杂志对社会民主党人发动进攻了。"② 显然，这里的"《俄国财富》杂志"正是指代自由主义民粹派。自由民粹主义的刊物主要有：《俄国财富》杂志、《祖国纪事》杂志、《星期周报》等。《祖国纪事》杂志的主编是涅克拉索夫（Н. А. Некрасов）、萨尔蒂科夫-谢德林（М. Е. Салтыков-Щедрин）和叶列谢耶夫（Г. З. Елесеев）。《俄国财富》杂志由兹拉托夫拉茨基（Н. Н. Златовратский）、米海洛夫斯基、柯罗连科主管。《俄国财富》杂志的作者，如克里文柯、尤沙柯

---

① 中共中央马克思恩格斯列宁斯大林著作编译局编译：《列宁全集》第二版增订版（第二十五卷），北京：人民出版社，2017年版，第102页。
② 中共中央马克思恩格斯列宁斯大林著作编译局编译：《列宁全集》第二版增订版（第一卷），北京：人民出版社，2013年版，第102页。

夫、沃龙佐夫、丹尼尔逊、乌斯宾斯基（Г. И. Успенский）、夏波夫（А. П. Щапов）等也为民粹主义理论发展作出了重大贡献。①

列宁文本中涉及的报纸杂志主要有两种类型，一类是自由民粹主义机关刊物性质的报纸杂志，列宁曾明确指出，"民粹派的主要的最有分量的机关刊物《俄国财富》杂志"②，甚至直接以刊物名称来指代自由主义民粹派，如在《什么是"人民之友"?》一文中，列宁使用"《俄国财富》杂志的政论家先生们"③ 来指代以米海洛夫斯基为代表的自由主义民粹派，以及尤沙柯夫和克里文柯等该杂志的其他评论人。另一类是因编辑或主编影响刊物的思想定位和发展方向的报纸杂志。如《祖国纪事》杂志曾是当时最优秀的进步刊物，但米海洛夫斯基加入编辑部后，该杂志定位发生了转向，自由主义民粹派主导了这个杂志。此外需要说明的是，并非所有自由民粹主义文献都是通过以上刊物发表，除了专门的自由主义民粹派刊物外，其他类型刊物也会发表相关文章，如《俄罗斯新闻》发表的自由民

---

① В. Д. Жукоцкий, Ф. П. Фурман, "Народничество русской интеллигенции и культуры", *Философия и общество*, №3, 2004, С. 168.

② 中共中央马克思恩格斯列宁斯大林著作编译局编译：《列宁全集》第二版增订版（第二十二卷），北京：人民出版社，2017年版，第419页。

③ 中共中央马克思恩格斯列宁斯大林著作编译局编译：《列宁全集》第二版增订版（第一卷），北京：人民出版社，2013年版，第119页。

粹主义者的《谈谈有关人民生活的几个问题》,《北方通报》《新言论》等刊物也经常刊发米海洛夫斯基、克里文柯等自由民粹主义者的文章。

(二) 列宁文本中"自由民粹主义"的典型特征

1903年10月,列宁在《民粹派化的资产阶级和惊慌失措的民粹派》一文中指出,"旧的俄国的古典的革命民粹派,从上一世纪80年代起就开始不断蜕化了……这实际上已经是资产阶级的改良;民粹派已经和自由主义融为一体;形成了一个自由主义民粹派"①。尽管自由民粹主义没有统一的纲领,但大体上具有一些共同特征。它是在坚守一般民粹主义思想纲领的基础上,抛弃了革命民粹主义的革命纲领,走向向当局妥协的道路,利用所谓的"合法刊物"对马克思主义发起攻击,彻底堕落为代表小资产阶级利益的机会主义。

在列宁视域中,他以历史唯物主义立场对自由民粹主义进行批判,在批判中构建了自由民粹主义的典型特征。第一,理想化和粉饰村社制度。列宁认为,"每个民粹派分子身上都有

---

① 中共中央马克思恩格斯列宁斯大林著作编译局编译:《列宁全集》第二版增订版(第八卷),北京:人民出版社,2017年版,第72页。

马尼洛夫精神"①,他们"轻视比较发达的资本主义所特有的、发达得多的联合而大肆吹嘘俄国村社和劳动组合中保留着的中世纪联合的些许残余"②。将神话化的村社作为全部理论与实践的基础,革命民粹主义在实际发展过程中不可避免地"变成了一种代表小资产阶级农民利益的激进民主主义"③,而这也是自由民粹主义的基本特点。第二,否认资本主义的发展及其进步性。自由主义民粹派"认为资本主义在俄国是一种衰落,退步"④。在他们看来,必须要"阻止""制止"资本主义"破坏"村社和劳动组合等俄国社会主义的独特性历史基石。第三,忽视"知识分子"、法律政治制度与经济基础间的本质性联系。自由主义民粹派否认这种联系,对这些社会因素完全缺乏唯物主义的理解,在俄国发展的资本主义"改弦易辙"问题

---

① 中共中央马克思恩格斯列宁斯大林著作编译局编译:《列宁全集》第二版增订版(第二卷),北京:人民出版社,2013年版,第384页。马尼洛夫是俄国作家尼·瓦·果戈理的小说《死魂灵》中的一个地主,他生性怠惰,终日想入非非,崇尚空谈,刻意地讲究虚伪客套。马尼洛夫精神意为耽于幻想,无所作为。

② 中共中央马克思恩格斯列宁斯大林著作编译局编译:《列宁全集》第二版增订版(第二卷),北京:人民出版社,2013年版,第385页。

③ 中共中央马克思恩格斯列宁斯大林著作编译局编译:《列宁全集》第二版增订版(第一卷),北京:人民出版社,2013年版,第246页。

④ 中共中央马克思恩格斯列宁斯大林著作编译局编译:《列宁全集》第二版增订版(第二卷),北京:人民出版社,2013年版,第409页。

上,沃龙佐夫把这些因素视为能"把历史拖到另一条路线上去"的力量,丹尼尔逊和尤沙柯夫也认为这是"越出轨道"的重要力量。① 从而有了不顾现实地绕过资本主义进入社会主义的主张。第四,看不到阶级对立和阶级斗争,在手段和方法上放弃了革命,企图以改良方式来实现社会变革。此外,列宁认为,除了明确自由民粹主义的上述共有特点,还要看到自由主义民粹派内部观点的差异性,如米海洛夫斯基的主观社会学、阿布拉莫夫的"小事情理论"、尤佐夫的文化主义等。究其实质,自由民粹主义"否认资本主义在俄国的统治;否认工厂工人作为整个无产阶级的先进战士的作用;否认政治革命和资产阶级的政治自由的意义;鼓吹立刻从小农经济的农民村社出发来实行社会主义革命"②。

---

① 中共中央马克思恩格斯列宁斯大林著作编译局编译:《列宁全集》第二版增订版(第二卷),北京:人民出版社,2013年版,第407页。

② 中共中央马克思恩格斯列宁斯大林著作编译局编译:《列宁全集》第二版增订版(第十二卷),北京:人民出版社,2017年版,第38页。

第二章
批判缘起：列宁批判俄国自由民粹主义的背景阐释

第二章 批判缘起：列宁批判俄国自由民粹主义的背景阐释

19世纪末，列宁开始活跃于俄国政治舞台，作为年轻的马克思主义者，摆在他面前的首要问题是应对自由民粹主义的攻击和传播马克思主义。当时正值世界自由资本主义开始进入垄断资本主义时代，国际国内矛盾重重。俄国未来将走向何方？马克思主义如何应对自由民粹主义的攻击？如何在批判中阐释自己在俄国革命和发展道路上的理论主张，从而完成对自由民粹主义的批判任务，捍卫和发展马克思主义？这些都是摆在列宁面前的问题。我们必须回归历史语境，厘清当时列宁所处俄国的社会历史背景，从历史、理论和现实层面进行全面剖析，从而全面认识列宁对俄国自由民粹主义批判的背景。

第一节 列宁批判俄国自由民粹主义的历史背景

19世纪的俄国是一个探索的世纪，1812年卫国战争胜利后，"叛逆贵族"目睹了西欧在工业革命和启蒙思想影响下取得的成就，开启了对俄国命运归属和发展道路的探索。在是走西欧道路，还是保持自己独特发展之路的问题上，俄国出现了不同声音。在别尔嘉耶夫看来，"这种选择也就是最能表明俄罗斯思想和俄罗斯使命的世纪性选择，我将把19世纪看作这样的世纪"①。正是在这样的背景下，民粹主义萌生、兴起，成为影响俄国的重要思潮，民粹主义早期的革命性一定程度上打击了俄国农奴制，但19世纪80年代的自由民粹主义成为阻碍俄国民主主义革命和马克思主义发展的障碍。列宁登上政治舞台，对其进行了全面而深入的批判。

一、沙俄专制制度改革的破产

19世纪至20世纪初的俄国，最为迫切的问题是农民农奴的解放。面对这一问题，不同立场的阶级，在改革与革命之间发力，这也成为当时社会政治生活的主题。实际上，改革与革命是同一过程的两个方面，两者相辅相成，共同推动着俄国社会的现代化发展。但在这一进程中，当时影响巨大的革命一端发生了转向，革命民粹主义堕落为自由民粹主义，阻碍了革命民主主义和俄国现代化的进程。

进入19世纪，世界资本主义的"以太"地位逐步确立。西欧工业革命和启蒙运动的影响不断深化和外溢，欧洲各国革命风起云涌，给沙俄政权以前所未有的冲击。特别是克里米亚战争失败，将农奴制下俄国的腐朽无能暴露无遗，从而触发了

---

① 尼·亚·别尔嘉耶夫著，雷永生、邱守娟译：《俄罗斯思想：十九世纪末至二十世纪初俄罗斯思想的主要问题》，北京：生活·读书·新知三联书店，1995年版，第3页。

第二章 批判缘起:列宁批判俄国自由民粹主义的背景阐释

大规模的起义和暴动。苏联历史学家伊格纳托维奇（Ignatovich）指出，当时农民起义的次数达到了1467次：1801—1825年间农民暴乱有281次，约占总数的19%；1826—1854年间农民暴乱有712次，约占总数的49%；在亚历山大二世废除农奴制之前的六年零两个月里发生了474次农民暴乱，约占总数的32%。① 1856—1857年间，农民骚动达270次；1859年，农民骚动增加到900次，俄国革命形势显现。② 在这种情况下，沙俄政府意识到政权处于生死存亡之际，必须采取措施，实施改革，化解沙皇俄国的政权危机。面对俄国经济社会和农村状况，未来走向何方，当时不同阶级有着不同的期待。在废除农奴制议题上存在着三种不同政治立场的势力：代表农奴地主顽固势力的保守派、代表资产阶级的自由主义的改革派和代表农民农奴利益的激进派，各派都有自己的利益诉求。保守派期待维系旧制度，不希望破坏农奴制，害怕改革；改革派是资产阶级化了的贵族，要求废除农奴制，但又害怕革命，因此，他们主张走一条"普鲁士式"的自上而下的改革之路；激进派要求以暴力革命的方式废除农奴制，从而使农

---

① 尼古拉·梁赞诺夫斯基、马克·斯坦伯格著，杨烨等译：《俄罗斯史》，上海：上海人民出版社，2007年版，第46页。
② 刘祖熙：《改革和革命：俄国现代化研究（1861—1917）》，北京：北京大学出版社，2001年版，第15页。

民获得土地和自由。

1855年，亚历山大二世即位之际正值俄军在克里米亚战争中失利，战争的失利充分暴露了农奴制俄国的腐朽和落后，加剧了国内危机，农民暴动此起彼伏，改革呼声日益高涨，沙俄政权岌岌可危。内外交困的局面使亚历山大二世意识到必须采取措施，进行改革。为了安抚农民、稳定政权，19世纪60—70年代，亚历山大二世实行以废除农奴制为中心的，涉及经济制度、行政司法、教育和军事等方面的资产阶级改革，企图使俄国由封建君主专制向资产阶级君主专制转变。经过长期讨论、酝酿，1861年2月19日（公历3月3日），代表资产阶级化的贵族正式签署了《关于农民脱离农奴依附关系的总法令》和废除农奴制的《宣言》，标志着俄国步入现代化的"大改革"时期（以下简称"1861年改革"）。这一废除农奴制的改革壮举在一定程度上安抚了民众，稳定了政局。此后，亚历山大二世还在文化教育、新闻出版、司法体制和军事等方面推行了一系列改革。1863年，当局颁布大学条例，规定高等学校享有自治权，在财政、科研和教学方面拥有独立支配权；在初中等学校废除入学等级和信仰规定，所有学生享有平等权利。1864年，为了进一步缓解革命运动的冲击，当局还对地方政府实行改革，成立所谓的"地方自治局"，由省和县的自治机关组成，并通过选举产生，试图以不彻底的让步来巩固其专制统治。地方自治局由选举产生，这看似民主的进步，但事实上，沙皇政府严格限制地方自治局的活动，并把它完全置于自己的监督之下。沙皇任命的内务大臣和省长有权中止地方自治局通过的决议，省、县地方自治局的执行主席必须分别由内务大臣和省长批准。沙皇不断缩小地方自治局的权限，剥夺其政治职能，使其活动仅限于经济领域。①"改革最具有意义的内容是将司法从行政中分离出来"②，1864年11月，沙皇政府颁发了《司法条例》，宣称帝国所有臣民在法律面前人人平等，实行司法权和行政权分离，法官独立于行政体系，实行终身制，一定程度上为俄国法制观念的形成提供了现实条件。1865年，废除了书报检查制度。

以上这一系列改革极大缓解了俄国的社会矛盾，维系了沙皇统治，但1861年改革最大的特点是在保留地主土地的前提下，给农奴农民以人身自由。显然，这一法令是沙皇政府权衡各个方面势力后妥协的结果，由于沙皇政府过于考虑政权的稳固，所以缺乏一种长远的、总体性的谋划。"这项改革并没有给予农民像其他社会阶层同样的社会地位，他们不得不偿付高

---

① 孙成木、刘祖熙、李健主编：《俄国通史简编》（下册），北京：人民出版社，1986年版，第148页。

② 尼古拉·梁赞诺夫斯基、马克·斯坦伯格著，杨烨等译：《俄罗斯史》，上海：上海人民出版社，2007年版，第346页。

额的人头税，紧紧地被拴在公社的土地上，并且依然接受着习惯法的审判。"① 农民并没有在改革中得到实际上的解放，正如列宁在《"农民改革"和无产阶级-农民革命》一文中对这一改革基本特点的概括："臭名远扬的'解放'，是对农民的无耻掠夺，是对农民施行一系列的暴力和一连串的侮辱。"② 在列宁看来，这是当时被压迫的群众中还没有出现革命的阶级，俄国革命运动的力量还微不足道，改革是农奴制的改革。改革的结果是：有些省份的农民不仅没有获得土地，反而失去大量原来耕种的土地，缴纳巨额赎金使他们负债累累，甚至失去了简单再生产的能力。据1900年资料，在私人土地所有者中，土地占有比例为：贵族地主占79.8%，商人和市民占12.8%，而农民只占5.5%。③ 这次改革令农民大失所望，短暂的平稳之后，起义在所难免。此外，民意党人成功暗杀亚历山大二世后，继任者亚历山大三世实施了强烈的反改革措施，并且有意识地强化了沙皇政权的极端保守主义，使得改革原本具有的某些积极因素被抑制或抛弃。改革没有完成的任务，只能交给革

---

① 尼古拉·梁赞诺夫斯基、马克·斯坦伯格著，杨烨等译：《俄罗斯史》，上海：上海人民出版社，2007年版，第343页。
② 中共中央马克思恩格斯列宁斯大林著作编译局编译：《列宁全集》第二版增订版（第二十卷），北京：人民出版社，2017年版，第174页。
③ 刘祖熙：《改革和革命：俄国现代化研究（1861—1917）》，北京：北京大学出版社，2001年版，第36页。

命来完成。诚如列宁所言:"1861年产生了1905年。"① 总之,1861年改革的破产使俄国人民对改革的路向失去了应有的期盼,俄国未来发展道路依旧不明,何去何从成为当时俄国各界关注和思考的主要问题。

二、俄国村社的衰落

村社作为一种组织形式,曾普遍存在于许多国家,它带有某些明显的原始社会的痕迹,由部落式的血缘性演化为阶级社会的地域性,一直负责农村各项事务。在俄国历史上,村社问题存在许多争议,杜冈-巴拉诺夫斯基曾指出,"评价村社的社会意义和经济意义的意见分歧一直延续到今天。甚至关于村社的起源问题仍在继续争论着"②。它的称谓也是五花八门,有维尔夫、留基、波哥斯特、米尔等,并且"在俄罗斯不同地区的称呼——学者们一直争论不休"③。

---

① 中共中央马克思恩格斯列宁斯大林著作编译局编译:《列宁全集》第二版增订版(第二十卷),北京:人民出版社,2017年版,第178页。
② 杜冈-巴拉诺夫斯基著,赵维良等译:《政治经济学原理》(上册),北京:商务印书馆,1989年版,第247页。
③ 金雁、秦晖:《农村公社、改革与革命——村社传统与俄国现代化之路》,北京:东方出版社,2013年版,第36页。

"在俄语里,村社和世界是同一个词"①,毋庸置疑,作为文化传统,村社对俄国的影响是多方面的,并且形成了自己的特点。在经济形式上,形成了宗法共同体内部的劳动组合、共耕制等协作传统;在价值观念上,轻视个体自由,否定个体独立人格,强调整体和谐,把个体视为共同体的附属物;在民族性格上,村社的协作使得人们关系融洽,注重感情,浪漫主义有余,理性精神不足,这一点在当时俄国文化上有所体现——俄国文学群星璀璨,而哲学相对不足。这种理性精神的缺乏又导致了"好沙皇,坏领主""宁可全部土地归沙皇,只要不归地主"②的村社观念。

进入 18 世纪后,农村公社为俄国政府所利用。1861 年的改革法令把俄国的农村公社正式命名为村社,定为农村的基层行政组织;村社大会(亦称"米尔大会")作为权力机构,选举产生社长、文书等领导人员;几个村社组成乡,并由各村的公职人员和农民代表组成乡会,乡会再选出乡长、管委会和农民法庭;村社和乡还在警察、兵役、税收、土地、社会福利等诸多领域发挥作用。为了应对"西化"风险,当局权贵不仅鼓

---

① 金雁:《苏俄现代化与改革研究》,广州:广东教育出版社,1999 年版,第 138 页。
② 金雁:《苏俄现代化与改革研究》,广州:广东教育出版社,1999 年版,第 139 页。

吹"俄罗斯独特的公社精神",还颁布系列法令强化村社制度,如1893年出台了"有关禁止份地转让"和"定期对土地进行重分"的两项法令。

改革后,农村人口大量增加,但份地不足,部分村社难以保证成员的最低生活,许多农民被迫离开份地、争取"外水",成为雇佣劳动者,甚至沦为无产者,这加速了农民的分化。尽管沙皇政府试图通过1861年改革竭力维系村社制度和封建专制统治,但其所采取的经济措施却在客观上促进了俄国资本主义发展,加速了村社的瓦解。自由民粹主义者沃龙佐夫对这次改革曾评价说:"出现了一种完全意想不到的情况:这次改革实行的结果证明,它不是保护小规模农业,它的目的是保证土地占有者有资本和廉价人手耕种他们的土地。"①

沙皇政府一直以来未察觉村社制度的风雨飘摇,甚至在1905年出现革命危机时仍然对村社农民抱有较高期望。他们制定《杜马选举法》时认为:在目前举国混乱、革命烽烟四起的情况下,唯一可以依靠的是农民,农民是国家保守力量的支

---

① 瓦·巴·沃龙佐夫:《俄国资本主义的命运》,载中共中央马克思恩格斯列宁斯大林著作编译局国际共运史研究室编译:《俄国民粹派文选》,北京:人民出版社,1983年版,第704页。

柱,选举法主要应当以农民为基础。① 可是令沙皇大失所望的是,农民在杜马选举中都站到了政府的对立面。他们要求没收地主土地,甚至还公开以暴力方式夺取地主土地,自治村社还在此过程中发挥着重要的组织功能。长期作为沙皇专制制度支撑的村社,却成为反对沙皇专制制度的有力武器,这意味着传统村社走向衰落。列宁认为,农民在第一、第二届杜马中提出的土地私有制主张,标志着"农民提出独立的土地纲领,第一次登上公开的全俄政治舞台"②,体现了农民反对旧村社、消灭村社、拥护个人使用土地的诉求。但给传统村社带来重创的还是斯托雷平土地改革,1906年的斯托雷平土地改革是一项破坏村社、扶植富农的举措。为此还实行了移民政策,把大批"不安定"的农民送到远离地主庄园的西伯利亚、远东地区,以此缓解中部地区的土地不足。虽然斯托雷平土地改革没有成功,但其对村社的破坏一定程度上加速了资产阶级的形成,促进了农村资本主义的发展,具有进步意义。

---

① 谢·尤·维特著,张开译:《俄国末代沙皇尼古拉二世:维特伯爵的回忆》,北京:新华出版社,1983年版,第385页。
② 中共中央马克思恩格斯列宁斯大林著作编译局编译:《列宁全集》第二版增订版(第十六卷),北京:人民出版社,2017年版,第235页。

第二章 批判缘起：列宁批判俄国自由民粹主义的背景阐释

三、革命民主主义运动受挫

19世纪中期到20世纪初期，在俄国上述的三种势力中，右翼的沙俄政府和左翼的激进革命力量之间的斗争逐渐主导着俄国社会的发展。革命与改革都是为了解放生产力。当沙俄政府改革未能达到预期时，革命民主主义运动就随之高涨，革命运动此起彼伏。尽管革命运动最终受挫，但在反对沙皇专制和农奴制的斗争中发挥了巨大作用。具体可从以下三个方面来进行窥探。

其一，改革未能满足农民的要求，农民革命起义不断。一方面，车尔尼雪夫斯基、赫尔岑、奥加辽夫等进步知识分子主办《钟声》《同时代人》等报刊，揭示沙皇专制制度及其企图以自由主义立场的改革解决俄国社会问题的欺骗性，号召农民起义，推翻专制制度。另一方面，通过散发传单宣传革命思想，唤醒群众，为发动革命运动做准备。车尔尼雪夫斯基撰写《领地农民同情者致领地农民书》，以通俗易懂的语言告诉农民：沙皇本人就是地主，沙皇和地主是一丘之貉，号召农民把士兵和可靠军官争取过来，发动起义。[1] 一些民粹派成员还以传单形式号召大家行动，在《致青年一代》的传单中，呼唤人

---

[1] 孙成木、刘祖熙、李健主编：《俄国通史简编》（下册），北京：人民出版社，1986年版，第154页。

民"别再昏睡了","该是行动的时候了"。① 在另一份传单《青年俄罗斯》中指出:"记住,那时谁不和我们站在一起,谁就是反对我们,谁反对我们,谁就是我们的敌人,而对敌人就应该应用一切手段予以消灭。"② 随着革命民主主义的影响不断扩大,沙皇政府害怕革命思想冲击专制制度,于是加紧对革命民主主义者的迫害,进步刊物被封,车尔尼雪夫斯基等进步人士被捕。"农民起义虽然不断发生,但次数大大减少,从1861—1863年的2000次下降到1864—1866年的238次。"③

其二,以大学生为核心的革命的行动小组推动革命运动。学生革命活动一直是革命民主主义运动的重要组成部分,早在1863年波兰起义中,喀山的革命学生为了支持波兰革命政府,试图在伏尔加举行起义。1863—1866年,莫斯科大学学生尼·安·伊舒金成立了在当时颇具影响力的革命组织"伊舒金组织",他们以车尔尼雪夫斯基长篇小说《怎么办?》中的主

---

① 尼·瓦·舍尔古诺夫、米·拉·米哈伊洛夫:《致青年一代》,载中共中央马克思恩格斯列宁斯大林著作编译局国际共运史研究室编译:《俄国民粹派文选》,北京:人民出版社,1983年版,第19页。

② 彼·格·扎伊奇涅夫斯基:《青年俄罗斯》,载中共中央马克思恩格斯列宁斯大林著作编译局国际共运史研究室编译:《俄国民粹派文选》,北京:人民出版社,1983年,第30页。

③ 孙成木、刘祖熙、李健主编:《俄国通史简编》(下册),北京:人民出版社,1986年版,第159页。

第二章 批判缘起：列宁批判俄国自由民粹主义的背景阐释

人公为榜样，组织日用品生产合作社，开办缝纫工厂和编织作坊，创办贫困大学生互助社，试图从西伯利亚流放地营救车尔尼雪夫斯基，并试图对沙皇实行暗杀活动。

其三，革命民粹派激进主义的恐怖暗杀活动。"革命民粹主义的一项纲领条例涉及这样一种观念，即只有造反的人才能摆脱奴役和压迫的旧世界的一切罪恶。"① 19世纪70年代，在俄国革命舞台上最为活跃的是民粹主义运动，形成了以巴枯宁为代表的暴动派、以特卡乔夫为代表的夺权派及以拉甫罗夫为代表的宣传派，还掀起了"到民间去"运动，革命民粹主义形成了完整学说，民粹派名称确立。在"到民间去"运动失败后，革命者认为，土地和自由才是人民的夙愿和理想。因此，1876年，民粹派秘密组织土地和自由社成立，列宁在为建党准备的理论著作《怎么办？》中将其赞誉为"我们大家应当奉为楷模的出色的组织"②。它主张把一切革命者联合起来，同专制制度进行斗争。1879年暗杀沙皇未遂后，土地和自由社内部分歧愈发严重，其中"不自由毋宁死"的秘密组织大肆宣扬个人恐怖策略。对此，普列汉诺夫等人在1879年6月的沃罗

---

① В. Д. Жукоцкий, Ф. П. Фурман, "Народничество русской интеллигенции и культуры", Философия и общество, №3, 2004, С. 162.

② 中共中央马克思恩格斯列宁斯大林著作编译局编译：《列宁全集》第二版增订版（第六卷），北京：人民出版社，2013年版，第128页。

涅什大会上进行了激烈的争论，最后退出大会和该组织。从土地和自由社分裂出来的民意党作为后期革命民粹主义运动的主要组织，仍以破坏和恐怖活动为主要手段，多次暗杀沙皇，最终于1881年3月1日取得成功，却遭到沙皇政府的残酷镇压。1884年10月，民意党停止一切活动，革命民粹主义运动基本结束。

19世纪70—80年代的革命形势没有转化为革命。列宁指出："革命者在3月1日已经耗尽自己的力量，工人阶级中既没有广泛的运动，也没有坚强的组织，自由派人士这一次在政治上还是表现得很不成熟，以致在亚历山大二世被害以后，他们还只是一味地上请愿书。"① 同时，亚历山大三世保卫专制制度使沙皇政府走向政治反动，革命民主主义运动遭受重创，走向低谷。在列宁看来，历史昭示了一种新的社会关系，那些没有被1861年改革打垮的农奴主复活了，这一新的社会关系"以致我国民主主义者胆怯了，屈膝了，不仅不向前进，把他们那种只善于感觉而不善于了解资产阶级性的幼稚的民主主义改造为社会民主主义，反而倒退到自由派那里去"②。

---

① 中共中央马克思恩格斯列宁斯大林著作编译局编译：《列宁全集》第二版增订版（第五卷），北京：人民出版社，2013年版，第38页。
② 中共中央马克思恩格斯列宁斯大林著作编译局编译：《列宁全集》第二版增订版（第一卷），北京：人民出版社，2013年版，第254页。

第二章　批判缘起：列宁批判俄国自由民粹主义的背景阐释

第二节　列宁批判俄国自由民粹主义的理论背景

19世纪末，在俄国占统治地位的革命民粹主义遭受各方打击，转向堕落的自由民粹主义，不仅不利于革命运动的推进，还严重地阻碍了先进思想的传播，其自身的理论缺陷凸显。此时，马克思主义在俄国逐渐传播，成为俄国工人阶级革命运动的指导思想。俄国问题也备受马克思恩格斯的关注，在此过程中，马克思恩格斯曾直接与自由民粹主义的主要代表人物进行论战，并专门就俄国革命和社会发展问题撰写了《流亡者文献》（三）（四）（五）、《给维·伊·查苏利奇的复信》、《〈论俄国的社会问题〉跋》等系列文献，提出了一系列颇具建树的观点和设想。作为当时影响俄国的重要思潮，二者存在着本质上的区别与分歧，其理论遭遇是不可避免的。公开的理论交锋主要有两次：一次是马克思与米海洛夫斯基；另一次是恩格斯与特卡乔夫。在交锋中，马克思恩格斯阐释了关于俄国问题的基本思想，为列宁基于马克思主义立场批判自由民粹主义奠定了理论基础。

马克思恩格斯早在19世纪40年代就关注了俄国问题，与此同时，他们的著作也被民粹派知识分子所熟知。马克思恩格斯与早期民粹主义者几乎是同时代人。马克思主义与民粹主义几乎同时期产生，它们都有空想社会主义的理论来源，民粹主义也把"社会主义"作为目标追求，二者都有"拜民主义"（《路标》①语）色彩。因而，使得二者有着某些相似因素，这也是20世纪初的自由派立宪民主党人把二者作为整体的"左派"思想加以仇视的重要依据。列宁在《论〈路标〉》一文中就指出："在这个自由派分子看来，民粹主义和马克思主义之间不存在区别，这并不是偶然的，而是必然的。"②

俄国早期民粹主义者中有许多人学习马克思恩格斯的著作，可以说，民粹主义者是最早在俄国国内宣介马克思主义的群体。正如梅林所说："这里的人比其他地方都更为热心地阅读并且更为重视马克思的主要著作。特别是在年轻的俄国学者

---

① 该书全名《路标：论俄国知识分子文集》，是由米·奥·格尔申宗、尼·亚·别尔嘉耶夫等七位俄国著名人文社会科学学者的文章组成的合集，1909年4月，《路标》在莫斯科出版，包括《哲学真理与知识分子的真理》（尼·亚·别尔嘉耶夫）、《英雄主义和苦修主义》（谢·尼·布尔加科夫）、《创造性的自我意识》（米·奥·格尔申宗）、《知识分子与革命》（彼·别·司徒卢威）、《维护法律——知识分子与法律意识》（博·亚·基斯嘉科夫斯基）、《虚无主义的伦理学——评俄国知识分子的道德世界观》（谢·柳·弗兰克）、《关于知识分子青年——日常生活与情绪侧记》（亚·索·伊兹果耶夫）等文章。这部文集鲜明地表达出部分俄国学者对俄国激进知识分子的革命思想及其实践的反思与批评，旨在引导俄罗斯民族关注精神世界，构建属于俄罗斯民族的内在价值和民族精神。《路标》的出版在当时俄国思想界引起广泛的社会反响。

② 中共中央马克思恩格斯列宁斯大林著作编译局编译：《列宁全集》第二版增订版（第十九卷），北京：人民出版社，2017年版，第172页。

当中，马克思拥有许多信徒，甚至还有一些私人朋友。"① 早在19世纪40年代，彼得拉舍夫斯基小组的图书室就有马克思恩格斯的著作，西方无产阶级革命理论成为俄国革命者研究的重点。1869年，无政府主义者、革命民粹主义暴动派的代表人物巴枯宁把《共产党宣言》翻译成俄文出版，成为马克思最早的俄文版著作。此后，自由民粹主义者丹尼尔逊在1872年翻译的《资本论》俄文译本在彼得堡公开发行，受到俄国革命者的推崇，在当时被誉为"有教养的人手头必备的书籍"②。早期民粹主义者促进了马克思主义的传播，马克思恩格斯与他们中的许多人保持良好交往。需要说明的是，这并不意味着马克思恩格斯完全认可和赞同民粹派的理念和做法，而是希望能够在革命情绪高涨的俄国，对正在进行的革命运动给予指点和引导，使俄国革命脱离"旧轨道"，开启一种新的可能。

一、马克思与俄国民粹主义者的理论交锋

在马克思主义发展史中，马克思与米海洛夫斯基的理论交锋在马克思主义传入俄国的进程中有着重要意义。1867年，

---

① 梅林著，樊集译：《马克思传》，北京：生活·读书·新知三联书店，1965年版，第648页。
② 姚海：《俄罗斯文化之路》，杭州：浙江人民出版社，1992年版，第271—272页。

探究资本主义生产方式的《资本论》（第一卷）在德国汉堡问世。尽管它是以当时最发达的英国为典型经验，以德国为现实观照，但在同时代受其外溢影响最大的却是俄国。俄国理论界关于《资本论》学说的重要关切之一，就是以此来探究俄国的历史、现状和未来。马克思对其著作在俄国传播十分重视，不仅高度赞赏俄文译者，还多次回应他们的相关问题。

马克思与米海洛夫斯基的理论交锋是以俄国资产阶级庸俗经济学家、政论家、国家银行行长尤·茹柯夫斯基（Юлий Галактионович Жуковский，1833—1907年）的文章开启的。1877年9月，《欧洲通报》刊发了茹柯夫斯基的《卡尔·马克思和他的〈资本论〉一书》一文，文中对《资本论》进行了责难。1877年10月，米海洛夫斯基在《祖国纪事》杂志上发表《卡尔·马克思在尤·茹柯夫斯基先生的法庭上》一文替马克思辩护，认为"卡尔·马克思能够以压倒性的方式影响读者，是最难理解的现代权威之一。他具有罕见的逻辑思维能力，丰富而广博的知识，甚至连他的反对者也承认这一点"①。但米海洛夫斯基基于民粹主义立场，对《资本论》进行了错误和歪曲的解读。对此，1877年11月，马克思撰写《给〈祖国

---

① 尼·康·米海洛夫斯基著，周来顺译：《卡尔·马克思在尤·茹柯夫斯基先生的法庭上》，载《现代哲学》，2022年第2期，第30页。

第二章 批判缘起：列宁批判俄国自由民粹主义的背景阐释

纪事〉杂志编辑部的信》来回应米海洛夫斯基的辩护，实际上，由于各方面原因，马克思当时并未发出这封信。马克思去世后，恩格斯在整理他的文件时发现了这封信。1884年3月6日，恩格斯将副本邮寄给劳动解放社的查苏利奇，并嘱咐她酌情处理。该信最初于1886年以俄文形式发表在日内瓦《民意导报》第五期；第一次在俄国国内公开刊发是在1888年10月，发表在《司法通报》杂志上。

米海洛夫斯基在《卡尔·马克思在尤·茹柯夫斯基先生的法庭上》一文中赞同马克思《资本论》的剩余价值论和原始积累论，并为其辩护。在文章的最后总结时，再次提醒读者关注茹柯夫斯基违反马克思真理的几个方面：一是在所有制形式上茹柯夫斯基与马克思的看法完全相左；二是污蔑马克思没有研究物质生产条件以及没有考虑劳动者的发展条件；三是向读者隐瞒马克思赋予劳动的社会化过程的重要性；四是隐瞒马克思对古典政治经济学的态度；五是把"精神劳动"看作利润的创造者。① 在米海洛夫斯基看来，茹柯夫斯基先生荒谬无稽的批判，虽然可以促使部分不求甚解的读者对马克思主义产生一些片面认识和歪曲理解，但并不意味着能够推翻马克思主义的

---

① 尼·康·米海洛夫斯基著，周来顺译：《卡尔·马克思在尤·茹柯夫斯基先生的法庭上》，载《现代哲学》，2022年第2期，第47页。

权威。

米海洛夫斯基虽然回击了茹柯夫斯基对马克思《资本论》的攻击，并为马克思辩护，但他的论述中存在着对马克思主义的曲解和误读。对此，马克思通过《给〈祖国纪事〉杂志编辑部的信》给予了答复和澄清。

其一，马克思认为，米海洛夫斯基对他的《资本论》和俄国发展道路存在曲解和误读，提出了自己的研究结论。在俄国发展道路问题上，米海洛夫斯基把马克思的观点进行延展，认为在马克思那里，俄国将紧随欧洲，"不得不重复该过程，也就是自觉地完成它"①。与此同时，他还断言，马克思不赞同俄国人民寻找并尝试不同于西欧的发展道路。对此，马克思在《给〈祖国纪事〉杂志编辑部的信》中的回答是，不想留下"一些东西让人去揣测"，并根据多年对俄国经济社会的研究，直截了当地给出结论："如果俄国继续走它在1861年所开始走的道路，那它将会失去当时历史所能提供给一个民族的最好的机会，而遭受资本主义制度所带来的一切灾难性的波折。"②

其二，马克思明确指出，米海洛夫斯基把《资本论》中关

---

① 尼·康·米海洛夫斯基著，周来顺译：《卡尔·马克思在尤·茹柯夫斯基先生的法庭上》，载《现代哲学》，2022年第2期，第32页。
② 中共中央马克思恩格斯列宁斯大林著作编译局编：《马克思恩格斯文集》（第三卷），北京：人民出版社，2009年版，第464页。

第二章　批判缘起：列宁批判俄国自由民粹主义的背景阐释

于西欧资本主义起源的历史概述进一步延伸为关于一般发展道路的历史哲学理论，这一做法是不对的。米海洛夫斯基认为，"在这里马克思指的是资本主义生产过程最初阶段的历史特征，但却不止于此，而是分析了整个哲学史观"①。但马克思却请他原谅，认为"他这样做，会给我过多的荣誉，同时也会给我过多的侮辱"②。同时，马克思提及他在《资本论》中所写的古代罗马平民的遭遇，他们自己耕种的小块土地被剥夺后，变成了除劳动力外一无所有的自由人，但他们没有成为雇佣工人，却变成了无所事事的游民，和他们同时发展起来的生产方式也是奴隶制的，而不是资本主义的。因此，马克思写道："极为相似的事变发生在不同的历史环境中就引起了完全不同的结果。"③

马克思恩格斯与民粹派思想家的理论遭遇，从客观上来看，是不可避免的。从发展实践来看，这一理论交锋对马克思主义传播和俄国革命发展是十分有益的。民粹主义不仅是当时俄国影响最大的社会政治思潮，还以实际行动试图探索一条适

---

① 尼·康·米海洛夫斯基著，周来顺译：《卡尔·马克思在尤·茹柯夫斯基先生的法庭上》，载《现代哲学》，2022年第2期，第30页。
② 中共中央马克思恩格斯列宁斯大林著作编译局编：《马克思恩格斯文集》（第三卷），北京：人民出版社，2009年版，第466页。
③ 中共中央马克思恩格斯列宁斯大林著作编译局编：《马克思恩格斯文集》（第三卷），北京：人民出版社，2009年版，第466页。

用于俄国的革命道路和社会发展道路。而马克思主义作为一种关于社会发展的科学理论体系，不仅以唯物史观揭示了人类社会发展规律，还以剩余价值学说揭示了资本主义的实质内核。马克思恩格斯对俄国社会给予了高度关注，为了更好地研究俄国问题，马克思晚年还学习了俄语。他们以高度的革命热情和极其严谨的科学态度，审慎地阐释关于俄国村社和俄国革命前景的问题。一方面，马克思恩格斯作为革命家，期望俄国革命少走弯路、早日成功，期盼俄国人民早日摆脱苦难，希冀以俄国村社为基石，"不通过资本主义的卡夫丁峡谷"，到达社会主义。另一方面，他们又秉持严谨、科学、审慎的态度和高度负责的精神，认为对革命前途的判断不允许有任何主观臆断的因素。

19世纪60—70年代，民粹主义理论以革命姿态成为俄国社会的主要思潮，对俄国社会产生重大影响。把俄国村社理想化，带有浓厚的浪漫主义色彩，认为村社具有社会主义精神，企图以此直接过渡到社会主义，其实质是一种典型的小资产阶级农民社会主义。在对待马克思主义的态度上，他们时常根据自己的需要进行"部分套取"和"错位套用"，甚至通过阉割和曲解马克思恩格斯的话语和论断来论证其自身理论的合理性。故而，马克思主义与民粹主义的理论交锋是难以避免的。

第二章　批判缘起：列宁批判俄国自由民粹主义的背景阐释

二、恩格斯与俄国民粹主义者的论战

恩格斯与俄国民粹主义者的论战是从1874年开始的。这一年，在俄国产生巨大影响的民粹主义与震撼欧洲并试图影响世界的马克思主义发生了全方位的遭遇。① 这场遭遇战在恩格斯与特卡乔夫之间进行，作为俄国革命民粹主义夺权派的代表人物，特卡乔夫出生于1844年，比恩格斯小24岁，他们素未谋面。恩格斯在《流亡者文献》（三）（四）中交代了为何进行论战。《流亡者文献》（四）中称特卡乔夫为"这个孩子"。《流亡者文献》（五），即《论俄国的社会问题》，进一步批判了民粹派不顾历史发展的客观性、鼓吹直接过渡到社会主义的观点，与此同时论述了俄国社会发展和革命前景。《流亡者文献》（三）（四）（五）不仅讲述了"这个孩子"与拉甫罗夫及其《前进》杂志走向分裂和论战的关系变化，还介绍了"这个孩子"如何把恩格斯拖入论战，以及恩格斯的反驳和主张。

这场论战要从特卡乔夫与拉甫罗夫之间的关系变化说起。特卡乔夫早在19世纪60年代就开始从事革命活动，以革命激进主义方式多次参加反对沙皇专制制度的革命实践，同时还深入研究民粹主义理论。他忽视农民，把革命希望寄托于青年学

---

① 周凡：《在马克思主义与民粹主义之间——对恩格斯与特卡乔夫论战的反思（上）》，载《学术研究》，2015年第4期，第18—27页。

生，还于1868年领导发动了一场声势浩大的学生运动，但很快被沙皇政府镇压，特卡乔夫被捕。在近五年的关押和流放监管后，1873年下半年，他在革命团体柴科夫小组的帮助下流亡苏黎世，受到拉甫罗夫及其《前进》杂志的邀约，在编辑部工作。由于与主编拉甫罗夫在革命理念和策略上存在分歧，他于1874年4月在伦敦发表了《俄国革命宣传的任务》，标志着他与拉甫罗夫的彻底决裂。① 一个星期后，拉甫罗夫发表《致俄国社会革命青年》一文予以回击。

恩格斯在《流亡者文献》（三）中，一方面，对拉甫罗夫在与巴枯宁的斗争问题上的中立态度进行了批评，认为他"按哲学观点来说是一个折中主义者"②；另一方面，在谈到拉甫罗夫与特卡乔夫的争论时，恩格斯附带提到特卡乔夫，认为"他是一个幼稚的、极不成熟的中学生"③。而此时只有30岁的特卡乔夫却有着13年的革命经历。加上特卡乔夫原本计划在《前进》杂志第三期继续与拉甫罗夫辩论，但出乎意料，拉甫罗夫

---

① 彼·尼·特卡乔夫：《俄国革命宣传的任务》，载中共中央马克思恩格斯列宁斯大林著作编译局国际共运史研究室编译：《俄国民粹派文选》，北京：人民出版社，1983年版，第337页。

② 中共中央马克思恩格斯列宁斯大林著作编译局编：《马克思恩格斯文集》（第三卷），北京：人民出版社，2009年版，第366页。

③ 中共中央马克思恩格斯列宁斯大林著作编译局编：《马克思恩格斯文集》（第三卷），北京：人民出版社，2009年版，第371页。

第二章　批判缘起：列宁批判俄国自由民粹主义的背景阐释

果断拒绝了他在杂志上刊登关于"流亡者文献的私人宣言"①的要求。正巧特卡乔夫在《人民国家报》上读到了那篇恩格斯撰写的主要批评拉甫罗夫、顺带提及特卡乔夫的《流亡者文献》（三），于是他把靶子对准了恩格斯。恩格斯在《流亡者文献》（三）中"顺便提到"的这一态度，在特卡乔夫看来，是对他的极大蔑视。于是，他在1874年《哨兵报》上发表了《致弗里德里希·恩格斯先生的公开信》，开启了与恩格斯之间的论战。

这一公开信是"民粹主义典型论据与马克思主义的第一次公开碰撞"②。在信中，特卡乔夫回应恩格斯对他"是幼稚的、极不成熟的中学生"的看法，详细地分析俄国革命实现的可能性，以此强调"我们不是空洞的幻想家，不是'幼稚的中学生'"③。他主张通过村社和密谋方式来实现革命，使俄国走一条与西欧不同的革命道路，认为俄国国情特殊，社会发展独特，"它与西欧任何一个国家没有任何共同之处。西欧国家采

---

① Philip Pomper, *Peter Lavrov and the Russian Revolutionary Movement*, Chicago: The University of Chicago Press, 1972, p. 158.

② Franco Venturi, *Roots of Revolution: A History of the Populism and Socialist Movements in Nineteenth-Century Russia*, Chicago: The University of Chicago Press, 1960, p. 416.

③ 彼·特卡乔夫著，张静译：《彼·特卡乔夫致弗·恩格斯的公开信》，载《当代世界社会主义问题》，2014年第3期，第47页。

取的斗争手段对于我们至少是不适用的"①。

特卡乔夫在信中对恩格斯进行批判。首先,批评恩格斯不了解俄国具体情况,就像偶尔学习德语却不关注德国文化的外国人,只是有"一个良好的意愿是不够的——还需要具备一些知识"②。其次,详细阐述了俄国革命道路的特殊性,认为俄国与西欧国家没有任何相同的地方,因此西欧的斗争策略是不适合俄国的。他认为,一方面,在俄国没有城市无产者、出版自由和代表议会,更没有纪律严明的工人联盟,人民多数是文盲,政府禁止受教育阶级与农民接触,在这样的条件下,工人协会难以形成。另一方面,俄国的人民虽然无知,但其公有制精神和人民公社的集体所有制比西欧更接近社会主义,革命党人具有把追求社会主义作为唯一理想的坚定性,而他们的敌人——贵族和商人等上层阶级——的力量相比西欧而言是"悬在空中的",因此,俄国的资本权力尚处于萌芽状态,工人只需同政治权力进行斗争,从而更易取得革命成功。最后,特卡乔夫认为,俄国要采取不同于西欧的特殊的斗争方式。他反对恩格斯放弃秘密地下活动、进行合法斗争的主张,认为密谋夺

---

① 彼·特卡乔夫著,张静译:《彼·特卡乔夫致弗·恩格斯的公开信》,载《当代世界社会主义问题》,2014年第3期,第45页。
② 彼·特卡乔夫著,张静译:《彼·特卡乔夫致弗·恩格斯的公开信》,载《当代世界社会主义问题》,2014年第3期,第44页。

第二章 批判缘起:列宁批判俄国自由民粹主义的背景阐释

权是俄国唯一的出路。① 显然,在俄国革命道路问题上,"这封公开信表现出明显的'国家—革命'论证逻辑:国家问题是革命问题的前提,只有清楚地说明俄国的国家状态与西欧国家不同,才能合乎逻辑地得出俄国可以走不同于西欧的道路这一结论"②。

恩格斯本无意介入这场论战之中,以至于他曾说"卡尔这个孩子也开始威胁我了,他把我拖入同他的论战"③。在马克思和李卜克内西的支持下,恩格斯撰写了《流亡者文献》(四)和《流亡者文献》(五)予以回应,并在后来的《〈论俄国的社会问题〉跋》中进行了补充说明。具体而言,恩格斯的回应是从两个方面展开的:一是在《流亡者文献》(四)中就特卡乔夫对他的个人批判进行回应;二是在《流亡者文献》(五)中阐释了俄国社会发展和革命道路问题。

首先,针对特卡乔夫在公开信中以俄国革命者代表及"我们"自居,恩格斯指出,"在上述文章中我只是要特卡乔夫先

---

① 彼·特卡乔夫著,张静译:《彼·特卡乔夫致弗·恩格斯的公开信》,载《当代世界社会主义问题》,2014年第3期,第47页。
② 周凡:《在马克思主义与民粹主义之间——对恩格斯与特卡乔夫论战的反思(中)》,载《学术研究》,2015年第5期,第22页。
③ 中共中央马克思恩格斯列宁斯大林著作编译局编:《马克思恩格斯文集》(第三卷),北京:人民出版社,2009年版,第377页。

生本人对特卡乔夫先生的名言负责,而没有归咎于其他任何人"①。其次,恩格斯对特卡乔夫的污蔑予以驳斥。一方面,特卡乔夫总是求助于伪造引文来对恩格斯进行污蔑。譬如,断言他的"愚蠢",事实上在恩格斯的文章中,"愚蠢"一词从未出现过;另一方面,对称他为"幼稚的、极不成熟的中学生"进行说明,认为陌生的特卡乔夫成为《前进》杂志撰稿人、拥有了事业平台后,还要求在有关编写和金钱的一切问题上与刊物的创办人享有相同的表决权,这是让人嗤之以鼻的,从而证明了他的幼稚和不成熟。再次,恩格斯批判了特卡乔夫的直接革命论。在恩格斯看来,直接革命可能会发生这种情况——"一些很好的但没有经验的年轻人被特卡乔夫先生引上轻举妄动的道路,从而自投罗网",变成"为俄国政府效劳"。② 针对特卡乔夫在《俄国革命宣传的任务》中所说的文字宣传不仅是无益的,甚至是有害的,强调干革命不能等待,不允许有任何耽搁和延宕等内容,恩格斯采用反问方式批判道:"小卡尔·米斯尼克③干了些什么呢?他投入了战斗吗?消灭了俄罗斯国

---

① 中共中央马克思恩格斯列宁斯大林著作编译局编:《马克思恩格斯文集》(第三卷),北京:人民出版社,2009年版,第378页。
② 中共中央马克思恩格斯列宁斯大林著作编译局编:《马克思恩格斯文集》(第三卷),北京:人民出版社,2009年版,第380页。
③ 小卡尔·米斯尼克,德国幽默作家大卫·卡利施创造的浅学之徒、纨绔子弟的典型。这里是恩格斯对特卡乔夫的蔑称。

第二章 批判缘起：列宁批判俄国自由民粹主义的背景阐释

家吗？解放了俄国人民——'这个不幸的、正在流血的、戴着蒙难的荆冠被钉在奴隶制十字架上的人民'吗？解放了这个灾难深重得不允许他再等待下去的人民吗？""他连想都没有这样想。"① 最后，回应了特卡乔夫信中提出的"您到底为什么要指责我们的秘密活动"的问题。恩格斯说他从未断言"密谋在任何条件下都是一概不能容许的"，强调只是反对欺骗欺诈性和充满野心的"涅恰耶夫式"密谋。②

特别值得注意的是，虽然他们有理论上的论战，但并不意味着他们是以完全敌对的状态存在的。特卡乔夫不仅研读过马克思的著作，还自称为马克思的信徒，而且据俄国历史学界考证，"特卡乔夫是第一个在俄国书籍中提到马克思名字的人"③。但需要说明的是，民粹派不论是介绍马克思主义，还是翻译《资本论》，其用意都是维护其小资产阶级利益。以至于随着马克思主义深入传播，逐步发展为俄国主流思潮之后，他们就成了马克思主义传播的障碍。

俄国历经巨大苦难和牺牲，参照了欧洲经验，以令人叹服

---

① 中共中央马克思恩格斯列宁斯大林著作编译局编：《马克思恩格斯文集》(第三卷)，北京：人民出版社，2009年版，第385页。
② 中共中央马克思恩格斯列宁斯大林著作编译局编：《马克思恩格斯文集》(第三卷)，北京：人民出版社，2009年版，第386页。
③ 周凡：《在马克思主义与民粹主义之间——对恩格斯与特卡乔夫论战的反思(下)》，载《学术研究》，2015年第6期，第4页。

的毅力和勇气，不断争论和探索，终于找到了马克思主义这个唯一正确的指导思想。可是，民粹主义转向后丧失革命性，向俄国沙皇政府妥协，利用所谓的"合法刊物"挑起论战，发起攻击，严重妨害马克思主义的传播和发展。因此，亟须全面分析俄国现实的社会经济问题，在论战中对这一思潮进行全面批判，为俄国革命发展道路指明方向。

三、马克思恩格斯对俄国问题的分析路向

俄国问题在马克思恩格斯的理论研究与现实关切中占有重要地位。这也为俄国马克思主义民族化俄国化奠定了思想基础。早在19世纪40年代，马克思恩格斯就对俄国问题予以关注，对当时俄国政府的反动性质有着深刻认识，把沙俄政府称为镇压各国革命的宪兵，并号召人民同沙皇政府进行斗争。马克思恩格斯对俄国问题保持着浓厚兴趣，结识了一大批俄国政治活动家，如瓦·巴·安年柯夫、丹尼尔逊、拉甫罗夫、普列汉诺夫、查苏利奇等，他们多为民粹主义者，马克思恩格斯与他们长期保持通信，甚至就某些观点和问题展开论战。马克思恩格斯不仅从这些人那里获得有关俄国情况的第一手资料，还在交流中对俄国社会的发展问题进行了大量深入思考，并对俄国革命道路和发展前景等重大问题给予指点、帮助和纠正。

其一，深入分析了俄国村社问题。村社问题是马克思恩格斯关于俄国的重要论题。马克思在《〈政治经济学批判〉（1857—1858年手稿）》中就提出了亚细亚的、希腊-罗马的（古典古代的）和日耳曼的三种公社形式，并明确指出亚细亚的是"以俄国佬为首的亚细亚的野蛮势力"①。1873年3月至7月，马克思与丹尼尔逊在通信中探讨了俄国村社问题。马克思在谈到俄国村社的起源问题时向丹尼尔逊发问："这个制度在所有其他国家是自然地产生，是各个自由民族发展的必然阶段，而在俄国，这个制度怎么会是纯粹作为国家的措施而实行，并作为农奴制的伴随现象而发生的呢？"②丹尼尔逊也在他的长篇复信中为马克思提供了研究俄国村社的丰富资料和建议。此后，马克思在与查苏利奇的通信中阐明了俄国村社问题，在他看来，俄国村社就是农业公社的一种类型，还揭示了俄国村社的"二重性"特征：一方面，摆脱了牢固而狭窄的血缘亲属关系的束缚；另一方面，规定了房屋及其附属物——园地是农民私有的，耕地是不可让渡的公共财产，只是定期在公社成员之间重新分配。马克思认为这种农业公社处于"以公有

---

① 中共中央马克思恩格斯列宁斯大林著作编译局编：《马克思恩格斯全集》（第十六卷），北京：人民出版社，1986年版，第229页。

② 马克思、恩格斯等著，马逸若等译，《马克思恩格斯与俄国政治活动家通信集》，北京：人民出版社，1987年版，第196页。

制为基础的社会向以私有制为基础的社会"过渡的阶段，未来的发展要依据它所处的历史环境，要么私有制因素战胜集体因素，要么后者战胜前者。①

恩格斯在《马尔克》（1882年）、《论日耳曼人的古代历史》（1881—1882年）、《家庭、私有制和国家的起源》（1884年）等文本中也对公社问题进行了专门研究，特别是对前资本主义社会形态的所有制形式进行了补充，深化了对原始公社的研究，阐明了"氏族公社（Gentilge-nossenschaften）—家庭公社（Familiengemeinschaft）—农村公社（Dorf-gemeinde）之间的演变过程"②。关于俄国公社问题的阐释，主要集中在其1875年《俄国的社会问题》和1894年《〈俄国的社会问题〉跋》等论著之中。《〈俄国的社会问题〉跋》一文大量引用了马克思关于俄国村社论述的原话，在坚持马克思基本观点的基础上对这一问题作出了重要概述。他认为，俄国村社仍属于原始公社形态，是此类公社发展到一定阶段的共同现象，这种公社公有制形式和演化历程也不具有独特性和超越性，但俄国村社在当时的时代环境下有其优越性，即在资本主义西方积极支持的条件

---

① 中共中央马克思恩格斯列宁斯大林著作编译局编：《马克思恩格斯文集》（第三卷），北京：人民出版社，2009年版，第585—586页。
② 单程秀、张凤阳：《马克思恩格斯文本中的"公社"概念》，载《南京大学学报（哲学·人文科学·社会科学）》，2022年第1期，第16页。

第二章 批判缘起：列宁批判俄国自由民粹主义的背景阐释

下利用公有制残余和与之相适应的人民风尚来缩短资本主义道路所带来的苦难和斗争。① 同时进一步指出，"要想保全这个残存的公社，就必须首先推翻沙皇专制制度，必须在俄国进行革命"②。关于这一点，其实马克思在《给维·伊·查苏利奇的复信》中也指出，要把村社的所有力量集中来自由发展，当革命突然爆发时，"这种农村公社是俄国社会新生的支点，可是要使它能发挥这种作用，首先必须排除从各方面向它袭来的破坏性影响，然后保证它具备自然发展的正常条件"③。

其二，探讨了俄国发展道路问题。在发展道路问题上，马克思恩格斯提出了著名的俄国"可以不通过资本主义制度的卡夫丁峡谷"④的论断，马克思这一观点为后来人们概括为"跨越卡夫丁峡谷"理论（以下简称"跨越论"），并引发广泛讨论。虽然俄国发展道路问题与俄国村社问题看起来是两个性质截然不同的问题，但二者间有着不可分割的联系。村社在俄国发展道路中发挥着不可或缺的作用，因此，俄国发展道路问题

---

① 中共中央马克思恩格斯列宁斯大林著作编译局编：《马克思恩格斯文集》（第四卷），北京：人民出版社，2009年版，第458—459页。
② 中共中央马克思恩格斯列宁斯大林著作编译局编：《马克思恩格斯文集》（第四卷），北京：人民出版社，2009年版，第466页。
③ 中共中央马克思恩格斯列宁斯大林著作编译局编：《马克思恩格斯文集》（第三卷），北京：人民出版社，2009年版，第590页。
④ 中共中央马克思恩格斯列宁斯大林著作编译局编：《马克思恩格斯文集》（第三卷），北京：人民出版社，2009年版，第587页。

一定程度上表现为如何对待村社的问题。对此，在俄国历史上形成了两大阵营并展开了激烈的论战：一派是肯定俄国村社历史独特性的斯拉夫派，认为俄国的村社是民族精神的体现，是从远古延续下来的俄罗斯历史的基石和根源，也代表了俄罗斯民族生活方式和世界观；另一派是支持从西欧的发展经验中寻找出路的西方派，认为俄国前途在于消灭村社，走西欧发展道路。① 在这个问题上，马克思恩格斯的表态是谨慎的。1881年2月16日，查苏利奇写信向马克思询问关于俄国村社和发展道路问题。马克思对此进行了详细研究，他的复信四易其稿。在前三稿中谈到俄国资本主义发展问题，认为"土地公有制赋予它以集体占有的自然基础，而它的历史环境，即它和资本主义生产同时存在，则为它提供了大规模组织起来进行合作劳动的现成的物质条件。因此，它可以不通过资本主义制度的卡夫丁峡谷"②。

在1881年3月8日的正式复信中，马克思并未提及"跨越论"这一设想，而是以审慎的态度对此给予了简洁的回复。信中指出，《资本论》所作的分析对村社的生命力并未提供肯定

---

① 姚海：《俄罗斯文化》，上海：上海社会科学院出版社，2005年版，第175—182页。

② 中共中央马克思恩格斯列宁斯大林著作编译局编：《马克思恩格斯文集》（第三卷），北京：人民出版社，2009年版，第587页。

第二章　批判缘起：列宁批判俄国自由民粹主义的背景阐释

或否定方面的论据，但谈到关于它的发展的态度时表示，只要排除各方破坏性影响，"这种农村公社是俄国社会新生的支点"①。而《〈共产党宣言〉1882年俄文版序言》中指出，尽管俄国已是欧洲革命运动的先进队伍，俄国资本主义迅速盛行起来，但大半土地仍归农民公共占有。同时，针对俄国革命者一直追问的问题——俄国村社能否避免西方所历经的瓦解过程，直接过渡到高级的共产主义占有形式，马克思恩格斯依据当时掌握的资料和实际情况作出了答复："假如俄国革命将成为西欧无产阶级革命的信号而双方相互补充的话，那么现今的俄国土地公有制便能成为共产主义发展的起点。"②

恩格斯在1894年《〈"人民国家报"国际问题文集（1871—1875）〉序》一文中补充说明："西方资本主义社会日益临近瓦解，也将使俄国有可能大大缩短它现在必然要经历的资本主义发展过程。"③这一观点在后来《〈论俄国的社会问题〉跋》中得到丰富，认为俄国可以在资本主义西方作出榜样和积极支持的条件下，利用公有制的残余的人民公社"来大大缩短自己向

---

① 中共中央马克思恩格斯列宁斯大林著作编译局编：《马克思恩格斯文集》（第三卷），北京：人民出版社，2009年版，第590页。

② 中共中央马克思恩格斯列宁斯大林著作编译局编：《马克思恩格斯文集》（第二卷），北京：人民出版社，2009年版，第8页。

③ 中共中央马克思恩格斯列宁斯大林著作编译局编：《马克思恩格斯文集》（第四卷），北京：人民出版社，2009年版，第449—450页。

社会主义社会发展的过程,并避免我们在西欧开辟道路时所不得不经历的大部分苦难和斗争"①。显然,恩格斯这里谈到的不仅是俄国村社的问题,更为重要的是对俄国发展前途和道路所作的分析,为俄国社会未来发展作了可能的设想。

19世纪末期,俄国的资本主义生产方式逐步形成,并快速向资本主义工业国转变。此时,恩格斯在《〈论俄国的社会问题〉跋》中对公社的完整性产生了质疑,仍然希望公社像他们1882年希望的那样成为共产主义的起点,"但是有一点是毋庸置疑的:要想保存这个残存的公社,就必须首先推翻沙皇专制制度,必须在俄国进行革命"②。如果俄国革命没有取得胜利,就不可能完成对俄国社会的社会主义改造,这一定程度上也体现了他对俄国革命的召唤。值得一提的是,列宁在1894年7月21日《致柳·费·米洛维多娃》一文中提到:"能否给我寄一本恩格斯的附有1894年跋的……[注:打字稿有遗

---

① 中共中央马克思恩格斯列宁斯大林著作编译局编:《马克思恩格斯文集》(第四卷),北京:人民出版社,2009年版,第459页。
② 中共中央马克思恩格斯列宁斯大林著作编译局编:《马克思恩格斯文集》(第四卷),北京:人民出版社,2009年版,第466页。

第二章　批判缘起：列宁批判俄国自由民粹主义的背景阐释

漏。——俄文版编者注］仍可以用这个办法寄来。"① 这也侧面说明了列宁时刻关注马克思恩格斯对俄国问题的看法。

马克思恩格斯关于俄国问题的研究态度、现实阐释和理论观点，为俄国马克思主义者分析和认识俄国问题提供了基本遵循和理论基础。列宁和普列汉诺夫在此基础上，以马克思主义的立场、方法、观点对俄国民粹主义进行全面批判，为马克思主义在俄国的传播和发展净化了思想，澄清了错误，为俄国革命扫清了障碍。

第三节　列宁批判俄国自由民粹主义的现实需要

俄国民粹主义者曾最早在俄国接触马克思主义理论，不仅熟读马克思恩格斯有关文献，还译介了他们的著作，为马克思主义在俄国的传播起到了一定促进作用，他们"赞同马克思恩

---

① 中共中央马克思恩格斯列宁斯大林著作编译局编译：《列宁全集》第二版增订版（第四十四卷），北京：人民出版社，2017年版，第7页。这里说的显然是1894年在日内瓦用俄文出版的《弗里德里希·恩格斯论俄国》一书。该书收录了恩格斯的《论俄国的社会问题》及《〈论俄国的社会问题〉跋》。参见中共中央马克思恩格斯列宁斯大林著作编译局编译：《列宁全集》第二版增订版（第四十四卷），北京：人民出版社，2017年版，第548页。

格斯对资本主义的批判,却不认同马克思主义社会形态学说"①,对资本主义的发展历程也有着不同看法。这一情况在自由民粹主义者中更为突出,他们不能清楚地认识当时俄国国情,找不到符合俄国实际的发展道路,其理论主张反而把俄国革命和发展带入歧途。而此时,资本主义发展促使工人阶级形成,同时在科学理论马克思主义影响下,受沙皇政府和资本家双重压迫的工人阶级开启了争取经济自由和政治权利的反抗斗争运动,逐步由"自在阶级"转变为"自为阶级"。自由民粹主义阻碍了俄国向前发展,批判这一思潮正是当时重要的时代需要。

一、俄国资本主义的发展

19世纪末至20世纪初,资本主义发展和村社瓦解成为当时俄国社会的最大现实。二者相互印证,推动着俄国社会的现代化进程。毋庸置疑,在发展资本主义方面,俄国确实存在民粹派所责难的某些不利因素,如交通闭塞、自然环境恶劣等。但这并不意味着资本主义在俄国就不能发展。普列汉诺夫指出:"从农奴法取消之后,俄国就已经显然走上了资本主义发

---

① 徐芹:《列宁早期对俄国民粹主义的批判及其当代价值》,载《南京政治学院学报》,2016年第6期,第31页。

第二章 批判缘起：列宁批判俄国自由民粹主义的背景阐释

展的道路。"①

亚历山大二世的1861年改革使农民农奴在法令上获得解放和自由，充实进各个领域和行业，为资本主义发展提供了劳动力，加速了俄国资本主义的发展。"它是俄国历史上从封建生产方式过渡到资本主义生产方式的转折点，大大加速了资本主义在俄国的发展。"② 正如列宁所言："1861年2月19日标志着从农奴制时代中成长起来的资产阶级的新俄国的开端。"③ 此后，资本主义在俄国工业中逐步占据主导，雇佣劳动、机器生产、资本市场等资本主义特征在俄国普遍存在。

其一，使雇佣劳动逐渐普遍化的劳动力支撑。1861年改革后，大批农民变成无产者，他们或者根本没有土地，或者只有极少的土地，不断破产的农民，源源不断地补充进劳动力市场，组成了一支庞大的劳动力后备军，这也给资本家进行残酷压榨、剥夺剩余价值、获取廉价劳动力带来便利。农民领取外出证的数量变化可以佐证雇佣市场的变化。据统计，1861—1870年，平均每年领到外出证的人数为1 291 300人，1881—1890年为

---

① 普列汉诺夫著，刘若冰等译：《普列汉诺夫哲学著作选集》（第一卷），北京：生活·读书·新知三联书店，1959年版，第161页。

② 安启念：《东方国家的社会跳跃与文化滞后——俄罗斯文化与列宁主义问题》，北京：中国人民大学出版社，1994年版，第106页。

③ 中共中央马克思恩格斯列宁斯大林著作编译局编译：《列宁全集》第二版增订版（第二十卷），北京：人民出版社，2017年版，第175页。

4 946 600 人，1891—1900 年为 7 136 600 人。1900 年，劳动力人口总数约 44 462 000 人，其中，从事各种非农业劳动的人数约 14 153 000 人，而农业所需劳动力人口约 15 076 000 人，剩余劳动力人口约 15 412 00 人，剩余劳动力人口约占劳动力人口总数的 34%。① 因此，雇佣劳动在农业和工业中日益普遍化，在农业中，许多生活贫困的廉价劳动力转入农业发达地区的商业性农业中充当劳动力，其中以男性劳动力为主。

其二，大规模发展机器生产的资本主义生产方式。19 世纪中期，俄国的农奴制处于危机和解体状态，这是俄国资本主义由工场手工业走向大机器工业的时期。这一变化，正如列宁所说："浅耕犁与连枷、水磨与手工织布机的俄国，开始迅速地变为犁与脱粒机、蒸汽磨与蒸汽织布机的俄国。"② 大机器工业作为先进生产力的代表，极大促进了生产力发展，排挤取代手工劳动成为俄国经济社会发展不可逆转的趋势。据统计，1866—1879 年的 14 年里，工厂机器生产在纺织工业中的推广，使得手工织布机减少了 33%。机器织布机的劳动生产率比手工织布机高 2 倍。1879 年，欧洲国家（不包括波兰）及俄

---

① 孙成木、刘祖熙、李健主编：《俄国通史简编》（下册），北京：人民出版社，1986 年版，第 129 页。
② 中共中央马克思恩格斯列宁斯大林著作编译局编译：《列宁全集》第二版增订版（第二十卷），北京：人民出版社，2017 年版，第 175 页。

国共有 5.05 万台机器织布机,年产 1432.4 万块布,占全部商品生产的 58.4%。① 显然,此时大机器生产在纺织业中占据主导地位。但相较于发达资本主义国家,俄国工业仍相对落后,资本的有机构成增长缓慢,机器设备等更新缓慢。

其三,资本市场的扩大和垄断经济的滋生。交通运输业的迅猛发展不仅是破坏旧的生产方式、发展现代工业的强大驱动力,还是俄国国内资本主义市场的杠杆。俄国铁路里程由 1861 年的 1488 俄里增加到 1900 年的 47 800 俄里。在资金短缺的情况下,政府为了保障建设资金,多方面筹措,不仅允许私人资本参与铁路建设,还拟定了吸引外资建设私人铁路的计划,甚至在 1867 年还发行铁路公债,建立铁路基金,在伦敦和巴黎资本市场上发行了六亿卢布的铁路证券。② 俄国资本主义发展,并在 1876 年出现了第一个具有垄断性质的铁钉和铁丝组合机构——卡特尔。到 90 年代,南俄顿涅茨煤炭公司的煤炭产量已占该地区产量的三分之二以上,巴库油田的石油产量占全俄总产量的 95% 以上。③ 此外,俄国还产生了铁路公司、轮船公司、

---

① 刘祖熙:《改革和革命:俄国现代化研究(1861—1917)》,北京:北京大学出版社,2001 年版,第 108 页。
② 刘祖熙:《改革和革命:俄国现代化研究(1861—1917)》,北京:北京大学出版社,2001 年版,第 101—102 页。
③ 张建华:《俄国史》,北京:人民出版社,2004 年版,第 113 页。

贸易公司、保险公司和银行等。

二、俄国工人运动的兴起

1861年改革客观上促进了俄国资本主义的发展,大批失去生产资料的农民和农奴成为产业工人,壮大了无产阶级队伍。而俄国工人阶级的生活十分困苦,深受资本主义和沙皇专制政府的双重压迫,工人运动在极端恶劣的环境中兴起。从工人阶级的状况来看,相较于其他国家,俄国情况极为糟糕,他们不仅工资低,工作环境恶劣,而且周期性的经济危机常常给工人以沉重打击,失业率高,基本的生活和劳动权利难以保障。不堪忍受的工人稍加抗议,沙皇政府便立即同资本家一起对这些"暴徒"予以镇压。俄国工人阶级的生活状况,诚如列宁所描述的:"千千万万终生为别人创造财富而劳动的人,由于饥饿和长期吃不饱而死亡,由于极端恶劣的劳动条件,由于十分低劣的居住条件,由于得不到足够的休息而染病早亡。"[①]

俄国工人阶级在历经磨砺后从"自在阶级"走向"自为阶级"。早在19世纪60年代,工人罢工运动频繁发生,他们以烧毁厂房、毁坏机器、痛打工头等方式,要求增加工资、取消

---

① 中共中央马克思恩格斯列宁斯大林著作编译局编译:《列宁全集》第二版增订版(第五卷),北京:人民出版社,2013年版,第11页。

罚款、设定节假日、改善生产生活条件。此时他们的行动是完全自发的、无序的消极反抗行为，属于防御性的工人运动，且很快被无情镇压。列宁把这种罢工称为原始的骚乱，虽然这种自发性表明了某种程度的觉醒，"但这种行为多半是绝望和报复的表现，还不能说是斗争"①。

进入70年代后，工人们开始意识到斗争的政治意义，意识到要团结起来依靠集体力量打击压迫者。长期的斗争塑造出一批先进的活动家，他们总结斗争经验，建立无产阶级的革命组织。1875年，叶·奥·扎斯拉夫斯基（Евгений Осипович Заславский，1844—1878年）在敖德萨成立了俄国第一个工人革命组织——"南俄工人协会"。该组织有200多名成员，还拥有组织章程，明确了组织联合工人、解放工人和反对现存制度的斗争任务，先后组织了两次工人罢工。1875年12月，该协会遭到破坏，部分成员被捕后交给特别法庭审理。但俄国工人运动势头持续高涨，全国革命形势继续向前。1878年12月，俄国工人运动活动家斯·尼·哈尔土林（Степан Николаевич Халтурин，1856—1882年）在彼得堡成立了"俄国北方工人协会"。该协会纲领中第一次提出政治权利和政治

---

① 中共中央马克思恩格斯列宁斯大林著作编译局编译：《列宁全集》第二版增订版（第六卷），北京：人民出版社，2013年版，第28页。

自由的要求，为俄国工人争取言论、结社和出版自由。但其建立公社联盟的主张明显是受民粹派的影响。虽然此时的工人组织都还没有受到科学社会主义的影响，更没有从民粹主义思潮中分离出来，但是它们对俄国工人运动和革命发展具有重要意义。1881—1886年，俄国至少发生过48次罢工，参加人数达8万人，其中以莫罗佐夫工厂大罢工影响最大。①

进入19世纪90年代，世界资本主义飞速发展，逐步迈向垄断资本主义阶段，在俄国，资本主义在与沙皇专制既矛盾又合作的特殊关系中缓慢发展。但工人阶级由于受到双重压迫，斗争运动在数量、组织和影响力上均大幅度提升，由过去分散的、自发的运动，发展为有组织有计划的权利斗争，并且斗争矛头直指沙皇专制制度和资本主义剥削制度。

图2-1显示了19世纪90年代中期俄国罢工运动的人数和次数，此起彼伏的工人罢工运动，使得当局不得不考虑工人提出的各种诉求，缩短工作时长成为俄国无产阶级取得胜利的第一个阶级要求。1897年6月2日，俄国当局被迫颁布法令，将工作日工作时长缩短至11.5小时，并规定节日休假。② 此时，

---

① 中国人民大学马列主义发展史研究所编著：《列宁思想史》，上海：上海人民出版社，1988年版，第23页。

② 彼·尼·波斯别洛夫主编，彭卓吾、徐鸣珂等译：《苏联共产党历史》（第一卷），上海：上海人民出版社，1983年版，第240页。

第二章　批判缘起：列宁批判俄国自由民粹主义的背景阐释

俄国工人阶级俨然成为一支重要的社会力量，要求获得更多经济自由和政治权利，逐步迈向"自为阶级"。

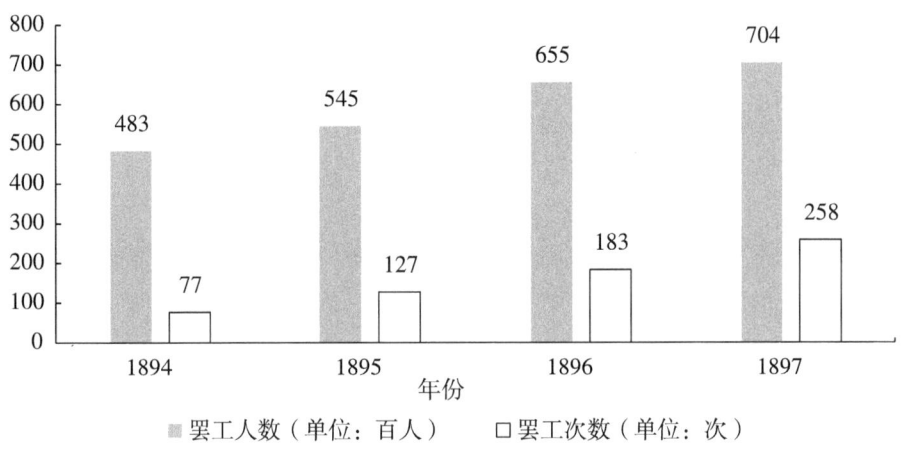

图2-1　19世纪90年代中期俄国罢工运动

资料来源：彼·尼·波斯别洛夫主编，彭卓吾、徐鸣珂等译：《苏联共产党历史》（第一卷），上海：上海人民出版社，1983年版，第240页。

三、马克思主义组织的建立

马克思主义政党作为工人阶级和无产阶级的组织，通常伴随工人阶级和无产阶级运动而产生，罢工运动促使马克思主义和工人运动的结合。工人运动的发展使俄国知识分子看到了无产阶级的力量，意识到只有通过科学理论将无产阶级武装起来才能取得胜利，因此，作为无产阶级科学理论的马克思主义在俄国传播成为必然。

实际上，早在19世纪40—50年代，赫尔岑、别林斯基和车尔尼雪夫斯基等革命民主主义者都研读过马克思的著作，受到过马克思主义的影响。马克思的《共产党宣言》《资本论》等著作的俄文译本在俄国很快引起强烈反响。

到19世纪80年代，俄国工人运动进入了新阶段，无产者作为一个阶级迅速发展起来。与此同时，影响巨大的民粹派的空想社会主义弊端暴露，亟须先进的无产阶级理论指导。在这样的背景下，以普列汉诺夫、查苏利奇、阿克雪里罗德等为代表的一批从民粹派中脱离出来的革命知识分子抛弃幻想，站在马克思主义立场上宣传马克思主义，并于1883年在日内瓦组建了俄国第一个马克思主义组织——劳动解放社。他们还在《现代社会主义丛书》的出版说明中明确了劳动解放社的宗旨，即：一方面，翻译马克思恩格斯著作，传播科学社会主义思想；另一方面，批判在俄国革命中占统治地位的民粹主义，以科学社会主义和俄国人民立场深入研究俄国现实生活中的重大问题。劳动解放社成立后，在其宗旨的指引下，普列汉诺夫和其他成员为传播马克思主义做了许多工作，翻译出版了《共产党宣言》《路德维希·费尔巴哈和德国古典哲学的终结》《哲学的贫困》《社会主义从空想到科学的发展》《路易·波拿巴的雾月十八日》等著作，在革命知识分子和先进工人中广为传播，其进步性引起了强烈反响，为俄国马克思主义者同错误思潮作斗争提供了强大思想武器。对此，恩格斯给予高度评价，

第二章　批判缘起：列宁批判俄国自由民粹主义的背景阐释

在1885年4月23日给查苏利奇的信中说道："在俄国青年中有一派人真诚地、无保留地接受了马克思的伟大的经济理论和历史理论，并坚决地同他们前辈的一切无政府主义的和带点泛斯拉夫主义的传统决裂，我感到自豪。"①

随着马克思主义的传播和工人运动的高涨，以及无产阶级队伍的不断壮大，在俄国各地相继出现了一些马克思主义小组和团体。其中著名的有俄国社会民主党、圣彼得堡工人联合会、社会民主主义协会、勃鲁斯涅夫小组和费多谢耶夫小组等，它们以各自方式开展活动，推动俄国马克思主义组织的建立。

俄国社会民主党是迪米特尔·布拉戈耶夫（Димитър Благоев，1856—1924年）于1883年在彼得堡组建的马克思主义革命青年团体，历史上也叫"布拉戈耶夫小组"，他们规定以马克思主义作为指导思想，把工厂工人作为人民政治的核心

---

① 中共中央马克思恩格斯列宁斯大林著作编译局编：《马克思恩格斯文集》（第十卷），北京：人民出版社，2009年版，第532页。

力量，但该小组在革命运动和策略上还未摆脱拉萨尔主义①和民粹主义的影响。由于叛徒告密，1885年3月，布拉戈耶夫被逐出俄国，次年，该小组停止活动。圣彼得堡工人联合会由出生于波兰的巴·瓦·托契斯基（Павел Варфоломсевич Точисский，1865—1918年）于1885年在彼得堡领导建立，也称"托契斯基小组"，联合会成员主要由进步工人组成，为提高工人思想文化水平，他们设立图书馆，还设有互助借贷救济社及政治流放者救济基金；以马克思主义的立场反对民粹主义的恐怖策略。社会民主主义协会由彼得堡工业学院学生米·伊·勃鲁斯涅夫于1889年在彼得堡成立，历史上亦称"勃鲁斯涅夫小组"。在最初的马克思主义小组中，它是影响最大、范围最广、组织最严的团体。它的最初参加者主要是青年学

---

① 拉萨尔主义是19世纪60—70年代德国工人运动中的右倾机会主义思想,其代表人物是斐迪南·拉萨尔(1825—1864年)。拉萨尔主义认为,无产阶级通过和平的合法斗争争得普选权,就可以变普鲁士君主专制国家为"自由的人民国家";宣扬超阶级的国家观,认为国家的根本职能是教育人民,使人类获得发展和自由;由国家资助建立的工人生产合作社是无产阶级获得经济解放的"最合法、最和平又最简单的方法",能够使工人成为"自己企业的主人",将资本主义和平改造成社会主义,力图把德国工人运动引上所谓的国家社会主义道路。拉萨尔主义是德国社会民主党内机会主义的理论渊源之一。1857年,马克思在《哥达纲领批判》中予以彻底地批判。参见中共中央文献研究室编:《延安时期党的重要领导人著作选编》(下),北京:中央文献出版社,2014年版,第492页。

生，之后在工人中活动，克鲁普斯卡娅也是该组织的成员。该小组积极参加国内政治斗争，反对沙皇对进步人士的迫害，组织工人参加车尔尼雪夫斯基的葬礼，还响应第二国际的号召，在1891年举行了俄国第一个"五·一"国际劳动节集会。费多谢耶夫小组是喀山的马克思主义小组，由杰出的革命家尼·叶·费多谢耶夫（Николай Евграфович фсдосеев，1871—1898年）组织和领导。该小组强调工人阶级在革命中的主导作用，主张加强城市与农村的联系。值得一提的是，列宁的革命生涯就是从此开启的。列宁在1888年秋至1889年5月离开喀山期间参加了费多谢耶夫小组，在此期间，他攻读了马克思的《资本论》第一卷以及马克思恩格斯的其他部分著作，还对达尔文、李嘉图等人的著作进行了研究。总之，俄国各地马克思主义小组的建立，为俄国马克思主义政党的组建做了准备工作。

进入19世纪90年代，俄国工人运动发生很大变化，有组织的斗争越来越多。对此，列宁曾说道："90年代俄国两个深刻的社会运动汇合的结果：一个是工人阶级的自发的群众运动；另一个是接受马克思和恩格斯的理论，接受社会民主党的学说的社会思想运动。"① 到 90 年代中期，罢工浪潮席卷了俄国许多地区，在列宁看来，这是先进工人即社会民主党人对斗争性质影响的结果。列宁明确指出："1895—1896 年的罢工已经形成了在思想上组织上都同社会民主党有联系的群众性的工人运动。"② 此时，彼得堡逐渐成为马克思主义和社会民主力量聚集的中心，1895 年 11 月，在列宁领导下，彼得堡全市社会民主党组织成立，即"工人阶级解放斗争协会"（以下简称"斗争协会"）。该组织有严格完整的组织结构和活动原则，还发行了本组织的报纸《斗争报》第一号，不断以传单形式动员和领导群众进行罢工斗争。正如列宁在《怎么办？》一文中指出，要办一个"力求把罢工斗争同反专制制度的革命运动结合起来"的报纸。③ 1895 年 12 月和 1896 年 1 月，列宁等一批核心成员或被捕，或遭受流放，斗争协会遭受沉重打击，但它的活动并未停止，还影响和带动了一批社会民主主义组织。在莫斯科、基辅等地也相继成立了"斗争协会"。列宁强调，社会民主党人要开展工人运动，巩固和联系各革命团体，提供宣传书刊，

---

① 中共中央马克思恩格斯列宁斯大林著作编译局编译：《列宁全集》第二版增订版（第四卷），北京：人民出版社，2013 年版，第 215—216 页。

② 中共中央马克思恩格斯列宁斯大林著作编译局编译：《列宁全集》第二版增订版（第二十五卷），北京：人民出版社，2017 年版，第 215 页。

③ 中共中央马克思恩格斯列宁斯大林著作编译局编译：《列宁全集》第二版增订版（第六卷），北京：人民出版社，2013 年版，第 30 页。

第二章　批判缘起：列宁批判俄国自由民粹主义的背景阐释

"把散布在俄国各个地方的工人小组与社会民主主义团体统一成为一个社会民主工党"①。即使在监禁和流放期间，他也不断为建立一个统一的政党努力。最终，在各方努力下，1898年3月，在明斯克召开代表大会，俄国社会民主工党成立。大会选出了中央委员会，定《工人报》为党的机关报。需要注意的是，"布尔什维主义作为一种政治思潮，作为一个政党而存在，是从1903年开始的"②。

---

① 中共中央马克思恩格斯列宁斯大林著作编译局编译：《列宁全集》第二版增订版(第二卷)，北京：人民出版社，2013年版，第448页。
② 中共中央马克思恩格斯列宁斯大林著作编译局编译：《列宁全集》第二版增订版(第三十九卷)，北京：人民出版社，2017年版，第4页。

第三章

批判架构：列宁批判俄国自由民粹主义的多维向度

第三章 批判架构：列宁批判俄国自由民粹主义的多维向度

19世纪90年代，列宁以马克思主义者的姿态登上了俄国政治舞台。自由民粹主义作为当时的主要思潮，深深影响着俄国各界。但其小资产阶级本质使其在理论上难以诠释现实和预测未来，在现实中逐渐成为俄国革命事业发展的阻碍。随着马克思主义在俄国的广泛传播，堕落的自由民粹主义与马克思主义的分歧达到不可调和的地步，严重阻碍了马克思主义的传播和发展。对此，列宁站在马克思主义立场，系统地批判了自由民粹主义，捍卫了马克思主义在俄国的传播和发展。

实际上，列宁对俄国民粹主义的批判所涉内容十分丰富，除了自由民粹主义外，还有左派民粹派的社会革命党，以及早期的革命民粹主义，譬如，社会革命党的土地政策、民意党的恐怖暗杀活动。但列宁批判的主要对象还是自由民粹主义，大体遵循如下的逻辑架构：先是围绕备受各方关注的资本主义发展道路问题进行分析，然后从政治经济学视角展开批判，还对自由民粹主义在文化教育方面的空想性方案进行批判，最后揭示自由民粹主义做出错误判断的主观方法的思想基石，从而构建了列宁对自由民粹主义的系统性批判架构，完成了对这一思潮的批判任务。在批判中，列宁阐释和论证了社会民主党人的基本纲领；阐明了科学社会主义意识形态理论；帮助工人阶级认清他们的历史使命，使他们由分散的经济斗争的"自在阶级"转变成有科学目标的"自为阶级"；阐明了俄国国情，揭示了民粹主义的阶级实质，促进了马克思主义的传播，探究了俄国革命和社会发展的道路。

第一节　列宁对俄国自由民粹主义发展道路观点的批判

19世纪中期到20世纪初，发展道路问题是关系俄国未来的关键问题，也是俄国各个阶级及其政党组织所关心的重要问题，特别是1861年改革后，在俄国发展道路问题上，不同阶级的代表展开了激烈争论，他们有着不同的主张。一方面，马克思恩格斯曾在民粹主义者的询问下，审慎地发表过自己的看法，还同自由民粹主义者米海洛夫斯基发生过争论；另一方面，俄国历史上发生过著名的西方派和斯拉夫派的论战。19世纪末，俄国各种矛盾愈演愈烈，革命运动日益高涨，理论上各种思潮风起云涌，实践中工人罢工、农民起义、学生运动等此起彼伏，俄国未来走向何方，成为各方角力的焦点。列宁指出，俄国正处于快速地向前发展的暴风雨时代，革命运动也以惊人速度快速发展，各个派别也快速地成熟和凋零，如今的一年要比平静时期的几十年还要快，"人们在给改革后时代的半个世纪作总结，在为那些将长久决定全国命运的社会政治大厦

第三章　批判架构：列宁批判俄国自由民粹主义的多维向度

奠立基石"①。此时的俄国社会主要有资产阶级自由派、小资产阶级民主派和无产阶级革命派三大政治派别。他们都有各自的纲领和主张，相互展开了激烈的斗争。

19世纪80年代，革命民粹主义发生转向，堕落为自由民粹主义，其本质仍然代表小资产阶级利益。他们依旧渴望在村社基础上避开资本主义发展阶段，直接过渡到社会主义。他们拒斥和否认俄国资本主义发展的事实，认为俄国资本主义是"人为的""移植的""偶然的"，只会给人们带来痛苦和灾难，主张要"另寻道路"来避免这一灾难性的后果，并步入社会主义。对此，列宁坚持马克思主义唯物史观，正视俄国现实，对自由民粹主义"另寻道路"以及其他各个方面的支撑观点进行了深入批判。

一、批判自由民粹主义"人为培植论"的荒谬性

民粹主义理论一直以来鼓吹俄国要走不同于西欧资本主义的发展道路，主张不经历资本主义的发展模式。直到19世纪末，自由民粹主义在无法完全否认资本主义已经在俄国存在这一事实的情况下，对此采用了另一套说辞，即资本主义是"人

---

① 中共中央马克思恩格斯列宁斯大林著作编译局编译：《列宁全集》第二版增订版（第六卷），北京：人民出版社，2013年版，第365页。

为的""移植的""偶然的"现象，会给俄国带来破坏性的灾难。因此，自由民粹主义实际上并未抛弃其避开资本主义的主张。早在19世纪60—70年代的革命民粹主义时期，格·扎·叶利谢也夫（Григорaй Захарович Елисеев，1821—1891年）、特卡乔夫等民粹主义者主张避免"资本主义生产的错误道路"，摆脱这一发展所带来的"苦难"。叶利谢也夫在《富豪制及其基础》一书中指出，一个国家"为工业发展开辟了资本主义生产的道路，它就很难放弃这条道路。它必须在自己内部进行一番彻底的折腾，自己在自己内部发动一场最可怕的革命来建立另一种秩序"①。作为民粹主义者的普列汉诺夫也"认为资本主义在俄国的发展是一种倒退"②。民意党也在其执行委员会纲领中指出，国家培植出了资本主义的剥削者阶层，成为最大的资本主义力量。他们幻想在消灭沙皇专制制度的同时也把资本主义消灭掉。③

---

① 格·扎·叶利谢也夫：《富豪制及其基础》，载中共中央马克思恩格斯列宁斯大林著作编译局国际共运史研究室编译：《俄国民粹派文选》，北京：人民出版社，1983年版，第206页。

② 格·瓦·普列汉诺夫：《社会经济发展的规律和俄国社会主义的任务》，载中共中央马克思恩格斯列宁斯大林著作编译局国际共运史研究室编译：《俄国民粹派文选》，北京：人民出版社，1983年版，第487页。

③ 《民意党执行委员会纲领》，载中共中央马克思恩格斯列宁斯大林著作编译局国际共运史研究室编译：《俄国民粹派文选》，北京：人民出版社，1983年版，第520页。

第三章 批判架构：列宁批判俄国自由民粹主义的多维向度

19世纪80年代中期，民粹派对俄国资本主义的认知发生了微妙变化，认为农村农民开始分化。在彼得堡匿名刊印的《试论民粹派纲领》中指出，在农村，"现在农民群众逐渐分裂为三个阶层：富裕的农民资产阶级和富农阶层，平庸的愚昧无知的农民中间阶层和无地的无产阶级"[①]。此后，尽管绝大部分民粹主义者主观上不情愿看到俄国资本主义的存在和发展，但客观上已经难以否认这一实际情况，自由民粹主义者阿布拉莫夫感到"资本主义秩序"是不可避免的。[②] 尤沙柯夫在其著作《俄国农业生产的形式》中采用了"人民经济"与"资本主义"相对立的分析范式，通过分析俄国不同地区的经济资料得出结论："人民经营的土地占全国耕地的十分之九"，"资本主义方式经营的仅占全部农业生产的十分之一左右。"[③]

在资本主义发展的客观情况下，自由民粹主义者开始以"人为的""移植的""偶然的"以及"灾难性后果"等为由拒斥资本主义道路。一方面，尤沙柯夫认为，俄国并不具备发展

---

① 《试论民粹派纲领》，载中共中央马克思恩格斯列宁斯大林著作编译局国际共运史研究室编译：《俄国民粹派文选》，北京：人民出版社，1983年版，第595页。

② Г. С. Лапшина, Газета 《Неделя》（1866-1901），МГУ имени М. В. Ломоносова, 2009, С. 95.

③ 谢·尼·尤沙柯夫：《俄国农业生产的形式》，载中共中央马克思恩格斯列宁斯大林著作编译局国际共运史研究室编译：《俄国民粹派文选》，北京：人民出版社，1983年版，第633页。

资本主义的基本条件——业主和资本，还缺少产业工人和"非有不可的雇农阶层"，在这些都不具备的条件下，"就培植资本主义，这未免为时尚早，因而是不会有成果的，只能以农业阶层遭到破产和亿万资本被糟蹋而告终！这种情况必定会发生，而且也已经发生了"①。另一方面，认为是沙皇政府错误的经济政策造成了资本主义的发展。沃龙佐夫在其著作《俄国资本主义的命运》中明确指出，政府通过修筑铁路、改善交通、引进西方的资本主义生产形式和手段来发展俄国资本主义，"近二十年来，政府一直在贯彻用搜刮濒临灭亡的小生产的资金来维护资本主义大生产的意图"②。但在他们看来，实际结果会事与愿违，因为"俄国确实没有发展资本主义的基础，因此企图在我国培植资本主义的一切努力都将是枉费心机"③。号称"人

---

① 谢·尼·尤沙柯夫:《俄国农业生产的形式》,载中共中央马克思恩格斯列宁斯大林著作编译局国际共运史研究室编译:《俄国民粹派文选》,北京：人民出版社,1983年版,第644页。

② 瓦·巴·沃龙佐夫:《俄国资本主义的命运》,载中共中央马克思恩格斯列宁斯大林著作编译局国际共运史研究室编译:《俄国民粹派文选》,北京：人民出版社,1983年版,第707页。

③ 瓦·巴·沃龙佐夫:《俄国资本主义的命运》,载中共中央马克思恩格斯列宁斯大林著作编译局国际共运史研究室编译:《俄国民粹派文选》,北京：人民出版社,1983年版,第708页。他在1907年的《资本主义俄国的命运》中明确承认,在俄国已经建立一种"名为资本主义的经济生活形式",俄国知识界关于资本主义命运的争论彻底结束。参见杜冈-巴拉诺夫斯基著,赵维良等译:《政治经济学原理》(上册),北京：商务印书馆,1989年版,第218—219页。

民之友"的自由民粹主义实践家、政治家克里文柯在 1893 年的《论文化孤士》中也明确指出,"资本主义工业'往往是人为地造成的'"①。为此,他们认为,要"从自己的国土上铲除资本主义农业,从而为自己的祖国作出伟大的贡献"②。

针对自由主义民粹派对资本主义发展道路是"移植的""人为的"等论断,列宁在《论所谓市场问题》《什么是"人民之友"?》《俄国资本主义的发展》等著作中以马克思主义唯物史观的方法论系统考察和分析了俄国经济社会结构和俄国资本主义发展过程,对自由民粹主义给予回应和批判,认为他们这一看法是荒谬的。列宁态度鲜明地指出,资本主义在俄国发展是一个自然的、不可避免的结果。列宁在 1911 年《关于纪念日》一文中指出:"历史充分地证明了,而 1905—1907 年的事件即俄国社会各阶级在这个时期的行动特别鲜明地证实了,俄国正沿着资本主义的道路发展,并且不可能有另一条发展道路。"③

---

① 中共中央马克思恩格斯列宁斯大林著作编译局编译:《列宁全集》第二版增订版(第一卷),北京:人民出版社,2013 年版,第 174 页。

② 瓦·巴·沃龙佐夫:《俄国资本主义的命运》,载中共中央马克思恩格斯列宁斯大林著作编译局国际共运史研究室编译:《俄国民粹派文选》,北京:人民出版社,1983 年版,第 712 页。

③ 中共中央马克思恩格斯列宁斯大林著作编译局编译:《列宁全集》第二版增订版(第二十卷),北京:人民出版社,2017 年版,第 169—170 页。

首先，批判自由民粹主义思维方法。对于他们把俄国资本主义的产生看作一种"偶然现象"，将其归结为走错了路，归之于长官的"培植"，列宁认为，这样的情况主要是基于他们的主观社会学的哲学思维和社会方法，自由主义民粹派不是回答问题，而是采用"万古神圣制度""离开正路"等一类的伤感的盾词，以及诸如此类的无稽之谈来支吾搪塞。他们根本没有从客观事实出发，也难以认清事物发展的客观规律，把资本主义发展简单看成是"人为的"，不能把握现象的演进规律，认识不到俄国社会发展的自然历史过程。列宁认为，自由主义民粹派仅仅把农民的破产看作是"人民生产""人民经济"的衰落，"而不看作是宗法式经济向资本主义经济的转化"①。事实上，农民分化引起国内市场的建立，"农民变为农村无产阶级，建立了以消费品为主的市场，而农民变为农村资产阶级，则建立了以生产资料为主的市场"②。

其次，从经济事实出发揭示资本主义在俄国发展的客观性。列宁在他撰写的巨著《俄国资本主义的发展》中对俄国资本主义发展进行了全面系统的考察和分析，从俄国具体实际出

---

① 中共中央马克思恩格斯列宁斯大林著作编译局编译：《列宁全集》第二版增订版（第三卷），北京：人民出版社，2013年版，第140页。

② 中共中央马克思恩格斯列宁斯大林著作编译局编译：《列宁全集》第二版增订版（第三卷），北京：人民出版社，2013年版，第139页。

第三章 批判架构：列宁批判俄国自由民粹主义的多维向度

发，运用马克思主义政治经济学原理，对自由主义民粹派的资本主义发展是"偶然现象"和"人为培植"的观点进行了深入批判。在当时条件极其艰难的情况下，列宁通过各种渠道收集了大量资料，查阅了有关俄国经济的几乎全部重要文献，研究了大量的书刊和统计资料，并依据马克思主义政治经济学原理明确了俄国资本主义市场建立的关键问题："社会分工是商品经济和资本主义全部发展过程的基础。"[1] 他利用俄国地方自治局农民经济调查资料，对俄国现实发展状况进行详细分析，得出俄国不仅农民分化，还形成了专业化、专门化的商品农业，建立了国内市场。资料覆盖了欧俄[2]全部50个省份，通过对农户的播种面积、农具、役畜、份地、生产水平和生活水平等情况进行分类、分地区的细致考察，得出结论："农民中一切经济矛盾的总和构成了我们所谓的农民的分化。"[3] 旧的宗法式农民彻底瓦解，被新型的农村居民所取代，"这些新的类型就是农村资产阶级（主要是小资产阶级）和农村无产阶级，即

---

[1] 中共中央马克思恩格斯列宁斯大林著作编译局编译：《列宁全集》第二版增订版（第三卷），北京：人民出版社，2013年版，第19页。

[2] "欧俄"这一表述在列宁早期著作中大量出现。按照历史发展和地理区域的传统，一般以乌拉尔山为界，在地理上将俄罗斯国家版图划分为欧洲部分和亚洲部分两大板块，习惯上将俄国的欧洲部分称为"欧俄"，亚洲部分称为"亚俄"。

[3] 中共中央马克思恩格斯列宁斯大林著作编译局编译：《列宁全集》第二版增订版（第三卷），北京：人民出版社，2013年版，第146页。

农业中的商品生产者阶级和农业雇佣工人阶级"①。列宁还对俄国具体行业改革后经营状况的变化进行分析,如谷物业、畜牧业、牛奶业、亚麻业、酿酒业、烟草业等,分析表明,"改革后农业演进的基本特点是农业越来越带有商业的即企业的性质"②。譬如,据不完全资料统计,欧俄50个省的干酪作坊,从1866年的72个,工人226名,生产额119 000卢布,到1890年的265个作坊,工人865名,生产额1 350 000卢布,25年间,作坊数量增加近4倍,生产额增加了10倍以上。③

商业性农业发展,农业专业化引起交换频繁,农村对产品、生产资料和劳动力的需求增长越来越快,建立了资本主义的国内市场。列宁依据莫斯科省统计资料、莫斯科省手工业资料、弗拉基米尔省手工业资料、彼尔姆省手工业资料等具体数据,按照资本主义发展的三个主要阶段,即小商品生产、资本主义手工业和大机器工业,对俄国工业的演进历程进行剖析,明确了三者间有着最直接、最密切的联系和继承性,从而说明了俄国资本主义发展的客观必然性。对此,司徒卢威也认为,

---

① 中共中央马克思恩格斯列宁斯大林著作编译局编译:《列宁全集》第二版增订版(第三卷),北京:人民出版社,2013年版,第147页。

② 中共中央马克思恩格斯列宁斯大林著作编译局编译:《列宁全集》第二版增订版(第三卷),北京:人民出版社,2013年版,第278页。

③ 中共中央马克思恩格斯列宁斯大林著作编译局编译:《列宁全集》第二版增订版(第三卷),北京:人民出版社,2013年版,第232页。

第三章 批判架构：列宁批判俄国自由民粹主义的多维向度

俄国资本主义发展是"物质过程的必要结果"①。

最后，从俄国现实出发，客观看待外部力量对俄国资本主义发展的作用。自由主义民粹派强调资本主义受到的外部影响。一方面是沙皇政府的支持，自由民粹主义者沃龙佐夫在《俄国资本主义的命运》一书中指出，政府修筑的铁路是资本主义发展的条件，大机器工业成为政府"心爱的产儿"，但这些迹象都是"儿戏"，"并非真正资本主义关系的表现"，"因而在我国它不可能完成自己的特殊使命。既然如此，千方百计培植它又有什么意义呢？"② 在这个问题上，需要强调的是，列宁并未否认沙皇政府的扶植作用。1861年改革后，为摆脱落后困境，沙皇政府意识到农奴制难以为继，鼓励、支持改善交通，引进先进技术和外国资金，促进资本主义发展，但他们又担心失去政权，以至于改革的大部分措施因内部非议而被搁浅。另一方面是世界资本主义的影响，自由主义民粹派试图以限制关税、限制土地买卖等措施抵制外国资本主义渗入。但列宁认为："试图用限制土地自由转移的法律或规章来阻挡世界

---

① 司徒卢威著,李尚谦等译：《俄国经济发展问题的评述》,北京：商务印书馆,1992年版,第54页。

② 瓦·巴·沃龙佐夫：《俄国资本主义的命运》,载中共中央马克思恩格斯列宁斯大林著作编译局国际共运史研究室编译：《俄国民粹派文选》,北京：人民出版社,1983年版,第655—656页。

资本主义，就和试图用枝条编成的篱笆来阻挡火车一样，是十足的蠢事。"① 在列宁看来，"这个古老的宗法制的俄国，在1861年以后就开始在世界资本主义的影响下迅速崩溃了"②。诚如马克思恩格斯在《共产党宣言》中所指出的，资产阶级"使一切国家的生产和消费都成为世界性的了"，它到处建立联系，把一切民族都卷到资本主义文明中来了，"它使未开化和半开化的国家从属于文明的国家，使农民的民族从属于资产阶级的民族，使东方从属于西方"。③

总之，自由主义民粹派之所以把资本主义看作是俄国人为的"现代的灾难"，是因为这些人不清楚，在俄国的现实生活中，"与其说人民是受资本主义发达之苦，不如说是受资本主义不发达之苦"。④ 从而使得他们把资本主义视为一种衰落、倒退，甚至是祸害，因而深恶痛绝。在列宁看来，这是十分荒谬的。

---

① 中共中央马克思恩格斯列宁斯大林著作编译局编译：《列宁全集》第二版增订版（第二十五卷），北京：人民出版社，2017年版，第162页。
② 中共中央马克思恩格斯列宁斯大林著作编译局编译：《列宁全集》第二版增订版（第二十卷），北京：人民出版社，2017年版，第40页。
③ 中共中央马克思恩格斯列宁斯大林著作编译局编：《马克思恩格斯文集》（第二卷），北京：人民出版社，2009年版，第36页。
④ 中共中央马克思恩格斯列宁斯大林著作编译局国际共运史研究室编译：《俄国民粹派文选》，北京：人民出版社，1983年版，前言第2页。

二、批判自由民粹主义"另寻道路"的堕落性

尽管俄国民粹派对待资本主义的态度由最初的否认资本主义存在，发展到认为其是"人为的""偶然的""培植的"，极不情愿地承认资本主义在俄国的发展，但在俄国发展道路问题上，他们仍然试图避开资本主义，主张寻找其他道路。实际上，"这一理念渗透在19世纪俄罗斯所有的文学和文化中，促使民粹主义绕过或淡化了资本主义的同时，激发了他们寻求通往未来的另一条道路的范式"①。

在俄国发展道路问题上，存在着两种不同意涵的"跨越论"，即马克思的"跨越论"和民粹派的"跨越论"。马克思恩格斯在他们的晚年开始关注俄国问题，关注落后的前资本主义国家的社会经济发展道路问题，并在与俄国民粹派的频繁交往中，汇集民粹派一些有价值的观点。马克思在探索俄国社会发展道路时，批判地吸收了民粹派村社社会主义观点。② 对此，研究俄国农民问题的波兰裔英国社会学家特奥多尔·沙宁（Teodor Shanin）在其1983年编著的《晚期马克思与俄国道路：马克思与资本主义的边缘》一书中也表达了相同观点，他

---

① В. Д. Жукоцкий, Ф. П. Фурман, "Народничество русской интеллигенции и культуры", *Философия и общество*, №3, 2004, С. 157.

② 孙来斌:《马克思的"跨越论"与落后国家经济发展道路》，北京：社会科学文献出版社，2021年版，第120页。

认为，马克思主义除了受德国古典哲学、英国政治经济学和法国社会主义学说影响外，还有作为补充的第四个来源，即俄国革命民粹主义。①

马克思关注俄国发展道路问题的一个很重要的原因是回应当时俄国政治活动家的请求，指导俄国革命运动。最直接的体现是1881年3月8日马克思为回答俄国著名革命家查苏利奇提问而四易其稿的复信，这清楚表明马克思对俄国发展道路有着深入的思考。虽然正式复信的表述十分审慎，但复信的结尾指出，如果肃清各方面来袭的破坏性影响，保证村社具有自由发展所需的条件，村社是可以成为"俄国社会新生的支点"，换言之，俄国有可能不通过资本主义制度的"卡夫丁峡谷"。此后，马克思恩格斯又在《〈共产党宣言〉1882年俄文版序言》中对此作了进一步完善和发展。

为了避免理解混乱，我们在这里对广义民粹派的"跨越论"与马克思的"跨越论"进行区分。民粹派的目标是以村社为基石来实现"小资产阶级社会主义"，他们"相信俄国生活的特殊方式，相信俄国生活的村社制度，由此相信农民社会主

---

① Teodor Shanin, *Late Marx and the Russian Road: Marx and the Peripheries of Capitalism*, NewYork: NYU Press, 1983, pp. 3–39.

义革命的可能性"。① 尽管马克思的"跨越论"和民粹派的"跨越论"讨论的都是落后俄国的发展道路问题,但二者有着本质上的区别。其一,在认识论哲学基础上,二者有着本质区别。民粹派坚持唯心史观的主观社会学,片面看待村社和资本主义,不加分析地完全肯定村社,忽视俄国历史发展的客观规律,把"资本主义视为一种祸害、衰落和倒退"②;而马克思坚持唯物史观,客观看待村社落后性和资本主义进步性。其二,在实现"跨越"所需的基础条件上,二者有着本质区别。民粹派具有浪漫主义情怀,看不到村社农民中的剥削关系,盲目排斥和抵制资本主义,显然是一种倒退和落后的主张。马克思深入分析俄国村社,看到村社的公有制因素,合理看待村社的劳动组合关系,充分意识到村社孤立性造就专制制度,因此,强调跨越资本主义"卡夫丁峡谷"需要一定的条件,譬如,推翻专制政府的革命,利用资本主义文明成果,利用世界市场,保持与外界的联系,获取西方无产阶级国家的帮助,等等。其三,在"跨越"的目的上,二者有着本质区别。尽管他们的目标都是建立社会主义,但一个是向后看,另一个是向前

---

① 中共中央马克思恩格斯列宁斯大林著作编译局编译:《列宁全集》第二版增订版(第一卷),北京:人民出版社,2013年版,第229页。
② 虞晓东:《马克思"跨越"理论与民粹派社会主义的关系》,载《湖北社会科学》,2006年第8期,第31页。

看。民粹派是要建立以村社为基石的"小资产阶级社会主义",这不过是落后俄国社会的倒影而已;马克思则强调建立一个无产阶级专制的科学社会主义,进而发展到共产主义。

在自由主义民粹派看来,马克思主义批判资本主义,与他们是"同路人",因此,他们曾大力推崇马克思主义,丹尼尔逊翻译出版了俄文版的《资本论》;米海洛夫斯基曾公开与茹柯夫斯基进行论战,为马克思的《资本论》辩护;甚至连沙俄当局也赞同马克思对资本主义的批判,认为马克思是资本主义的敌人,同意把马克思头像放到俄国地铁站。

自由民粹主义者米海洛夫斯基并不怀疑马克思对资本主义的基本分析,只是质疑资本主义在俄国的应用,认为其适用的地方在欧洲,而不是俄罗斯,但马克思对资本主义西方历经的痛苦过程的分析,增加了米海洛夫斯基寻求绕过资本主义阶段、为俄国开辟一条特殊道路的激情。[1] 就其实质而言,虽然他们不能否认资本主义发展的事实,但其观点主张仍然是要避免资本主义及其带来的"灾难",试图在现有资本主义制度下通过改善和恢复小生产者经济,具体包括实行技术改良、劳动组合和共耕制,来避免这一痛苦。由此可知,民粹主义的革命

---

[1] James H. Billington, *Mikhailovsky and Russian Populism*, London: Oxford at the Clarendon Press, 1958, p. 66.

第三章 批判架构：列宁批判俄国自由民粹主义的多维向度

性丧失，"堕落为小市民机会主义，这是近年来俄国社会生活中最突出最重大的现象之一"①。

列宁坚持唯物史观，从客观事实出发，对自由民粹主义"另寻道路"的堕落性进行了全面而深入的批判。其一，批判自由主义民粹派离开特定的历史情景，抽象地谈论发展道路，堕落为向"社会"和"国家"妥协的"小市民机会主义"。在列宁看来，尽管早期的革命民粹派在对资本主义的盲目排斥上脱离现实，但在反抗农奴制上有其值得肯定的方面。而自由主义民粹派在俄国发展道路问题上脱离俄国现实，看不到农村变化的实际情况和未来发展趋势，成为折中主义者。列宁指出："关于农民生活的特殊方式、关于我国十分独特的发展道路的学说，已经变成软弱无力的折中主义了，这种折中主义已经不能否认商品经济成了经济发展的基础，已经不能否认商品经济变成了资本主义，可是又不愿看见一切生产关系的资产阶级性质，不愿看见在这个制度下的阶级斗争的必然性。"② 此时的民粹派倒把其仅存的革命合理性彻底抛弃了，彻底堕落为空想的反动势力。列宁十分赞成司徒卢威认为自由主义民粹派"完全

---

① 中共中央马克思恩格斯列宁斯大林著作编译局编译：《列宁全集》第二版增订版（第一卷），北京：人民出版社，2013年版，第239页。
② 中共中央马克思恩格斯列宁斯大林著作编译局编译：《列宁全集》第二版增订版（第一卷），北京：人民出版社，2013年版，第229页。

不懂马克思关于阶级斗争和国家的学说"①的观点。

虽然在自由主义民粹派看来，俄国资本主义的发展已经成为不可否认的事实，但他们仍然想另外寻找道路，避开资本主义，这也决定了他们不可能接受马克思的经济理论及其无产阶级的革命思想。因此，他们曲解马克思关于资本主义的进步革命作用的理论，即通过劳动社会化过程把工人阶级训练、联合和组织起来进行斗争，进而"剥夺剥夺者"。丹尼尔逊却将这种资本主义的进步革命作用曲解为以工厂工人数量来衡量资本主义的作用，认为"工厂工人数目增加，就是资本主义在真正起进步作用；工厂工人数目减少，就是'执行自己的历史使命很差'"②。在列宁看来，丹尼尔逊以俄国工厂工人数目增长缓慢来证明资本主义不稳固的做法是荒谬的，重犯了认为资本主义是从大机器工业开始的错误，把工厂工人数目与从事资本主义生产的工人数目等量齐观，看不到千百万俄国手工业者、农业中的雇农和日工、建筑业工人等遭受的资本主义剥削。③此外，针对丹尼尔逊所认为的资本主义的"联合作用"

---

① 中共中央马克思恩格斯列宁斯大林著作编译局编译:《列宁全集》第二版增订版(第一卷)，北京：人民出版社，2013年版，第272页。

② 中共中央马克思恩格斯列宁斯大林著作编译局编译:《列宁全集》第二版增订版(第一卷)，北京：人民出版社，2013年版，第274—275页。

③ 中共中央马克思恩格斯列宁斯大林著作编译局编译:《列宁全集》第二版增订版(第一卷)，北京：人民出版社，2013年版，第277页。

第三章 批判架构：列宁批判俄国自由民粹主义的多维向度

表现在只是使工厂工人联合起来，列宁批判地指出，"联合作用"是"由资本主义和整个劳动社会化的发展，整个无产阶级的形成来执行的，工厂工人对无产阶级来说，只是起着先进队伍即先锋队的作用"，而"把资本主义的'联合作用'归结为工厂工人的数目"这一做法，"是把马克思的思想缩小到不堪设想的地步"。①

其二，基于俄国改革的历史实践对"另寻道路"进行分析批判。1911年，列宁在农民改革五十周年时所著的《关于纪念日》一文中，针对自由民粹主义者把改革看作俄国非资本主义演进的保证的观点，在回顾改革的历史实践的基础上，进行了细致分析和批判。为了"为祖国寻找另外的"非资本主义道路，沃龙佐夫和丹尼尔逊等自由民粹主义者把1861年改革称为同资本主义相敌对的东西，在他们看来，"2月19日的法令使生产资料分配给生产者合法化"，这种农民连带土地的解放，是非资本主义的原则，认为这是不同于资本主义生产的"人民生产"，是非资本主义的道路。他们认为，农民不带土地的解放是资本主义的原则，还把马克思的学说当作其理论根据，即资本主义生产方式的基本条件是劳动者与生产资料相分离。于

---

① 中共中央马克思恩格斯列宁斯大林著作编译局编译：《列宁全集》第二版增订版(第一卷)，北京：人民出版社，2013年版，第280页。

是他们把农民获得份地看作是非资本主义的,把2月19日的法令看作"是俄国非资本主义演进的保证"①。列宁认为,这是民粹派的误读,法令是资产阶级生产方式替代农奴制生产方式过程中的一个插曲,除此之外,法令没有任何其他因素,同时,这是丹尼尔逊的自由民粹主义理论、司徒卢威及其同伙的自由派资产阶级理论在所谓的"'几乎'完全承认马克思""'进一步批判地发展'马克思主义的幌子下来发展自己的观点"。②事实上,大部分农民无法缴纳高额的份地赎金,要么被迫出卖份地成为农村无产者,要么以工役形式继续受农奴制的压迫。列宁还指出,民粹派至少从1861年起就一直鼓吹俄国发展的非资本主义道路,但"历史完全驳斥了他们的这种错误","俄国正沿着资本主义的道路发展,并且不可能有另一条发展道路"。③

---

① 中共中央马克思恩格斯列宁斯大林著作编译局编译:《列宁全集》第二版增订版(第二十卷),北京:人民出版社,2017年版,第163页。
② 中共中央马克思恩格斯列宁斯大林著作编译局编译:《列宁全集》第二版增订版(第二十卷),北京:人民出版社,2017年版,第164页。
③ 中共中央马克思恩格斯列宁斯大林著作编译局编译:《列宁全集》第二版增订版(第二十卷),北京:人民出版社,2017年版,第169—170页。

三、批判自由民粹主义道路目标的空想性

俄国民粹主义所有派别发展道路的目标指向皆为"社会主义"。他们的这一目标根源于俄国村社思想,它萌芽于19世纪中期,以民粹主义的创始人赫尔岑为开端,试图创建一种以村社为基石的农民社会主义。民粹主义者把由来已久的村社制度看成是"社会主义的萌芽",他们所追求的社会正义与社会平等寓于村社之中,"社会公正的基础已经以俄罗斯农民公社的形式——存在于米尔当中"。① 他们认为,俄国只要消灭沙皇专制制度和农奴制,就可能实现社会主义理想。村社在俄国有着悠久的历史,是俄国农村的基本社会结构,自基辅罗斯到20世纪20年代,存在了一千多年。"所谓农民公社,俄语obshchina,是一种集体单位的组织,又名mir。mir是一种自由的农民组合,定期重新分配农地,其决议对全体成员有约束力。"② 1861年改革后,俄国发展道路问题一定程度上可以理解为如何对待村社问题,民粹派坚信这种合作形式能够帮助俄国造就一种自由民主的制度,他们认为这是俄国最深层次的道德和传统价值,把村社和农民自治美化成一条有别于其他地区

---

① В. Д. Жукоцкий,Ф. П. Фурман,"Народничество русской интеллигенции и культуры",Философия и общество,№3,2004,С. 158.

② 以赛亚·伯林著,彭淮栋译:《俄国思想家》,南京:译林出版社,2001年版,第252—253页。

的通往社会主义的"特色道路"。早期的民粹派热衷于农民运动,在他们看来,"农民运动就是真正的和直接的社会主义运动","民粹派对农民村社的迷信以及民粹派的无政府主义,完全说明了他们得出这些结论的必然性"。①

自由主义民粹派延续民粹派对村社的传统认知,坚持道德至上的理想化村社,幻想以村社为基石实现村社社会主义。他们企图证明俄国的村社是稳固的,是俄国向社会主义发展的特殊道路的保证;企图通过保存村社"把资本主义新剥削者'一并'消灭掉"②。"自由主义民粹派书刊至今还在——虽然是用悲调——歌颂这一切"③,他们赞美人民,赞美村社,赞美村社内各阶层相互帮助、谦让和同心协力的活动,赞美以农民为中心的村社劳动组合。他们庆幸自己"晚于其他民族走上进步道路","仍保留着诸如集体劳动精神和村社这类全人类普遍的性格特点及其组织形式"。④ 即便后来丹尼尔逊看到了村社的衰

---

① 中共中央马克思恩格斯列宁斯大林著作编译局编译:《列宁全集》第二版增订版(第十二卷),北京:人民出版社,2017年版,第39页。

② 中共中央马克思恩格斯列宁斯大林著作编译局编译:《列宁全集》第二版增订版(第二十二卷),北京:人民出版社,2017年版,第133页。

③ 中共中央马克思恩格斯列宁斯大林著作编译局编译:《列宁全集》第二版增订版(第一卷),北京:人民出版社,2013年版,第323页。

④ 瓦·巴·沃龙佐夫:《俄国资本主义的命运》,载中共中央马克思恩格斯列宁斯大林著作编译局国际共运史研究室编译:《俄国民粹派文选》,北京:人民出版社,1983年版,第699页。

第三章 批判架构：列宁批判俄国自由民粹主义的多维向度

落，也依旧怀有憧憬地说道："我国过去的历史留给我们的遗产是村社，在资本主义及其造成的生产条件和流通条件以及工业和农业分离的压力下，村社不能保证自己成员的生活资料。因此在现存的条件下它受到了必然灭亡的威胁。但是与此同时，村社的农业是未来的经济大厦赖以建立的那种生产的基本物质条件之一。"①

在俄国村社和发展道路这个问题上，马克思恩格斯都保持审慎的态度。他们在一系列文章和信件中阐释自己的观点和看法，为后来的马克思主义者在理论上奠定了基础。他们"断言俄国的'农村公社'面临瓦解的风险"，对以村社为基础实现社会主义持怀疑态度。② 米海洛夫斯基与同时代人崇敬法国社会主义运动"权威"，无意中接受了蒲鲁东的社会主义理论而与马克思主义分道扬镳，认为社会主义最终诉求基于主观选择和道德说教而不是客观必然和物质基础。③

虽然普列汉诺夫是最早批判俄国自由民粹主义"社会主

---

① 尼·弗·丹尼尔逊：《我国改革后的社会经济概论》，载中共中央马克思恩格斯列宁斯大林著作编译局国际共运史研究室编译：《俄国民粹派文选》，北京：人民出版社，1983年版，第811页。

② 俞良早：《马克思主义东方学》，北京：人民出版社，2011年版，第17页。

③ James H. Billington, *Mikhailovsky and Russian Populism*, London: Oxford at the Clarendon Press, 1958, p. 65.

义"目标的人,但列宁运用大量数据资料和事实材料,遵循马克思主义唯物史观,彻底完成了批判任务。列宁在《农民生活中的新经济变动》《什么是"人民之友"?》《俄国资本主义的发展》等著作中对自由民粹主义这一错误观点进行了彻底批判。在列宁看来,他们的"社会主义"是矛盾的、堕落的,是不可能实现的,并在批判中阐发了科学社会主义。列宁在1905年《小资产阶级社会主义和无产阶级社会主义》一文中总结性地指出:"最近25年来的全部俄国革命思想史,就是马克思主义同小资产阶级民粹派社会主义作斗争的历史。"[①] 可见,列宁把自由民粹主义的社会主义目标称为"小资产阶级民粹派社会主义"。不同时期的列宁著作对民粹派发展道路的社会主义目标使用过不同称谓,如"村社社会主义""农民社会主义""冒牌的社会主义""小市民社会主义"等。"在俄国,直到现在还没有实现用资产阶级民主的办法解决农民问题。小资产阶级民粹主义披上'社会主义'的外衣,这又有什么可奇怪的呢?在所有资本主义国家中,俄国是小市民最多的国家。"[②]

首先,列宁批判了自由民粹主义目标基石——村社经

[①] 中共中央马克思恩格斯列宁斯大林著作编译局编译:《列宁全集》第二版增订版(第十二卷),北京:人民出版社,2017年版,第38页。

[②] 中共中央马克思恩格斯列宁斯大林著作编译局编译:《列宁全集》第二版增订版(第二十五卷),北京:人民出版社,2017年版,第126页。

济——稳固的错误论调。民粹主义把农民看作是俄国未来的希望，把以村社为基石的"社会主义"作为目标。在革命民粹主义时期，这一目标的革命性有其进步性，但转向自由民粹主义后，这些进步性逐步消耗殆尽。村社经济作为农民社会主义的根基，民粹派认为它具有天然的社会主义、共产主义特质。他们不愿意承认农民分化对村社造成冲击的现实，认为农民经济的"悬殊"并不会对村社经济根基产生影响。后来，米海洛夫斯基不再否认农村的分化，他认为，"一切诚实的研究家还一致认为农村在分裂，一方面分化出无产阶级大众，一方面分化出一小群把其余居民踩在自己脚下的'盘剥者'"①。尽管米海洛夫斯基看到了农村在分裂，但由于自身的阶级局限，"又不愿看见一切生产关系的资产阶级性质，不愿看见在这个制度下的阶级斗争的必然性"②。

对此，列宁指出，农村的分裂已经完成了，不仅如此，俄国旧的农民社会主义也随着分裂发生了深刻变化，"一方面让位给工人社会主义，一方面却堕落为庸俗的小市民激进主

---

① 岑鼎山：《列宁研究》（第三辑），北京：中共中央编译局（内部资料），1994年版，第170页。
② 中共中央马克思恩格斯列宁斯大林著作编译局编译：《列宁全集》第二版增订版（第一卷），北京：人民出版社，2013年版，第229页。

义"①。这种分化已经充分表明作为村社社会主义根基的村社经济已发生动摇。他还在《论市场问题》一文中，选取具有代表性的塔夫利达省第聂伯罗夫斯克县、新乌津斯克县、卡梅申县三个县村社的数据进行分析，得出村社实际上已经发生分化的结论。"在我国种地的村社农民中所发生的并不是一般的贫穷化和破产的过程，而是分化为资产阶级和无产阶级的过程。"②

其次，列宁批判了自由主义民粹派堕落和空想的"小资产阶级民粹派社会主义"目标。列宁认为，自由主义民粹派已经失去了村社的理想传统，成为"一钱不值的机会主义"，俄国第一批社会主义者相信俄国村社制度和生活方式的特殊性，以及农民社会主义革命的可能性，但自由主义民粹派根本没有了这种目标信仰，村社中的利他主义情感也消失殆尽。在列宁看来，进入19世纪90年代，以米海洛夫斯基为代表的俄国农民社会主义发生了让人吃惊的变化，那个曾经同"高头大额的自由派"作斗争，并幻想进行农民革命的俄国农民社会主义"已经完全变质了，产生了庸俗的小市民的自由主义"。③ 显然，列

---

① 中共中央马克思恩格斯列宁斯大林著作编译局编译：《列宁全集》第二版增订版（第一卷），北京：人民出版社，2013年版，第229页。

② 中共中央马克思恩格斯列宁斯大林著作编译局编译：《列宁全集》第二版增订版（第一卷），北京：人民出版社，2013年版，第90页。

③ 中共中央马克思恩格斯列宁斯大林著作编译局编译：《列宁全集》第二版增订版（第一卷），北京：人民出版社，2013年版，第151页。

宁这里所说的变质，就是指民粹主义的革命性丧失。列宁指出，堕落的自由民粹主义者"把关于农民生活的特殊方式、把关于我国十分独特的发展道路的学说"演变为无力的折中主义，他们已经不再否认商品经济和资本主义的存在，但又不愿意看见这种制度下的阶级斗争，从而把"发动农民进行反对现代社会基础的社会主义革命"的目标，转变为"在保存现代社会基础的条件下去补缀和'改善'农民状况"的目标。① 自由主义民粹派所主张的保存现代社会基础、拥护村社和份地的"社会主义"，完全不是什么社会主义，真正的社会主义是完全消灭这种剥削。这也充分说明在民粹主义转向的背景下，自由民粹主义的"社会主义"已经丧失掉了它的革命性，成为仅仅代表小资产阶级利益的堕落的目标。对此，列宁还告诫大家，社会主义者应该坚决彻底地同这一思想决裂，因为这种思想已经彻底衰竭和堕落。

米海洛夫斯基作为自由民粹主义最著名的理论家和代表人物，在这一问题上，他同先辈们的主张一样，认为把土地无偿地交给农民，是一种"社会主义的"措施，因此他认为自己就是"社会主义者"了。显然，"这是一个极其错误的看法，马

---

① 中共中央马克思恩格斯列宁斯大林著作编译局编译：《列宁全集》第二版增订版(第一卷)，北京：人民出版社，2013年版，第230页。

克思和所有文明国家的经验都充分揭露了这一点"①。西欧的历史经验表明，米海洛夫斯基的这一观点是完全错误的，在工人运动诞生以前，各种自称的社会主义者企图在农奴制和封建制彻底瓦解前，通过把土地无偿交给农民，来实现社会主义。这只是一种促进资本主义发展的措施，这些理论反映和拥护的是小资产阶级利益，没有半点社会主义的东西，"这里丝毫没有社会主义气味"②。1914年，列宁在米海洛夫斯基去世十周年之际写的《民粹主义和雇佣工人阶级》一文中再次强调："这种理论是小市民的空想社会主义理论，也就是小资产阶级知识分子的幻想，他们不是从雇佣工人同资产阶级的阶级斗争中去寻求摆脱资本主义的出路，而是通过向'全体人民'，向'社会'，也就是向资产阶级本身呼吁，去寻求摆脱资本主义的出路。"③

最后，在批判自由民粹主义道路目标空想性中提出了科学社会主义。列宁在《什么是"人民之友"？》一文中指出，农民社会主义让位于工人社会主义，把社会民主党人的工人社会

---

① 中共中央马克思恩格斯列宁斯大林著作编译局编译：《列宁全集》第二版增订版（第二十四卷），北京：人民出版社，2017年版，第364页。
② 中共中央马克思恩格斯列宁斯大林著作编译局编译：《列宁全集》第二版增订版（第一卷），北京：人民出版社，2013年版，第252页。
③ 中共中央马克思恩格斯列宁斯大林著作编译局编译：《列宁全集》第二版增订版（第二十四卷），北京：人民出版社，2017年版，第350页。

主义与民粹主义的农民社会主义对立起来，强调"必须同小市民的社会主义思想决裂。我们分析过的这种小资产阶级理论无条件是反动的，因为它是作为社会主义理论而出现的"①。自由民粹主义的"社会主义"，按照马克思主义关于社会主义的基本原理，在《共产党宣言》中作为"农民的社会主义"被纳入反动的社会主义之中，也就是封建的、小资产阶级的社会主义范畴。它们与科学社会主义在创建前提、阶级立场和哲学基础上是完全不同的：科学社会主义是建立在大工业生产的现实前提下，其他的社会主义学说则建立在前工业基础或者不发达工业基础上；科学社会主义代表的是无产阶级利益，其他社会主义学说代表的是小资产阶级或封建地主阶级的利益，或宣传代表全人类利益；科学社会主义的哲学基础是唯物史观，其他社会主义学说常常与历史唯心主义或者机械唯物主义密切联系。总之，这是"两种根本对立的社会主义观"②。列宁在《俄国社会民主党人的任务》一文中进一步认为，社会民主党人把工人作为自己的全部力量，把科学社会主义作为自己的实践指南，让"俄国一切社会主义者都应该成为社会民主党人"，

---

① 中共中央马克思恩格斯列宁斯大林著作编译局编译：《列宁全集》第二版增订版（第一卷），北京：人民出版社，2013年版，第252页。

② 何萍：《从列宁对民粹派的批判看列宁的东方社会理论》，载《马克思主义哲学研究》，2001年创刊号，第70页。

因为"俄国社会民主党人深信,现在只有科学社会主义和阶级斗争的学说,才是革命理论,才能作为革命运动的旗帜,他们将用全力来传播这个学说,使它不受曲解,反对任何想把还年轻的俄国工人运动同那些不确定的学说联系起来的行为"。①

第二节 列宁对俄国自由民粹主义经济学思想的批判

自由民粹主义经济学思想是列宁批判的重点领域和核心问题,也是批判的关键所在。自由主义民粹派在发展道路上拒斥资本主义,认为资本主义在俄国不合时宜,归根结底是经济问题,究其本质是为了维护其代表的小资产阶级的利益。依据马克思主义基本原理,可以说,完成对自由民粹主义批判任务的关键在于对其进行政治经济学批判。列宁在谈到对俄国经济制度的研究时强调,要把马克思的理论应用到俄国,要"利用已经创造出来的唯物主义方法和理论政治经济学方法,来研究俄国生产关系及其演进情形"②。列宁以马克思主义者的身份登上政治舞台,现存第一篇文献——《农民生活中新的经济变

---

① 中共中央马克思恩格斯列宁斯大林著作编译局编译:《列宁全集》第二版增订版(第二卷),北京:人民出版社,2013年版,第434页。
② 中共中央马克思恩格斯列宁斯大林著作编译局编译:《列宁全集》第二版增订版(第一卷),北京:人民出版社,2013年版,第232页。

动》——是以马克思主义政治经济学范式对自由民粹主义进行批判的。

1861年改革后,俄国政治经济发生了深刻变化,资本主义经济迅速发展,但革命民粹派及自由主义民粹派都不愿看到这一状况,否认资本主义经济存在,试图以此来维护他们的村社社会主义理想。对此,列宁把马克思主义政治经济学原理与俄国具体实际相结合,进行了深入的系统性批判。列宁不仅批判自由民粹主义对资本主义经济的否定,以及对村社"人民经济"的维护,还深入挖掘和批判了他们这一观点的"浪漫主义"根源,从而有效地驳斥了自由民粹主义经济学思想的错误论调。

一、批判"市场不足"论调,理清俄国市场问题

市场问题是列宁批判自由民粹主义经济学思想的关键,也是他与自由主义民粹派争论的焦点。在自由主义民粹派看来,人民大众日益贫穷,消费能力严重受限,市场存在完全关闭的趋势,因此得出资本主义在俄国没有根基的论断。这个问题最早由自由民粹主义代表人物沃龙佐夫和丹尼尔逊提出。沃龙佐夫在1882年撰写的《俄国资本主义的命运》一书中就谈到了俄国的资本主义市场问题,认为俄国存在不胜枚举的矛盾现

象，各种因素相互交织，破坏与建设并存，未来发展方向尚未明了，"众所周知，关于俄国资本主义的意义问题，至今还没有解决"①。自由主义民粹派认为，尽管俄国建成并经营着两万俄里铁路，颇为明显地证明了俄国资本主义的发展，但"这一切大都是资本主义的儿戏，并非真正资本主义关系的表现"②。具体原因如下：

其一，俄国不存在资本主义市场发展的土壤。自由主义民粹派从否认资本主义存在的前提出发，得出了限制俄国资本主义市场发展的两方面条件。一方面，俄国早已固定的国内市场划定了资本主义自由翱翔的范围，俄国不具备资本主义市场拓展的条件，俄国的大生产不是靠拓宽市场和增加工人，而是靠使用新机器来提高工人的劳动生产率；另一方面，气候、交通等条件都不足以支撑俄国发展资本主义。沃龙佐夫认为，"俄国的气候条件本身不利于资本主义的工业体制在我国生根"③。

---

① 瓦·巴·沃龙佐夫：《俄国资本主义的命运》，载中共中央马克思恩格斯列宁斯大林著作编译局国际共运史研究室编译：《俄国民粹派文选》，北京：人民出版社，1983年版，第652页。

② 瓦·巴·沃龙佐夫：《俄国资本主义的命运》，载中共中央马克思恩格斯列宁斯大林著作编译局国际共运史研究室编译：《俄国民粹派文选》，北京：人民出版社，1983年版，第653页。

③ 瓦·巴·沃龙佐夫：《俄国资本主义的命运》，载中共中央马克思恩格斯列宁斯大林著作编译局国际共运史研究室编译：《俄国民粹派文选》，北京：人民出版社，1983年版，第658页。

恶劣的气候条件使得俄国的生产成本很高；幅员辽阔但交通不便，使得原料和其他物品的运输成本毫无价格优势可言。因此，他们得出结论：俄国的情形与西方不同，资本主义作为经济生活的原则恐怕只能是幻想。

其二，资本主义发展加剧农民的贫困和外逃，造成市场的萎缩。沃龙佐夫认为，俄国的劳动社会化程度低，只有五分之一至十分之一的人口能够被资本雇佣和拥有购买资金，而"人民大众的贫穷化"和"小生产者的破产"所产生的大量劳动力都不能被雇佣，只能被迫离乡外逃，"每一无地农民离乡外逃都会减少对它的产品的需求"。① 产品需求减少，充分消费就难以实现。换言之，俄国资本只能使小部分工人的劳动社会化，难以完成广泛社会化的特殊使命，从而造成"小工业的相对衰落和大工业的绝对衰落"②，最终导致资本主义生产的停滞。丹尼尔逊也持有相同的观点，他在分析俄国资本主义发展的著作《我国改革后的社会经济概论》中指出，俄国的市场日益狭小，"与手工业的资本化和农业人口劳动时间的闲置的同时，农业

---

① 瓦·巴·沃龙佐夫:《俄国资本主义的命运》,载中共中央马克思恩格斯列宁斯大林著作编译局国际共运史研究室编译:《俄国民粹派文选》,北京：人民出版社,1983年版,第656页。
② 瓦·巴·沃龙佐夫:《俄国资本主义的命运》,载中共中央马克思恩格斯列宁斯大林著作编译局国际共运史研究室编译:《俄国民粹派文选》,北京：人民出版社,1983年版,第699页。

人口的购买力也降低了，因而资本主义生产所需要的国内市场也狭小了"①。

其三，缺少国外市场，剩余价值难以实现。这是自由主义民粹派的普遍看法，丹尼尔逊的《我国改革后的社会经济概论》、沃龙佐夫的《理论经济学概论》《市场的商品供应过剩》等著作中的相关论述十分丰富。在他们看来，每个资本主义国家的产品远远超过所有工业人口对该产品的需要，这些产品并不是为了满足居民的真正需要，而是用来满足支付者的需要，因此不能仅仅局限在本地需要的范围里，否则资本家产品的价值就不能实现，难以取得剩余价值，而"摆脱这种困难的出路在于国外扩大市场，就在于取得国外市场"②。在俄国，这种困难更为突出，国内市场由于农民破产不能实现剩余价值而日益萎缩；国外市场由于俄国登上资本主义舞台的时间晚，"它们早已被全部占领了"③。如是，他们先验地"宣布俄国资本主

---

① 尼·弗·丹尼尔逊：《我国改革后的社会经济概论》，载中共中央马克思恩格斯列宁斯大林著作编译局国际共运史研究室编译：《俄国民粹派文选》，北京：人民出版社，1983年版，第768页。
② 尼·弗·丹尼尔逊：《我国改革后的社会经济概论》，载中共中央马克思恩格斯列宁斯大林著作编译局国际共运史研究室编译：《俄国民粹派文选》，北京：人民出版社，1983年版，第770页。
③ 尼·弗·丹尼尔逊：《我国改革后的社会经济概论》，载中共中央马克思恩格斯列宁斯大林著作编译局国际共运史研究室编译：《俄国民粹派文选》，北京：人民出版社，1983年版，第808页。

第三章 批判架构：列宁批判俄国自由民粹主义的多维向度

义没有根基和没有生命力已经得到了证明"①。

针对自由民粹主义者的上述观点，列宁认为，俄国经济社会的事实与之完全相反。列宁以十分严谨的态度对待自由民粹主义者的观点，不仅对民粹派的经济理论进行系统研究，还系统地考察了俄国的市场问题，认为"对俄国资本主义全部发展过程整个地加以考察并试作一番描述，是必要的"②。

首先，系统地研究自由民粹主义经济学著作。早在1889年5月，列宁迁居萨马拉后，很快成长为一名马克思主义者，同时意识到民粹主义思想的危害性。为了批判流行的民粹主义，他认真研读了自由主义民粹派思想家沃龙佐夫的《俄国资本主义的命运》、丹尼尔逊的《俄国的经济发展》和《俄国改革后的社会经济概况》，以及赞同自由民粹主义观点的经济学家卡雷舍夫的《农民非份地的租细》等著作，对自由民粹主义有了全面深入的认识。此外，在萨马拉图书馆保存的列宁借书证记录发现，列宁常借阅《俄国财富》《欧洲通报》等民粹主义报刊。与此同时，他开始对俄国农村的经济情况进行系统研究，还在萨马拉革命小组作了一系列报告。值得一提的是，列

---

① 中共中央马克思恩格斯列宁斯大林著作编译局编译：《列宁全集》第二版增订版（第三卷），北京：人民出版社，2013年版，第23页。

② 中共中央马克思恩格斯列宁斯大林著作编译局编译：《列宁全集》第二版增订版（第三卷），北京：人民出版社，2013年版，第5页。

宁曾专门就沃龙佐夫的《俄国资本主义的命运》一书撰写了《瓦·沃著作中民粹主义的论证》一文，并进行公开宣读，批判他们思想的谬论，但遗憾的是，这些报告和论文手稿均已丢失。①

其次，针对市场不足的论调进行批判。关于俄国市场问题，列宁专门撰写《论所谓市场问题》《农民生活中新的经济变动》《俄国资本主义的发展》等著作进行阐释，回击自由民粹主义把"没有市场"作为否认马克思的理论适用于俄国的主要论据。他指出："市场不过是商品经济中社会分工的表现，因而它也和分工一样能够无止境地发展。"②列宁依据马克思《资本论》政治经济学原理得出结论："哪里有社会分工和商品生产，那里就有'市场'；社会分工和商品生产发展到什么程度，'市场'就发展到什么程度。市场量和社会劳动专业化的程度有不可分割的联系。"③分工是自然形成的，在资本主义社会里，市场的发展由社会劳动分工的不断深化和专业化决定，而这种专业化是永无止境的。

---

① 黄楠森、曾盛林：《列宁传》，郑州：河南人民出版社，1989年版，第44页。

② 中共中央马克思恩格斯列宁斯大林著作编译局编译：《列宁全集》第二版增订版(第一卷)，北京：人民出版社，2013年版，第81页。

③ 中共中央马克思恩格斯列宁斯大林著作编译局编译：《列宁全集》第二版增订版(第一卷)，北京：人民出版社，2013年版，第79页。

第三章 批判架构：列宁批判俄国自由民粹主义的多维向度

在国内市场方面，针对自由主义民粹派提出的"人民大众的贫穷化"和"小生产者的破产"是造成市场萎靡、阻碍资本主义发展的因素的观点，列宁认为，实际情况正好相反，这些不仅不是阻碍资本主义发展的因素，反而是其发展的重要条件。一方面，资本主义发展离不开雇佣劳动。另一方面，贫困化的人民大众丧失的生产资料集中在少数人手中，变成了资本。自由劳动力是资本主义发展的前提条件，变穷了的农民，必须要靠出卖劳动力赚取"外水"来维持生计，因而不得不购买生活消费品。贫困化使得农民和小生产者与生产资料脱离，为资本家开展生产活动提供了劳动力，也就是资本主义企业所必需的"自由工人"。在列宁看来，这种分离标志着简单商品生产向资本主义生产的过渡，标志着国内市场的建立。列宁还指出，沃龙佐夫和丹尼尔逊等自由民粹主义者的国内市场理论忽视了"人口离开农业到工业中去，以及这一事实对农业的影响"①。列宁结合俄国实际，通过对《莫斯科省统计资料汇编》中关于农村生活水平特别是消费状况的资料作进一步分析得出，"用于食物的货币支出，无论就其绝对量或相对量来说，

---

① 中共中央马克思恩格斯列宁斯大林著作编译局编译：《列宁全集》第二版增订版（第三卷），北京：人民出版社，2013年版，第21页。

最多的总是两极的两类农户，即农村无产者和农村资产阶级"①。

列宁根据表3-1中的统计数据分析得出，家庭货币收支差距很大，俄国农村正在分化，资本主义国内市场正是在这样的分化中产生的——"农民变为农村无产阶级，建立了以消费品为主的市场，而农民变为农村资产阶级，则建立了以生产资料为主的市场。"②实际上，从这些统计资料中也可以得出，农民依赖市场，"所有各类农民的经济在很大程度上已经变成了商业性经济"，在任何地方，收支的货币额都不低于40%，就是连货币经济较不发达的中部黑土地带的农民，没有买卖也绝对不能生存。③列宁还引用马克思《资本论》中的观点——"农民愈破产，他们就愈加不得不出卖自己的劳动力，他们就愈加必须在市场上购买自己的（即使是极有限的）生活资料的更大一部分"④——来批判自由主义民粹派从农民破产中作出的市

---

① 中共中央马克思恩格斯列宁斯大林著作编译局编译:《列宁全集》第二版增订版(第三卷)，北京:人民出版社，2013年版，第138页。
② 中共中央马克思恩格斯列宁斯大林著作编译局编译:《列宁全集》第二版增订版(第三卷)，北京:人民出版社，2013年版，第139页。
③ 中共中央马克思恩格斯列宁斯大林著作编译局编译:《列宁全集》第二版增订版(第三卷)，北京:人民出版社，2013年版，第129—130页。
④ 中共中央马克思恩格斯列宁斯大林著作编译局编译:《列宁全集》第二版增订版(第三卷)，北京:人民出版社，2013年版，第22页。

场缩小的论断，认为农民和小生产者破产这一情况反映的是国内市场的建立，而不是缩小。

表 3-1　科罗托亚克县第 14 号农村家庭收支表　　（单位：卢布,%)

家庭类型	货币收入	货币支出	占总收入比重	占总支出比重	饮食支出	饮食支出所占比重
一类（无马户）	64.57	62.29	57.10	54.60	60.98	55.89
二类（有1匹马）	73.75	80.99	46.47	41.40	80.98	46.47
三类（有2匹马）	196.72	165.22	43.57	45.70	181.11	47.77
四类（有3匹马）	318.85	262.23	41.47	42.30	283.65	44.86
五类（有4匹马）	398.48	439.86	46.93	40.80	373.81	39.88
六类（有5匹马以上）	1047.26	959.20	60.18	59.20	447.83	28.10

资料来源：中共中央马克思恩格斯列宁斯大林著作编译局编译：《列宁全集》第二版增订版（第三卷），北京：人民出版社，2013 年版，第 125、126、129 页。

在国外市场方面，自由主义民粹派认为，资本主义国家必须要有国外市场，"获得国外市场是摆脱实现额外价值①的困难的出路"。他们用国外市场来说明额外价值的实现，试图用这

---

① 额外价值，即剩余价值。列宁在 19 世纪 90 年代的著作中，常常把额外价值与剩余价值并用，后来就只用剩余价值一词。

些错误"理论"来支吾搪塞国内市场发展。在列宁看来，自由主义民粹派完全不理解马克思的《资本论》，对资本主义的产生、发展和灭亡规律认识不清，他们引入国外市场只会把问题搅乱。列宁认为，"资本主义国家必须有国外市场，决不取决于社会产品（特别是额外价值）的实现规律"，而是商品流通的结果。① 列宁还进一步指出，资本主义寻求国外市场是发展的自然趋势，表明了它的进步历史作用，破坏旧时经济体系的孤立和闭关状态，把世界所有国家联结成统一的经济整体。此外，列宁在1898年撰写的《市场理论问题述评》一文中，赞同杜冈-巴拉诺夫斯基和布尔加柯夫对自由民粹主义者关于市场理论问题的观点，即"产品的实现，特别是额外价值的现实，即使不把外国市场考虑进去，也是完全可以理解的"②。但在列宁看来，杜冈-巴拉诺夫斯基和布尔加柯夫对这个问题的解答毫无疑问是从马克思那里"因袭来的"③。马克思在《资本论》（第二卷）的《社会总资本的再生产和流通》中明确指出，在正常的再生产规模已定的情况下，已经能够说明清楚情

---

① 中共中央马克思恩格斯列宁斯大林著作编译局编译：《列宁全集》第二版增订版（第三卷），北京：人民出版社，2013年版，第49页。
② 中共中央马克思恩格斯列宁斯大林著作编译局编译：《列宁全集》第二版增订版（第四卷），北京：人民出版社，2013年版，第40页。
③ 中共中央马克思恩格斯列宁斯大林著作编译局编译：《列宁全集》第二版增订版（第四卷），北京：人民出版社，2013年版，第41页。

第三章　批判架构：列宁批判俄国自由民粹主义的多维向度

况，而"把对外贸易引进来，只能把问题搅乱"①。

与此同时，列宁详细阐释并依据马克思主义政治经济学原理，解答了国内市场能够实现产品额外价值的原理。在列宁看来，分析资本主义产品额外价值的实现问题，必须要清楚两个原理，第一个原理是资本主义产品的三个组成部分：不变资本（c）、可变资本（v）和额外价值（m）；第二个原理是资本主义生产的两大部类：第Ⅰ部类是生产资料的生产，第Ⅱ部类是消费品的生产。"简单再生产的条件，就是第Ⅰ部类的可变资本加额外价值等于第Ⅱ部类的不变资本：Ⅰ(v+m) = Ⅱc。换句话说，这个规律可表述为：全年新生产出来的价值总额（两部类的），应等于以消费资料形式存在的产品的总价值。"② 简单再生产在资本主义的现实生活中是不存在的，扩大再生产——不变资本比可变资本增长得快——是资本主义生产的一般规律。制造生产资料的部类应该比制造消费品的部类增长得快，产品额外价值的实现和国外市场不存在必然联系，生产资料的增长才意味着需要市场扩大。正如列宁所言："资本主义国内市场的扩大，在某种程度上并'不依赖'个人消费的增

---

① 中共中央马克思恩格斯列宁斯大林著作编译局编：《马克思恩格斯文集》(第六卷)，北京：人民出版社，2009年版，第528页。
② 中共中央马克思恩格斯列宁斯大林著作编译局编：《列宁全集》第二版增订版(第一卷)，北京：人民出版社，2013年版，第60页。

长,而更多地靠生产消费。"①列宁还补充说明,"不依赖"并不意味着生产消费完全脱离个人消费,生产消费最终总是同个人消费相关联的。②

最后,分析自由民粹主义产生市场不足这一错误认知的缘由。列宁进一步揭示了自由民粹主义者忧虑市场问题的根源。在列宁看来,这种市场不足的哀号,是俄国资本家骗人的伎俩,他们借此把自己的利益与"国家"利益画上等号,想要借助政治力量和军事力量走上实行对外侵略的殖民道路,实际上,"只有具备漫无涯际的民粹派的空想和稚气,才能把关于市场的哀号当作我国资本主义'无力'的证明!"③列宁认为,丹尼尔逊不对俄国农业资本主义的具体资料进行分析,就断言国内市场"缩小",这是十分可笑的,他的错误在于"没有把任何一个资本主义范畴"用于对俄国农业资料的分析,资产阶级和无产阶级这两个资本主义的重要范畴也没有"搬到"农民身上,即"没有分析这两个范畴适用于农民的哪些类别或哪些等级,这两个范畴发展到了怎样的程度",忽视"村社内部的

---

① 中共中央马克思恩格斯列宁斯大林著作编译局编译:《列宁全集》第二版增订版(第三卷),北京:人民出版社,2013年版,第36页。
② 中共中央马克思恩格斯列宁斯大林著作编译局编译:《列宁全集》第二版增订版(第一卷),北京:人民出版社,2013年版,第36页。
③ 中共中央马克思恩格斯列宁斯大林著作编译局编译:《列宁全集》第二版增订版(第一卷),北京:人民出版社,2013年版,第81页。

对立成分","泛谈一般农民"。①

针对自由主义民粹派把国外市场扯来说明额外价值的实现,列宁认为,国外市场的需要,并不是归结于额外价值的实现,自由主义民粹派这样来谈根本没有说明什么问题,只是掩盖他们的理论错误,不过是抹杀国内市场发展的一种盾词,对阐明问题毫无帮助,"资本主义只是超出国家界限的广阔发展的商品流通的结果"②。

二、批判"否定资本主义生产",阐明实际经济状况

在对待资本主义的态度问题上,自由主义民粹派与革命民粹派总体上是一致的,即对资本主义生产持否定态度。在他们看来,凡是在工业规模和资本主义生产大发展的地方,资本都开始对工人进行残酷的剥削,因此俄国要千方百计地避免这一破坏性影响,抵制资本主义生产方式的滋长。

其一,否认资本主义生产在俄国的存在。自由主义民粹派认为俄国是不存在资本主义生产的。1882年7月,尤沙柯夫在其著作《俄国农业生产的形式》中指出,在大俄罗斯非黑土地

---

① 中共中央马克思恩格斯列宁斯大林著作编译局编译:《列宁全集》第二版增订版(第一卷),北京:人民出版社,2013年版,第448页。
② 中共中央马克思恩格斯列宁斯大林著作编译局编译:《列宁全集》第二版增订版(第三卷),北京:人民出版社,2013年版,第49页。

带三圃制地区的12个省中，"资本主义生产根本不存在。全部耕种面积完全靠人民经济的力量和手段来耕作"①。即使在典型黑土地带的博尔兹纳县，资本主义经营方式也是极少的。在地产超过100俄亩的户主中，以资本主义方式经营的占9.8%。② 在他看来，"资本主义生产的发展需要有三个条件：脱离劳动的资本，没有自己产业的工人，有经验和有知识的领导者——业主。这些条件是否具备呢？有知识和有经验的专家、农业主在俄国并不存在"③。沃龙佐夫也持相似观点："俄国不存在发展资本主义生产的最起码的条件，因为资本主义生产必不可少的要求是能够经常地将大量的产品和工人从国内的这一端运往另一端，既快速又价廉。"④

与此同时，《星期周报》的"一些政论家注意到，所谓的

---

① 谢·尼·尤沙柯夫：《俄国农业生产的形式》，载中共中央马克思恩格斯列宁斯大林著作编译局国际共运史研究室编译：《俄国民粹派文选》，北京：人民出版社，1983年版，第620页。

② 谢·尼·尤沙柯夫：《俄国农业生产的形式》，载中共中央马克思恩格斯列宁斯大林著作编译局国际共运史研究室编译：《俄国民粹派文选》，北京：人民出版社，1983年版，第621页。

③ 谢·尼·尤沙柯夫：《俄国农业生产的形式》，载中共中央马克思恩格斯列宁斯大林著作编译局国际共运史研究室编译：《俄国民粹派文选》，北京：人民出版社，1983年版，第641页。

④ 瓦·巴·沃龙佐夫：《俄国资本主义的命运》，载中共中央马克思恩格斯列宁斯大林著作编译局国际共运史研究室编译：《俄国民粹派文选》，北京：人民出版社，1983年版，第659页。

第三章 批判架构:列宁批判俄国自由民粹主义的多维向度

资本主义生产的迹象开始出现在俄罗斯"①。沃龙佐夫在《俄国资本主义的命运》一书中指出,虽然劳动社会化方面表明俄国资本主义有发展的迹象,但这些都只是"表面现象","地主普遍抱怨缺乏诚实的好工人,这就证明农民确实在有意识地抵制资本主义生产方式的滋长","稍微有点办法的独立农民都会千方百计地避免成为雇农,当雇农的通常是道德堕落的破产的农民"。②在他们看来,农民为保存自己的独立性,逃避雇佣劳动,他们用租金来引诱土地占有者把一部分耕地租给他们,宁愿牺牲全部农业收入也要保持自己的独立经营,这也使得一般商业基础上的农业企业几乎不可能存在。他们还进一步指出:"尽管保护制占统治地位,尽管我国铁路系统、银行业务及其他促使资本主义生产顺利扩大的条件相当发达,资本主义生产正如我们所看到的那样却在缩减,而且可能是在绝对地缩减,这种缩减不仅表现在吸收工人数量方面,而且表现在资金

---

① Г. С. Лапшина, Газета 《Неделя》(1866 – 1901), МГУ имени М. В. Ломоносова, 2009, С. 149.

② 瓦·巴·沃龙佐夫:《俄国资本主义的命运》,载中共中央马克思恩格斯列宁斯大林著作编译局国际共运史研究室编译:《俄国民粹派文选》,北京:人民出版社,1983年版,第712页。

周转方面。"① 总之，在自由主义民粹派看来，资本主义生产的条件是不具备的，尽管百般努力、万般操心也不能拯救它的颓势，俄国资本主义的发展是"人为的""偶然的"。

其二，极力宣扬资本主义生产的破坏性。在俄国，自由主义民粹派先是以敌视态度极力否认俄国存在资本主义生产；接着站在小资产阶级立场，以"人民生产"对资本主义生产的破坏性进行责难。民粹派先驱"叛逆贵族"曾目睹西欧资本主义的"灾难性"，从此，资本主义生产"破坏论"这一"基因"一直伴随着各个不同时期的民粹派。在他们看来，"在所有地方，资本主义生产都在一定程度上使工人同生产条件分离，也就是使他们丧失土地，剥夺他们的生活资料和劳动工具，把这一切都集中到少数人的手里"②。

早期的民粹主义者叶利谢也夫在1868年评德国政治经济学家、历史学派代表人物赫·勒斯勒博士《论亚当·斯密》一书的《富豪制及其基础》一文中，对资本主义进行谴责，希望"预先防止新生的俄国社会走上资本主义生产的邪路"，避免俄

---

① 瓦·巴·沃龙佐夫：《俄国资本主义的命运》，载中共中央马克思恩格斯列宁斯大林著作编译局国际共运史研究室编译：《俄国民粹派文选》，北京：人民出版社，1983年版，第678页。

② 格·扎·叶利谢也夫：《富豪制及其基础》，载中共中央马克思恩格斯列宁斯大林著作编译局国际共运史研究室编译：《俄国民粹派文选》，北京：人民出版社，1983年版，第188页。

第三章 批判架构：列宁批判俄国自由民粹主义的多维向度

国遭受"正在折磨欧洲的灾难"。①此后，丹尼尔逊在《我国改革后的社会经济概论》中指出，资本主义是俄国的一切经济祸害，"资本主义生产越是得到发展，它越是把那些迄今还掌握在独立生产者手里的手工业更多地夺取到自己的手里，农民就越少有可能（虽然间或如此）完全满足自己的生活需要，整个生产就将越完全受到除了支付的消费以外便不知道有其他消费的资本主义的确定不移的规律的支配"②。

一方面，资本主义生产加剧农民贫困化。虽然沃龙佐夫对俄国存在资本主义生产并没有完全否认，但认为走上进步道路的西欧国家占领了国际市场，俄国资本主义生产的销路不足，"失去了对外销售的我国资本主义生产完全以国内消费者为转移，而作为国内消费者的俄国农民虽然需求有所增长，近来却急剧贫困化"③。总之，在他们看来，如果资本主义生产占统治地位，人们的生活状况难以改善，资本主义生产每进一步，小

---

① 格·扎·叶利谢也夫：《富豪制及其基础》，载中共中央马克思恩格斯列宁斯大林著作编译局国际共运史研究室编译：《俄国民粹派文选》，北京：人民出版社，1983年版，第207页。

② 尼·弗·丹尼尔逊：《我国改革后的社会经济概论》，载中共中央马克思恩格斯列宁斯大林著作编译局国际共运史研究室编译：《俄国民粹派文选》，北京：人民出版社，1983年版，第766页。

③ 瓦·巴·沃龙佐夫：《俄国资本主义的命运》，载中共中央马克思恩格斯列宁斯大林著作编译局国际共运史研究室编译：《俄国民粹派文选》，北京：人民出版社，1983年版，第656页。

手工业者破产，做工人数将随之减少，一部分人将失去赚钱机会，从而加剧人民的贫困化。

另一方面，资本主义生产摧毁俄国的整个经济生活，导致饥荒。具有民粹主义色彩的格·波·克拉辛的《市场问题》一书的理论图式和自由主义民粹派观点完全一致，认为"资本主义生产向广度的发展，即资本主义生产逐渐囊括现成的劳动领域，排挤自然经济，并靠牺牲自然经济来扩大自己"①。丹尼尔逊承认俄国存在资本主义生产，可是这种生产方式致使手工业被挤占、劳动力被闲置、直接生产者的生产资料被剥夺，土地变得越来越贫瘠，"千方百计力图促使根本摧毁我们的整个经济生活，其结果导致1891年的饥荒"②。

针对自由民粹主义关于资本主义生产的上述观点，列宁持完全不同的看法，认为这是他们"没有本领解释资本主义，耽于空想而不愿研究和弄清现实，结果必然否定资本主义的意义和力量"③。

---

① 中共中央马克思恩格斯列宁斯大林著作编译局编译：《列宁全集》第二版增订版(第一卷)，北京：人民出版社，2013年版，第69页。

② 尼·弗·丹尼尔逊：《我国改革后的社会经济概论》，载中共中央马克思恩格斯列宁斯大林著作编译局国际共运史研究室编译：《俄国民粹派文选》，北京：人民出版社版，1983年版，第792页。

③ 中共中央马克思恩格斯列宁斯大林著作编译局编译：《列宁全集》第二版增订版(第一卷)，北京：人民出版社，2013年版，第86页。

首先，列宁明确指出，"资本主义现时已经是俄国经济生活的基本背景"①。他运用马克思主义政治经济学原理对俄国经济社会进行分析，认为资本主义生产已经存在，实际情况是俄国农村形成了"资本"这样的一种新的力量，当然这种力量是自由民粹主义者永远不能领会的。在农业方面，列宁利用弗·波斯特尼柯夫的考察报告来侧面说明这一情况。报告指出，"富裕农民的经济受市场的支配已经达到这种程度，甚至40%的播种面积都用来生产供出卖的产品"②。富裕农民的这样一种以出售为前提的生产已经变成了商品生产，他们经营发达的商品经济，使用雇佣劳动，剥削雇农的额外价值。列宁指出，在这个过程中，富裕的农户经营已经是发达的商品经济，他们以此来夺取贫苦农民的租地，剥夺他们的劳动，出现了出卖劳动力的现象，这一现象表明在农业生产中出现了资本，这些都直接说明了"农民中间正在形成资本主义社会所固有的阶级——资产阶级和无产阶级"③。

在手工业方面，列宁认为，"直接生产者同生产资料的分

---

① 中共中央马克思恩格斯列宁斯大林著作编译局编译：《列宁全集》第二版增订版(第一卷)，北京：人民出版社，2013年版，第88页。
② 中共中央马克思恩格斯列宁斯大林著作编译局编译：《列宁全集》第二版增订版(第一卷)，北京：人民出版社，2013年版，第440页。
③ 中共中央马克思恩格斯列宁斯大林著作编译局编译：《列宁全集》第二版增订版(第一卷)，北京：人民出版社，2013年版，第441页。

离,即直接生产者的被剥夺,标志着从简单商品生产向资本主义生产的过渡(而且是这一过渡的必要条件),建立了国内市场"①。一方面,从小生产者中"游离"出来的生产资料转化为新占有者手中的资本,用来进行商品生产,小生产者也成为商品。另一方面,"这种小生产者的生活资料变成了可变资本的物质要素,即变成了企业主(无论是土地占有者、承包人、木材业者、厂主等都一样)雇用工人所花费的货币额的物质要素"②。在此过程中,按照马克思主义政治经济学原理,资本主义生产方式的基本要素和基本矛盾已经存在,富裕农民、新占有者作为商品的买者,小生产者作为商品卖者的劳动力。列宁所引用的《萨拉托夫省统计资料汇集》的资料显示,在卡梅申县,占农户五分之一的富裕农民掌握着全部播种面积的一半以上(53.3%),全县农民牲畜总数的几乎五分之三(56%)集中在农民资产阶级手中——这一情况已经清楚地表明了农业的商业性,农业变成了资本主义生产的农业。③

其次,列宁以资本主义的相对进步性批判自由民粹主义的

---

① 中共中央马克思恩格斯列宁斯大林著作编译局编译:《列宁全集》第二版增订版(第三卷),北京:人民出版社,2013年版,第51页。
② 中共中央马克思恩格斯列宁斯大林著作编译局编译:《列宁全集》第二版增订版(第三卷),北京:人民出版社,2013年版,第51页。
③ 中共中央马克思恩格斯列宁斯大林著作编译局编译:《列宁全集》第二版增订版(第三卷),北京:人民出版社,2013年版,第75页。

破坏论。列宁运用历史唯物主义和辩证唯物主义分析了俄国资本主义的作用，批判了自由主义民粹派对资本主义生产"破坏性""灾难性"的指责。列宁在对自由主义民粹派杂志《祖国纪事》上刊登的未署名文章《人民园地上的新苗》一文进行评述时指出，自由民粹主义者的这种抵制资本主义破坏性影响，以及颂扬农村和肯定农村是多么"精彩的描述"，但他们的说明和理解却是那么肤浅。在列宁看来，他们的描述和态度充分体现了他们的阶级实质，即民粹主义者是以充满幻想的、回避事实的方式，从小资产阶级的角度来反对俄国的沙皇专制制度和资本主义。一方面，这些自由民粹主义者"竭力证明资本主义是一种极其不好的东西，是一个'转瞬'即将灰飞烟灭的'笨重东西'"[1]，另一方面，却"以资产阶级社会的手段反对资产阶级性"[2]。譬如，在具有资产阶级典型特性的农村信贷问题上，民粹主义者天真地认为，摒弃资产阶级性的措施是扩大信贷范围，贷款给贫困农民。

自由主义民粹派最主要的错误在于"对俄国资本主义究竟怎样发展作了不正确的描述，对前资本主义的制度虚假地加以

---

[1] 中共中央马克思恩格斯列宁斯大林著作编译局编译：《列宁全集》第二版增订版（第一卷），北京：人民出版社，2013年版，第309页。

[2] 中共中央马克思恩格斯列宁斯大林著作编译局编译：《列宁全集》第二版增订版（第一卷），北京：人民出版社，2013年版，第310页。

理想化"①。前资本主义的农村处于分散性状态,不仅表现在小生产者的分化上,而且村社也是分散的,农民被按照份地面积、纳税数额等各种方法划分为私有农民、国家农民、皇族农民等各种等级和类别,根据他们对土地和生产工具的占有情况又可以分为上等户、中等户和下等户。在列宁看来,自由主义民粹派常常闭眼不看这种分散性,一味重弹反对"剥夺土地的拥护者"的老调,以此来掩饰他们对村社的错误认识,但只要认真思考一下,毫无疑问资本主义是进步的,它彻底改变了停滞不前和因循守旧的生活方式和经济形式,打破了中世纪农民定居隔绝的壁垒,造就了新的社会阶级,"这些阶级根据需要而竭力联系起来,联合起来,并积极参加国家和全世界的整个经济(而且不只是经济)生活"②。显然,此时的列宁已经看到了俄国资本主义在打破不适合社会发展的农奴制上的作用,并以历史主义视角对俄国资本主义发展的历史贡献进行了充分肯定。具体而言,商业性农业打破自然经济的单一性,形成商业性谷物业区、商业性畜牧业区、牛奶业区、亚麻业区、酿酒业区、甜菜制糖业区、榨油业区、烟草业区等等。农业的资本

---

① 中共中央马克思恩格斯列宁斯大林著作编译局编译:《列宁全集》第二版增订版(第三卷),北京:人民出版社,2013年版,第343页。
② 中共中央马克思恩格斯列宁斯大林著作编译局编译:《列宁全集》第二版增订版(第三卷),北京:人民出版社,2013年版,第344页。

主义商业性发展促进农业生产技术的改良和社会发展,以机器使用和工人协作为基础的规模农业,打破了农民的人身依附关系。

三、批判"人民经济优越论",明确其历史定位

俄国的传统村社经济被民粹主义各派称为"人民经济",这一概念是相对"资本主义经济"而言的。在这一概念基础上,他们还相对"资本主义生产"提出了"人民生产",相对"资本主义工业"提出了"人民工业"。他们鼓吹这种经济形式优于资本主义经济,是通往社会主义的"理想经济",并且"将19世纪末的俄国家庭手工制大生产纳入'人民工业'范畴"。[①]

早在19世纪中叶,流亡西欧的革命民粹主义人士就目睹了资本主义发展的血腥和暴力,他们庆幸俄国因落后而未走上资本主义道路,"我们是迟到的民族,而正是这一点使我们得救了。我们应该感谢命运,我们不曾有过欧洲式的生活"[②]。到

---

① 徐芹:《列宁早期俄国资本主义发展思想及对错误思潮的批判》,北京:人民出版社,2018年版,第72页。
② 尼·瓦·舍尔古诺夫、米·拉·米哈伊洛夫:《致青年一代》,载中共中央马克思恩格斯列宁斯大林著作编译局国际共运史研究室编译:《俄国民粹派文选》,北京:人民出版社,1983年版,第9页。

19世纪90年代，自由主义民粹派已经难以完全否认资本主义在俄国发展的事实。面对资本主义"瘟疫"，自由主义民粹派开始斥责其对俄国传统经济社会的破坏，认为资本主义造成了"人民经济"衰落，认为农村土地流转到商人手中后，绝不意味着进步和成就的到来，带来的只是破坏——森林被砍伐，畜牧业衰退，耕地被破坏，"已经不是在经营土地了，而是依靠土地剥削居民，慢慢地准备也搞垮周围的人民经济"①。

在自由主义民粹派看来，"人民经济"与资本主义是对立的，在农村，"人民经济"是最完善的形式，而资本主义经济是最不完善的形式。1882年，尤沙柯夫在《祖国纪事》杂志第7期上发表的《俄国农业生产的形式》一文，指出："人民经济形式除了有纯经济方面的优越性之外，还有更重要的社会经济意义，它可以保证国家避免无产阶级的发展，保障农村居民在经济上的以及由此而来的精神上的独立性。"②他们认为，"人民经济"要比资本主义经济更加受人们欢迎，有效避免了产业与资本、劳动的分离和异化。即是说，相较于资本主义的

---

① 谢·尼·尤沙柯夫：《俄国农业生产的形式》，载中共中央马克思恩格斯列宁斯大林著作编译局国际共运史研究室编译：《俄国民粹派文选》，北京：人民出版社，1983年版，第640页。

② 谢·尼·尤沙柯夫：《俄国农业生产的形式》，载中共中央马克思恩格斯列宁斯大林著作编译局国际共运史研究室编译：《俄国民粹派文选》，北京：人民出版社，1983年版，第612页。

第三章　批判架构：列宁批判俄国自由民粹主义的多维向度

资本由一个阶级占有，而劳动却是一无所有的阶级来承担，"人民经济"更加让人满意。"人民经济"这样的生产模式能够保证生产效率，对国家更加有利。此外，在改良土壤和保护土地方面，资本主义性质的土地租用经济容易造成对土地的滥用和破坏。总之，在自由主义民粹派看来，在俄国农村发展资本主义"对国民经济是极其有害的"①，发展资本主义这一错误主张一定会给俄国带来悲惨的后果，"经营自己土地的人民生产从理论上说是农业生产的最好形式，它既能保证农业的成就，又能保证整个社会的进步"②。

丹尼尔逊极不情愿地指出，俄国社会日益复杂，资本主义正在日益发展，"人民经济"逐步让位于资本主义生产，资本主义的私有制形式利用社会的生产力，改变了产品的流通、分配和消费方式，人们已经难以仅仅依靠本人的劳动产品生活了，但"几百万空闲的、失去工作的群众的生活需要的水平必

---

① 瓦·巴·沃龙佐夫：《俄国资本主义的命运》，载中共中央马克思恩格斯列宁斯大林著作编译局国际共运史研究室编译：《俄国民粹派文选》，北京：人民出版社，1983年版，第669页。

② 瓦·巴·沃龙佐夫：《俄国资本主义的命运》，载中共中央马克思恩格斯列宁斯大林著作编译局国际共运史研究室编译：《俄国民粹派文选》，北京：人民出版社，1983年版，第646页。

然会降低"①。总而言之，他们对支离破碎的"人民经济"抱有无限幻想，回避和抵制资本主义经济占据主导地位的事实。

针对自由民粹主义的这些主张，列宁在深入剖析"人民工业"及其与资本主义工业的关系的基础上，进行了批判。首先，列宁批判自由民粹主义者对"人民工业"性质的错误认识。传统手工业的"人民工业"从业者既是劳动者，还拥有一些份地，与土地保持着千丝万缕的联系。自由民粹主义者以这些劳动者占有一小块份地为理由，认为他们不是无产者，否认它是资本主义性质的工业。对此，列宁基于历史唯物主义，对当时俄国的经济组织形式和生产关系加以分析，提出了不同看法，批判自由民粹主义者把剥削归因于生产关系以外的现象。在列宁看来，从生产关系分析可知，"人民工业""人民经济""人民生产"也是资本主义生产关系，手工业大生产已经属于资本主义工业形态，不过是资本主义不发达时的萌芽状态，二者差别有时甚至比"手工业者"之间的差别还要小。在家庭手工业生产条件下，这种手工业的"人民经济"形式表明，商品经济已经发展，生产资料集中在少数人手中，手工业从业者不

---

① 尼·弗·丹尼尔逊：《我国改革后的社会经济概论》，载中共中央马克思恩格斯列宁斯大林著作编译局国际共运史研究室编译：《俄国民粹派文选》，北京：人民出版社，1983年版，第810页。

第三章 批判架构:列宁批判俄国自由民粹主义的多维向度

占有生产资料,并遭受剥削。

对此,列宁专门采用具体案例说明了这一情况,选择了一个资产阶级性表现得弱的例子,即被伊萨耶夫教授称为"纯粹家庭手工业"的陶瓷业。分析发现,这一行业同样在商品经济的基础上发生了纯粹的资本主义分化,行业中的关系也是资产阶级关系,在有超过五名工人的大作坊中,剥削雇佣劳动已在阶级关系中起主要作用,少数人靠剥削来积蓄"储金",多数人在破产,甚至小作坊主也不能收支相抵。这时候的农民手工业"总的情况很可怜,作坊规模很小、劳动生产率极低、技术简陋、雇佣工人不多,但其中已经有了资本主义",只不过自称"人民之友"的自由民粹主义者"怎样也领会不了,资本是人和人之间的一定关系,尽管我们拿来比较的范畴的发展程度有高有低,它仍然是这样一种关系"。① 因此,列宁认为,俄国此时的手工业已经处于不发达的、萌芽状态的资本主义低级发展阶段。

其次,列宁批判把"人民工业"与资本主义工业对立的观点。自由主义民粹派"这班先生是小市民思想家"②,不顾俄

---

① 中共中央马克思恩格斯列宁斯大林著作编译局编译:《列宁全集》第二版增订版(第一卷),北京:人民出版社,2013年版,第184页。
② 中共中央马克思恩格斯列宁斯大林著作编译局编译:《列宁全集》第二版增订版(第一卷),北京:人民出版社,2013年版,第185页。

国的现实，他们以形而上学的态度对待俄国发展，看不到"人民经济"与俄国资本主义经济的内在联系，无视俄国"人民工业"的资本主义化，把"人民工业"与资本主义生产对立起来，并且认为俄国资本主义是"移植的""模仿的""人为的"。针对这一观点，列宁认为，俄国资本主义根源于"人民工业"，并非与其对立和人为的。在列宁看来，自由民粹主义者尤沙柯夫和克里文柯等"人民之友"常用空洞的话语来掩盖自己对"人民经济"的无知，他们只是不断重复类似的词句，把"人民工业"或"小的人民工业"即手工业同资本主义工业完全对立起来，至于"人民工业"究竟有何特点，他们只会说"它是'小的'，劳动工具是同生产者相结合的"，完全没有说明它的经济组织，而且是不正确的理解，这是"人民之友"的惯用手法，讲些空洞无聊的话，"而不是确切地和直截了当地说明现实"。①

  列宁以对俄国实际情况的分析驳斥了他们的这一错误观点。他通过对下诺夫哥罗德省戈尔巴托夫县的手工业资料进行分析，发现全县从事手工业的劳动者占现有劳动者总数的84.5%，其中，"手工业者的35.6%为市场生产，46.7%为老

---

① 中共中央马克思恩格斯列宁斯大林著作编译局编译：《列宁全集》第二版增订版（第一卷），北京：人民出版社，2013年版，第174页。

板生产，17.7%是雇佣工人"，可见，"家庭手工制大生产占优势，即劳动受资本奴役的关系占优势"。① 但自由民粹主义者不知道其中内涵，他们讲到资本主义时总是直接关联上大机器工业，绕过简单协作和工场手工业，认为资本家只是经营大机器工业的企业主。在列宁看来，"人民之友"是以形而上学思维模式，把大机器工业作为资本主义的起点，接着非此即彼地看待工人保留的那一小块土地的问题，认为"工人没有土地就是资本主义；工人占有土地就不是资本主义"②。但人尽皆知的事实是，工人不论占有土地与否都会遭受极端无耻的掠夺，作为一种趋势，资本主义发展离不开自由的工人，特别体现在大机器工业上。在土地与工人分离的问题上，列宁重申："马克思根据西欧情况探明了这样一个规律：只有大机器工业才彻底剥夺了工人。"③ 而资本主义生产关系渗透和瓦解传统宗法式关系的过程是十分缓慢的，在资本主义生产关系形成的早期，受俄国土地改革政策的影响，村社工人与土地保持特殊联系，但就其实质而言，农村工人是无产阶级属性的，"因为简单协作和

---

① 中共中央马克思恩格斯列宁斯大林著作编译局编译：《列宁全集》第二版增订版（第一卷），北京：人民出版社，2013年版，第176页。

② 中共中央马克思恩格斯列宁斯大林著作编译局编译：《列宁全集》第二版增订版（第一卷），北京：人民出版社，2013年版，第177页。

③ 中共中央马克思恩格斯列宁斯大林著作编译局编译：《列宁全集》第二版增订版（第一卷），北京：人民出版社，2013年版，第177页。

工场手工业的资本主义，在任何时候和任何地方，都同劳动者完全离开土地没有关系，但丝毫也不因此就不成其为资本主义"①。

自由民粹主义者不了解手工业和资本主义工业的联系，不清楚劳动者被剥削、被剥夺的原因与生产关系有关，把手工业当作是"人民的"，把资本主义当作"人为的"，把手工业的"人民工业""人民经济"与资本主义对立起来，进一步认为资本主义与俄国的"人民制度"是相矛盾的，这显然是不符合客观实际的，列宁认为，"资本主义不是和'人民制度'相矛盾的东西，而是'人民制度'直接而又直接的继续和发展"②。以至于后来，列宁在1902年的《社会革命党人所复活的庸俗社会主义和民粹主义》一文中谈到社会革命党人的理论混乱时指出，社会革命党人再次搬出自由主义民粹派所谓的"劳动经济"（"人民经济"）同资产阶级经济对立的思想，妄图调和"劳动经济"理论和阶级斗争理论。③

最后，列宁批判"人民经济"比资本主义经济优越的论

---

① 中共中央马克思恩格斯列宁斯大林著作编译局编译：《列宁全集》第二版增订版（第一卷），北京：人民出版社，2013年版，第177页。
② 中共中央马克思恩格斯列宁斯大林著作编译局编译：《列宁全集》第二版增订版（第一卷），北京：人民出版社，2013年版，第182页。
③ 中共中央马克思恩格斯列宁斯大林著作编译局编译：《列宁全集》第二版增订版（第七卷），北京：人民出版社，2013年版，前言第Ⅴ页。

第三章　批判架构：列宁批判俄国自由民粹主义的多维向度

调。列宁采用马克思主义唯物辩证法对"人民经济"进行了科学审视，揭示了这种思想在俄国现代经济社会中的物质基础，批判了自由主义民粹派把"人民经济"理想化为通往社会主义的经济模式的论调。列宁认为，自由民粹主义者对"人民经济"是无知的，对"人民经济"特点知之甚少，对"人民经济"的定位模糊不清。因此常常采用"人民生产多半是自然地产生的""资本主义工业'往往是人为地造成的'""人民租佃能维持人民经济之类的空话来支吾搪塞"。①

从复兴"人民经济"的角度看，自由主义民粹派提出"改组农民银行、成立农垦管理署、整顿官地租佃"等措施，在列宁看来，他们只是想对这个社会修修补补、敷衍了事，完全没有意识到自己实质上已经站在资本主义立场上。"如低利贷款、技术改良、银行等等，只能加强和发展资产阶级"，在此基础上的任何改良"不能在实质上改变什么，反而会使现在被多余的'监护'、农奴制贡赋的残余和农民的依附于土地等等所束缚的资本主义经济加强和发展起来"。②

究其原因，列宁认为，自由主义民粹派不懂得俄国生产关

---

① 中共中央马克思恩格斯列宁斯大林著作编译局编译：《列宁全集》第二版增订版(第一卷)，北京：人民出版社，2013年版，第174页。
② 中共中央马克思恩格斯列宁斯大林著作编译局编译：《列宁全集》第二版增订版(第一卷)，北京：人民出版社，2013年版，第204页。

系的对抗性，想在资本主义关系下利用信贷等来维系小生产者的"人民经济"，这是不懂得政治经济学理论的荒谬主张，不论怎样改革，都无法使广大居民遭受剥夺并将继续遭受剥夺，甚至无法养活自己的这一事实有丝毫改变。总之，自由主义民粹派是从力图用一切办法来保存自己的财产和生活方式的小生产者的立场批评资本主义的。这就使他们看不到农民经济已被纳入资本主义商品关系的轨道，绝大部分手工业已变成资本主义大生产下的家庭手工业。这说明，"'人民之友'也和俄国一切自由派一样，他们总的倾向是掩盖俄国的阶级对抗和对劳动者的剥削，把这一切说成不过是些'缺点'"[①]。

四、批判"经济浪漫主义"，揭露其经济思想根源

经济浪漫主义产生于 19 世纪初的欧洲，以西斯蒙第为代表，是在法国和瑞士出现的一种小资产阶级思潮。它是把小生产理想化、企图限制资本主义发展的一种思想要求。在俄国，自由民粹主义"在经济学说史上可追溯到西斯蒙第"[②]，深受这一思潮的影响，自由主义民粹派对俄国资本主义发展的批评

---

① 中共中央马克思恩格斯列宁斯大林著作编译局编译：《列宁全集》第二版增订版（第一卷），北京：人民出版社，2013 年版，第 175 页。

② 李健：《列宁对俄国民粹派的批判要点分析》，载《思想理论教育导刊》，2020 年第 12 期，第 31 页。

第三章 批判架构：列宁批判俄国自由民粹主义的多维向度

和抵制，带有浓厚的经济浪漫主义色彩，具体而言，体现在其市场匮乏、资本主义生产破坏和"人民经济优越论"等论调上。列宁认为，自由民粹主义者为了给自己寻找理论根据，重拾在西欧早就被抛弃的经济浪漫主义的"陈旧废物"，企图使这种废物在俄国重新发挥作用。因此，他们时常渲染西欧浪漫主义，时而在歪曲的引证掩饰下偷运浪漫主义，他们以相应的伤感主义的词句来搪塞矛盾，以天真愿望回答每个问题，用这些标签方式来宣称问题的"解决"。为此，列宁在他的许多著作中对这一行径进行了评述和批判，并于1896年8月至1897年3月专门撰写《评经济浪漫主义（西斯蒙第和我国的西斯蒙第主义者）》一书。他从学理上对当时阻碍马克思主义传播和革命事业发展的自由民粹主义理论根源进行了系统分析，彻底批判了自由民粹主义否认俄国资本主义发展可能性的小资产阶级理论。

沃龙佐夫、丹尼尔逊及民粹主义经济学家艾弗鲁西等都是经济浪漫主义的追随者，他们广泛地探讨和传播这一理论，严重地阻碍了先进革命思想和马克思主义理论的传播，对俄国革命危害甚大。列宁通过比较分析，揭露了沃龙佐夫和丹尼尔逊等自由民粹主义者和西斯蒙第经济浪漫主义之间的关系，从理论根源上批判自由主义民粹派主张的空想性和反动性。

首先，明确自由民粹主义是西斯蒙第经济浪漫主义的变种。列宁在分析总结经济浪漫主义鼻祖西斯蒙第同丹尼尔逊、艾弗鲁西等自由民粹主义者的基本观点和理论后,得出结论:"民粹派的经济学说不过是全欧洲浪漫主义的俄国变种。"① 自由民粹主义的小生产者思想正是西斯蒙第经济浪漫主义的变种。西斯蒙第的政治经济学学说是自由民粹主义许多观点的根源,他的《政治经济学新原理,或论财富同人口的关系》一书的主张与俄国自由民粹主义在资本主义的国内市场问题上的主张基本上是一致的。譬如,自由主义民粹派所主张的俄国"市场不足"的论调的理论根源就是经济浪漫主义,二者几乎完全一样,可谓是西斯蒙第经济浪漫主义的翻版。列宁指出:"西斯蒙第断言:工农业中的大企业经济和雇佣劳动的发展,使生产必然超过消费而面临寻找消费者这一无法解决的问题;它在国内不可能找到消费者,因为它把大量居民变成日工和普通工人,造成失业人口;而要寻找国外市场,则因新兴资本主义国家登上世界舞台而日益困难。"② 显然,经济浪漫主义的这些主张被自由主义民粹派所吸收。

其次,分析了自由民粹主义对经济浪漫主义诸多观点的延

---

① 中共中央马克思恩格斯列宁斯大林著作编译局编译:《列宁全集》第二版增订版(第二卷),北京:人民出版社,2013年版,第217—218页。
② 中共中央马克思恩格斯列宁斯大林著作编译局编译:《列宁全集》第二版增订版(第二卷),北京:人民出版社,2013年版,第105页。

第三章 批判架构：列宁批判俄国自由民粹主义的多维向度

续。列宁认为，西斯蒙第所主张的资本主义发展使国内市场缩小、需要国外市场的观点，以及他的危机理论等，成为俄国自由民粹主义学说的要点。然而，西斯蒙第根本不知道"资本主义"这个概念的内涵，而是以自己的小资产阶级观点和空想来代替对资本主义的分析，不去正视问题，试图以小生产者的破产来证明国内市场的缩小，避而不谈那些适合资本主义工农业中大企业经济发展的条件。事实上，"资本主义发展特别是农场经济的发展不是缩小国内市场而是造成国内市场"①。究其原因，当"家庭生产让位于为出售而进行的生产"，"手工业生产者让位于工厂"，为资本提供的市场也就逐渐形成。农民日益分化为资产者和无产者，消费也包含了个人消费品的消费和生产工具的消费，而经济浪漫主义者却忽视了后一种消费，即生产消费。自由民粹主义进一步阐发西斯蒙第的结论，认为从俄国的现实条件出发，国外市场对于资本主义是必不可少的。

在生产和消费关系上，谈到了额外价值的实现问题，"这个浪漫主义者的鼻祖已经完全肯定地指出，资本家不能实现额外价值"②。这个问题之所以产生，是由于生产超过了消费，使

---

① 中共中央马克思恩格斯列宁斯大林著作编译局编译：《列宁全集》第二版增订版(第二卷)，北京：人民出版社，2013年版，第110页。
② 中共中央马克思恩格斯列宁斯大林著作编译局编译：《列宁全集》第二版增订版(第二卷)，北京：人民出版社，2013年版，第119页。

得二者的协调被破坏。在此基础上，形成了西斯蒙第的危机理论。特别需要指出的是，尽管西斯蒙第是在论证资本主义经济危机问题上最先作出贡献的经济学家，但他未能正确地讲清楚这个问题，不仅没有去分析、说明它们的起源、发展和趋势，甚至还把它们看作一种反常的或错误的偏向。西斯蒙第"幼稚地用格言、揭露、关于消除它们的规劝等等来反对这些'偏向'，似乎这些矛盾并不反映整个现代社会经济制度中占一定地位的现实居民集团的实际利益"①。

在国外市场问题上，西斯蒙第以危机理论推导出国外市场是实现额外价值的出路。列宁认为，西斯蒙第的危机理论是避开现实用小资产阶级的道德来代替分析，说什么积累和生产要适合消费，不然就会发生危机，这是完全错误的。究其原因，他们把国外市场看作是摆脱实现额外价值的"困难的出路"②，也就是说，产品实现必须要有国外市场。这种理论用生产和工人阶级的消费之间的矛盾来阐释危机，认为资本主义生产难以实现生产和消费的平衡，因此危机必然产生，如是，产品实现是不可能的，因此，资本主义道路是不适合俄国发展的道路，

---

① 中共中央马克思恩格斯列宁斯大林著作编译局编译：《列宁全集》第二版增订版（第二卷），北京：人民出版社，2013年版，第199页。
② 中共中央马克思恩格斯列宁斯大林著作编译局编译：《列宁全集》第二版增订版（第二卷），北京：人民出版社，2013年版，第131页。

第三章　批判架构：列宁批判俄国自由民粹主义的多维向度

它是一条错误的道路，必须去寻找另外的道路。列宁引证恩格斯观点来解释、反驳了这一理论，认为"危机所以必然产生，是因为生产的集体性和占有的个人性之间发生了矛盾"①。危机根源正是马克思主义的资本主义基本矛盾理论：资本主义生产资料的私人占有与生产社会化之间的矛盾。

列宁进一步分析了自由主义民粹派关于国外市场错误认识的政治经济学原因。在列宁看来，西斯蒙第和俄国自由主义民粹派完全不懂得实现额外价值的基本规律，不清楚产品按价值分为不变资本、可变资本和额外价值三部分，而是像亚当·斯密那样不正确地把社会总产品分为工资和"租金"（指额外价值）两部分，也不清楚按物质形态又要分为生产资料和消费资料；他们对这些问题认识模糊，认为"资本家不能消费额外价值的论点，不过是庸俗地重复斯密对实现的糊涂看法"②。

在大机器工业等先进生产力问题上，列宁认为，自由民粹主义者并不比浪漫主义者高明，西斯蒙第并不敌视机器，而是认为机器在现代条件下并没有给工人带来消费和缩短工作时间，他们"根本不了解浪漫主义者，不了解浪漫主义所固有的

---

① 中共中央马克思恩格斯列宁斯大林著作编译局编译：《列宁全集》第二版增订版（第二卷），北京：人民出版社，2013年版，第139—140页。
② 中共中央马克思恩格斯列宁斯大林著作编译局编译：《列宁全集》第二版增订版（第二卷），北京：人民出版社，2013年版，第131页。

对资本主义的看法，以及这种看法和科学理论观点的根本区别"①。在这一问题上，丹尼尔逊等人并没有提出更多的新东西，反而把资本主义和大机器工业混为一谈，不如浪漫主义者。一方面，他们分不清、解释不了大机器工业和手工生产之间的关系，错误地把它歪曲为"资本主义"代替"人民生产"，把资本主义生产和手工业的"人民生产"对立起来；另一方面，他们把资本主义与大机器工业等同起来，认为机器的资本主义使用是有害的，这种生产难以适合人民消费能力。总之，自由主义民粹派抱怨劳动生产率提高不适合人民消费能力，"在机器问题上还抱着小资产阶级浪漫主义的观点，用感伤主义的愿望代替经济分析"②。

自由主义民粹派对在农业中使用机器问题的态度十分模糊、不彻底。他们看到了使用机器的好处和进步性，但忽略采用农业机器的资本主义性质，甚至不愿去分析采用机器的都是什么样的农民农场和地主农场，只是凭主观臆测便怒气冲冲地把农业部官员瓦·切尔尼亚耶夫先生叫作"资本主义技术的代

---

① 中共中央马克思恩格斯列宁斯大林著作编译局编译:《列宁全集》第二版增订版(第二卷),北京:人民出版社,2013年版,第153页。
② 中共中央马克思恩格斯列宁斯大林著作编译局编译:《列宁全集》第二版增订版(第二卷),北京:人民出版社,2013年版,第160页。

第三章　批判架构：列宁批判俄国自由民粹主义的多维向度

表人物",认为他"要对俄国机器按资本主义方式使用负责"。① 他们不顾与过去的联系、不顾及发展趋势,纯粹形而上学地加以考察,而俄国的事实表明,资本主义的发展与资本主义社会所固有的阶级矛盾和对立是同步进行的,"在前一个时期,这种对立表现为'盘剥者'同农民的关系,而现在则开始表现为合理经营的老板同雇农和日工的关系"②。他们对资本主义的进一步发展感到悲观失望,认为灾难逼近了。

总而言之,从社会发展趋势来看,把小生产理想化是经济浪漫主义和民粹主义都具有的反动特点。虽然经济浪漫主义者西斯蒙第并没有对俄国发展问题进行专门论述,但其理论深深影响着沃龙佐夫、艾弗鲁西等民粹主义者。虽然俄国的历史特点和经济特点,以及俄国的落后等因素,使得二者有着明显差别,但是这些差别没有本质区别,"因而并未改变民粹主义与小资产阶级浪漫主义的同类性"③。列宁接着指出,经济浪漫主义者是当之无愧的反动者,"但说他是反动者,并不是说他想简单地恢复中世纪制度,而是说他企图以旧的宗法式的尺度来

---

① 中共中央马克思恩格斯列宁斯大林著作编译局编译:《列宁全集》第二版增订版(第二卷),北京:人民出版社,2013年版,第206页。

② 中共中央马克思恩格斯列宁斯大林著作编译局编译:《列宁全集》第二版增订版(第一卷),北京:人民出版社,2013年版,第452页。

③ 中共中央马克思恩格斯列宁斯大林著作编译局编译:《列宁全集》第二版增订版(第二卷),北京:人民出版社,2013年版,第218页。

衡量新社会，想在完全不适合于已经变化了的经济条件的旧秩序和旧传统中去寻找典范"①。自由民粹主义者在俄国资本主义、村社和发展道路问题上，正是采用反动的空想态度，把自己的计划建筑在抽象的思想上，同西斯蒙第相同，他们的空想不是朝前看，而是向后看，不是预测未来，而是复活过去，幻想停止他们空想中的那种破坏。因此，他们的"空想被认为（而且十分公正）是反动的空想"②。西斯蒙第及其拥趸关于未来社会的社会主义主张，诚如马克思恩格斯在《共产党宣言》中所指出的，不论是企图恢复旧的生产资料和交换手段，还是把新的、现代的生产资料和交换手段塞到旧社会的胎胞里，"它在这两种场合都是反动的，同时又是空想的"③。

第三节 列宁对俄国自由民粹主义文化教育理念的批判

俄国自由民粹主义作为19世纪末20世纪初的重要政治现象和思想流派，代表人物都是当时俄国著名的思想家和理论

---

① 中共中央马克思恩格斯列宁斯大林著作编译局编译：《列宁全集》第二版增订版（第二卷），北京：人民出版社，2013年版，第208—209页。
② 中共中央马克思恩格斯列宁斯大林著作编译局编译：《列宁全集》第二版增订版（第二卷），北京：人民出版社，2013年版，第212页。
③ 中共中央马克思恩格斯列宁斯大林著作编译局编：《马克思恩格斯文集》（第二卷），北京：人民出版社，2009年版，第57页。

第三章　批判架构：列宁批判俄国自由民粹主义的多维向度

家。实际上，民粹主义的起源与俄罗斯知识分子形成的历史直接相关，早在19世纪初期，阿·谢·普希金、尼·瓦·果戈理、阿·尼·拉季谢夫、赫尔岑和尼·彼·奥加辽夫等文学家、思想家的作品中就展现了民粹主义发展的迹象。① 民粹主义作为当时俄罗斯文化和哲学的一种独立的、独特的现象，甚至成为俄罗斯文化的核心范式，他们不仅影响俄国经济社会，更为重要的是对俄国思想文化的发展有着重要的影响。自由民粹主义理论家基本上都是著名作家、知识分子，对文化教育问题普遍有着独特的思考，他们在文化教育问题上的主张也是这一思潮的重要组成部分。毋庸置疑，这些主张亦是其物质利益和阶级属性的重要体现，折射出对俄国社会发展问题的错误引导，从而也是列宁批判的重要一环。

一、批判浪漫主义色彩"小事情理论"的文化主义②

俄国浪漫主义盛行，不仅体现在经济上，还体现在文化上。俄国盛产浪漫主义文学家、诗人和革命家，可以说，浪漫

---

① В. Д. Жукоцкий, Ф. П. Фурман, "Народничество русской интеллигенции и культуры", Философия и общество, 2004, №3, С. 156.

② 在列宁文本中，文化主义是十月革命前俄国资产阶级知识分子中的一种力图用单纯教育活动来代替为人民利益进行实际斗争的思潮。参见中共中央马克思恩格斯列宁斯大林著作编译局编译：《列宁全集》第二版增订版（第四十三卷），北京：人民出版社，2017年版，第584页。

主义传统充斥在俄国的很多领域。俄国民粹主义的浪漫主义色彩主要体现在其对传统村社共同体的特殊情感上,他们对这种村社经济形式深信不疑。"民粹主义的思想和情绪可谓卢梭的浪漫民主主义的东方版本,其中心观念是共同体的人民及其德性和知识品格,质地上是'人民宗教'。"① 依据马克思主义唯物史观,经济观念必然体现在文化的上层建筑中。俄国自由民粹主义的浪漫主义必然在其文化观念上有所体现,最终形成具有浪漫主义色彩的文化主义。

自由民粹主义的文化观念与主观社会学紧密联系在一起,他们遵循个人创造历史的唯心史观。在这一问题上,自由民粹主义和革命民粹主义基本是一致的,自由民粹主义代表人物米海洛夫斯基强调,历史文化是由"英雄"引领"群氓"创造的;革命民粹主义代表人物拉甫罗夫也持有相同观点,认为正是那些"具有批判思维能力的个人""成了社会的推动者,创造了历史",推动了历史进步和文化发展。② 在文化进步与知识分子精英的关系问题上,他们同样认为,文化进步是由那些具有批判思维的知识分子精英来实现的,至于作为"社会的大多

---

① 弗兰克著,徐凤林译:《俄国知识人与精神偶像》,上海:学林出版社,1999年版,编者序第3页。
② 彼·拉甫罗夫著,张静译:《历史信札》,北京:人民出版社,2022年版,第98页。

数"的人民群众在文化进步中的作用,只是通过付出辛勤劳动和血汗供养这少数的知识分子精英,使这些思想家能够埋头书斋思考社会进步,促进文化发展。拉甫罗夫曾就这一观点指出:"如果计算一下当代有教养的少数人的数量,计算一下过去为他们的生存而进行的斗争中牺牲了多少人的生命,估计一下世世代代的人们为了维持自己的生命和别人的发展而进行的劳动价值;同时,如果计算一下丧失了多少人的生命,以及现在过着体面生活的人平均耗费多少劳动价值,——如果做到这一切,那么我们的同时代人一想到为了他们的发展花费了多少血汗和劳动的代价时,很可能会大吃一惊。"① 显然,在他们看来,普通民众对文化事业的贡献是十分有限的,更多是从物质上给予了支持,除此之外并无其他。在这一认知背景下,俄国少数知识分子精英开始反思自己养尊处优的地位,"忏悔"自己的罪过,如列夫·托尔斯泰在《复活》中塑造的贵族青年涅赫留道夫。在俄国,这部分勤于思考和探索的极少数贵族知识分子称为"忏悔贵族"。民粹派知识分子"深切而真挚地同情俄国人民及其命运,决心为他们争得社会正义与公正"②。革命

---

① 彼·拉甫罗夫著,张静译:《历史信札》,北京:人民出版社,2022年版,第57页。

② 刘建国、马龙闪:《论俄国民粹主义的文化观》,载《哲学研究》,2005年第12期,第64页。

民粹派知识分子怀抱着对人民的这种"负罪感",以他们认为的"为人民服务"的态度来偿还人民的付出,于是发动了声势颇大的反对沙皇压迫的"到民间去"运动,可是由于这些知识分子不了解农民及他们的实际状况,造成了农民对这一运动的抵制,最终惨遭失败。

19世纪80—90年代,自由民粹主义成为民粹主义的主流,但他们仍然秉持这一唯心史观的叙述范式。进入80年代,《星期周报》成为自由民粹主义的重要阵地,是"小事情理论"的讲坛。① 米海洛夫斯基、尤佐夫、阿布拉莫夫等在此报上发表关于民粹主义、知识分子的文章,引起读者们的高度关注。② 尤佐夫在《星期周报》发表《理性与情感是进步的因素》一文,认为进步是建立在以理性和道德为指导的世界合理性结构基础上,而理性观念是从事脑力劳动的人所特有的,人民群众只拥有情感,并将知识分子的"理智"和人民群众的"情感"对立起来,"在人类前进运动中起主要作用的是情感,而理性只起着次要并且完全是从属性的作用"③。可以看出,尤

---

① Г. С. Лапшина, Газета 《Неделя》(1866 – 1901), МГУ имени М. В. Ломоносова, 2009, С. 35.

② Г. С. Лапшина, Газета 《Неделя》(1866 – 1901), МГУ имени М. В. Ломоносова, 2009, С. 90.

③ 普列汉诺夫著,唯真等译:《普列汉诺夫哲学著作选集》(第二卷),北京:生活·读书·新知三联书店,1961年版,第336页。

第三章 批判架构：列宁批判俄国自由民粹主义的多维向度

佐夫对从事脑力劳动的知识分子是没有好感的，采取轻视的态度，以至于他常用"受教育的官僚"来称谓知识分子。在他看来，真正的知识分子必须渗透着人民的世界观，赋予利他主义的品质，相信农民，崇尚村社，工作重心应转移到文化主义的活动上，尤佐夫"把民族特性绝对化，实际上使自己走上了狭隘的民族主义；加上他抽去社会主义思想，反对进行革命性的社会改良，主张以纯粹的文化主义活动代替政治斗争，这样，他就最终走上了维护沙俄国家利益的道路"①。

19世纪80年代中期，在自由民粹主义思潮中滋长出了一种倡导"小事情理论"的文化主义新形态。这种理论形态由自由民粹主义者阿布拉莫夫提出，他不主张以暴力改变现行制度，认为政治恐怖已经过时。1886年，他在《星期周报》上发文指出，资本主义已经成为实际存在的事实，人们应该关注的是怎么有效避免这一制度的悲惨后果。为此，阿布拉莫夫以其对知识分子的独到理解，使用了"劳动知识分子"这一术语，并把小学教师、土地自治局的医生、神职人员、平民知识分子等作为其组成部分，这部分知识分子"在劳动的意义上是

---

① 马龙闪、刘建国：《俄国民粹主义及其跨世纪影响》，桂林：广西师范大学出版社，2013年版，第203页。

真正干事儿的人，他们从早到晚手不停歇，劳作不息"①。而农村才是知识分子发挥才干的地方，可以去帮助人们普及教育、改善医疗、改进技术等，其理论精髓也就是以"小事情"构建"大事业"。因此，他在《星期周报》上多次刊文，号召知识分子抛开城市，到农村去安家落户。另一位自由民粹主义者克里文柯也表示，"生动的小事业远胜于不做的大事业"②。尽管阿布拉莫夫"小事情理论"中充满了关怀农民和为民服务的思想，但缺少政治要求的内容，实质上成了文化主义，在他们的观念中，文化主义就是知识分子的政治。

对此，列宁认为，自由主义民粹派把个人作用作为主观社会学的基础，不仅以此来否认社会发展的历史必然性，把二者对立起来，而且污蔑马克思主义的历史必然性理论为粗浅的决定论。他们完全忽视人民群众在历史发展中的作用，具有阶级局限性。其所倡导的"文化"只是一种堕落。列宁指出，以《俄国财富》《星期周报》等为代表的自由民粹主义报纸杂志宣扬的纲领内容和思想主张，转向鼓吹通过低息贷款、技术改进、劳动组合和共耕制等改善农民状况，试图以文化主义的改

---

① 转引自马龙闪、刘建国：《俄国民粹主义及其跨世纪影响》，桂林：广西师范大学出版社，2013年版，第206页。

② 中共中央马克思恩格斯列宁斯大林著作编译局编译：《列宁全集》第二版增订版（第一卷），北京：人民出版社，2013年版，第222页。

第三章 批判架构:列宁批判俄国自由民粹主义的多维向度

良做法来解决问题,"是以民粹主义的庸俗化为代价的","是以转变为同这种自由主义同流合污的、仅仅代表小资产阶级利益的文化派的机会主义为代价的"。① 他们站在现存的社会关系上,想要修补现代社会,而不是反对现代社会,他们忘记了这种社会中存在的对抗,"丧失了任何敏感,不知道在我们这个神圣的俄罗斯,十足的资产者也是'在民主主义掩盖下'隐藏着的,所以他们现在是反动的(对无产阶级说来),因为他们抹杀对抗,不谈论斗争,而谈论调和的文化主义的活动"②。总之,自由民粹主义的文化主义主张知识分子为农民在教育、医疗、技术等方面提供紧要实际帮助,但只注重眼前具体的经济、文化任务,失去了对社会发展的长远奋斗目标,只注重琐事的文化主义,在政治上脱离推翻农奴制的任务,走向堕落深渊。

在列宁看来,"小事情理论"的文化主义本身具有反动性质。它看不到俄国社会的对抗,试图通过统治者和资本家的改革来取代革命,并且"把半农奴制半自由的劳动的旧时美好制

---

① 中共中央马克思恩格斯列宁斯大林著作编译局编译:《列宁全集》第二版增订版(第一卷),北京:人民出版社,2013年版,第240页。
② 中共中央马克思恩格斯列宁斯大林著作编译局编译:《列宁全集》第二版增订版(第一卷),北京:人民出版社,2013年版,第248页。

度永恒化"①。列宁指出，自由民粹主义"对这些问题的解答毫无用处，因为这种解答所根据的是西欧早就抛弃了的落后理论，是对资本主义所进行的浪漫主义的和小资产阶级的批判，是对俄国历史和现实中最重要事实的忽视"②。

二、批判文化教育"工读结合"的功利方案

教育的功利化与俄国民族的文化虚无主义心理特征紧密相联。"虚无主义和道德主义是俄国民粹主义的重要心理特征，虚无主义否认绝对价值，肯定相对价值和功利主义。"③俄国自由主义民粹派同样带着浓厚的文化虚无主义和教育功利主义。在文化教育这个问题上，俄罗斯人与西方人态度截然不同，他们没有西方所持有的那种文化崇拜，俄罗斯人属于启示学者或虚无主义者。受东正教影响，对人所创造的一切事物采取虚无态度，"虚无主义像革命一样，属于俄罗斯人的历史命运"④。

---

① 中共中央马克思恩格斯列宁斯大林著作编译局编译：《列宁全集》第二版增订版（第一卷），北京：人民出版社，2013年版，第208页。

② 中共中央马克思恩格斯列宁斯大林著作编译局编译：《列宁全集》第二版增订版（第二卷），北京：人民出版社，2013年版，第409页。

③ А. И. Юдин, "Народничество и русский марксизм", Вестник ТГУ, № 4, 2011, С. 246.

④ 尼·别尔嘉耶夫著，雷永生、邱守娟译：《俄罗斯思想：十九世纪末至二十世纪初俄罗斯思想的主要问题》，北京：生活·读书·新知三联书店，1995年版，第130页。

第三章　批判架构：列宁批判俄国自由民粹主义的多维向度

民粹主义与虚无主义相互交织，在"民粹主义"这一术语尚未出现时，以及出现后的一段时期，"最初被称为'虚无主义者'的人，就指的是民粹主义者"①。自屠格涅夫在《父与子》中第一次用"虚无主义者"来称呼新一代知识青年后，"虚无主义"开始在俄国流行。究其意涵，一方面，保守的旧制度维护者把它视为无视一切道德和准则的破坏思想；另一方面，革命民主主义者把虚无主义看作否定旧传统和现存秩序、争取自由民主的思想。许多早期的俄国民粹主义者曾是虚无主义者，如车尔尼雪夫斯基、拉甫罗夫等，并把19世纪六七十年代俄国知识青年民粹主义运动称为虚无主义运动。②

马克思在1870年2月读了恩·弗列罗夫斯基的《俄国工人阶级的状况》后对这个问题也有过判断，他致信恩格斯表示，俄国革命迫在眉睫，解放农奴加速了俄国现状的瓦解，"从这里也可以看到现在俄国大学生等等中间风行一时的学校青年虚无主义的现实基础"③。此后，这些俄国青年深受革命民粹主义暴动派代表人物巴枯宁影响，巴枯宁号召这些知识青

---

① 马龙闪、刘建国：《俄国民粹主义及其跨世纪影响》，桂林：广西师范大学出版社，2013年版，第271页。
② 姚海：《俄罗斯文化》，上海：上海社会科学院出版社，2005年版，第235页。
③ 中共中央马克思恩格斯列宁斯大林著作编译局编：《马克思恩格斯全集》（第三十二卷），北京：人民出版社，1974年版，第428页。

年，赶紧抛弃这个注定毁灭的世界，抛弃大学、学院和学校，"到民间去"，把自己全部奉献给人们，立即组织起来举行暴动。值得一提的是，虚无主义的代表人物皮萨列夫就深受赫尔岑、车尔尼雪夫斯基、别林斯基以及西欧先进思想家的影响。

虚无主义和民粹主义之间有明显的相通性。譬如它们对待知识分子和文化艺术的态度观点是一致的，都认为是用从劳动人民那里掠夺或剥削的资源来支撑其发展。正如别尔嘉耶夫指出："文化本身并不是生活的无罪证明，它的获得是靠对人民的剥削。民粹派思想经常对文化报以敌视态度，在任何条件下都会起来反对文化崇拜。"①

民粹主义者以虚无主义态度看待文化教育，否定传统的大学教育，以功利态度对待义务教育。一定程度上说，文化的虚无主义势必导致教育的功利化。在他们看来，传统大学的功绩在纯粹学术方面，对人民生活没有帮助，不能对现实问题作出回答，"遗憾的是，到目前为止我们的大学自己还没有充分自由的内部的自我发展，并且成了官方的、同外界隔绝的、脱离人民生活的集团，而不是各地人民的最高学府。大部分教授是

---

① 尼·亚·别尔嘉耶夫著,邱运华、吴学金译:《俄罗斯思想的宗教阐释》,北京:东方出版社,1998年版,第58页。

官吏，而不是社会教育活动家"①。无政府主义色彩的民粹派思想家克鲁泡特金在《我们是否应该研究未来制度的理想？》一文中指出："必须关闭一切大学、学院和其他高等学校，用社会资金普遍开设学校—工场，这种学校—工场很快就能包括现在大学的教学，当然，一定能发展到现在大学的水平，并且能超过它们。"②强调不需要为少数人建立的大学，需要的是生产作坊和工人学校。

自由民粹主义总体上沿袭了革命民粹主义的文化教育理念，甚至更加极端。典型的自由民粹主义者尤沙柯夫在这个问题上观点更加激进，他在《俄国财富》杂志上发表的《教育的空想（全民中等义务教育计划）》一文，以极端功利的态度对待教育，提出"工读结合"的教育改革方案，让贫穷学生通过服工役来代替缴纳学费，"使每所中学能够以自己的劳动来养活全体学生、工人、教师和行政人员，并且抵偿教育费用"，"把中学发展成大型的农业劳动组合"，"把这样的计划当做民粹主义的生产'村社化'的第一步，当做俄国要避免资本主义

---

① 阿·普·夏波夫：《村社》，载中共中央马克思恩格斯列宁斯大林著作编译局国际共运史研究室编译：《俄国民粹派文选》，北京：人民出版社，1983年版，第32页。

② 彼·阿·克鲁泡特金：《我们是否应该研究未来制度的理想？》，载中共中央马克思恩格斯列宁斯大林著作编译局国际共运史研究室编译：《俄国民粹派文选》，北京：人民出版社，1983年版，第273页。

波折所必须选择的那条新道路的一部分"。① 对此，列宁从对待文化教育问题的态度、文化教育的方案等方面进行了批判。

首先，批判自由民粹主义对待文化教育的虚无态度。自由主义民粹派在文化上的消极态度体现在用鄙夷的目光看待学理性强的哲学、艺术、美学之类的抽象性学科，把它们视为贵族式的奢侈品，一概予以否定。这种虚无主义的消极态度，被俄国哲学家、思想家谢苗·弗兰克看作是一种"反文化趋向"。弗兰克在谈及这个问题时说："如果我们把这一特有的反文化趋向再加上如上所述的虚无主义的道德主义特点，就会得到传统知识分子世界观的较为全面的图式，对此最适当的表征是民粹主义。"② 以至于他们主张取消大学也是不足为奇的。列宁明确指出："文明国家几乎是没有文盲的。在那里，努力设法吸引人们入学；千方百计帮助建立图书馆。"③ 即是说，国家在教育问题上要积极主动作为，要予以实质上的帮助和支持，以此来提高国民素质，促进文明国家的发展。1902 年，列宁在《社会民主工党纲领草案》中也明确表达了自己对义务教育的

---

① 中共中央马克思恩格斯列宁斯大林著作编译局编译：《列宁全集》第二版增订版（第二卷），北京：人民出版社，2013 年版，第 21 页。
② 弗兰克著，徐凤林译：《俄国知识人与精神偶像》，上海：学林出版社，1999 年版，第 56 页。
③ 中共中央马克思恩格斯列宁斯大林著作编译局编译：《列宁全集》第二版增订版（第二十四卷），北京：人民出版社，2017 年版，第 285 页。

观点，认为"对未满 16 岁的儿童一律实行免费的义务教育；由国家供给贫苦儿童膳食、服装、教材和教具"①。列宁在文化教育这一问题上的观点显然与自由主义民粹派所主张的取消大学，兴办"农场中学"、"农庄中学"或"农业中学"，采用工读结合方式实行义务教育等观点，是完全相反的。在列宁看来，民粹主义以虚无主义态度对待文化教育，将其视为"玩意儿"，那"只是一种堕落"。②

其次，批判自由民粹主义对待文化教育"工读结合"的功利方案。客观上来说，任何个人、阶层、集团和政党都有一定的功利性，不能简单一概否定，但功利主义不能狭隘，不能只顾眼前利益和少数群体利益，不能走向狭隘的极端功利主义。自由民粹主义奉行的教育方案正是极端的功利主义，尤沙柯夫提出的中等义务教育计划的方案和原则是这一功利主义的典型代表。为此，列宁专门撰写《农庄中学与感化中学》（1895年）、《民粹主义空想计划的典型》（1897年）等文章对自由民粹主义者尤沙柯夫功利化的教育改革计划进行批判。尤沙柯夫提出所谓"全民教育"方案，把"穷学生服工役""有钱出

---

① 中共中央马克思恩格斯列宁斯大林著作编译局编译：《列宁全集》第二版增订版（第六卷），北京：人民出版社，2013 年版，第 195 页。

② 中共中央马克思恩格斯列宁斯大林著作编译局编译：《列宁全集》第二版增订版（第一卷），北京：人民出版社，2013 年版，第 307 页。

钱，无钱做工""体力劳动的义务"等措施作为中等义务教育计划的基础，以中学的"工读结合"来解决教育费用问题，试图建立不考虑阶级利益的"统一类型的国立中学"。列宁认为，这些关于教育问题的阐述纯粹只是教育功利化的空想，"所有这些词句只能说明，尤沙柯夫先生喜欢漫无边际地思考问题，甚至不是思考问题，而是舞文弄墨"①。在列宁看来，尤沙柯夫的"工读结合"的生产"村社化"计划，与自由民粹主义者尼·列维茨基发表在《俄罗斯新闻》上的《谈谈有关人民生活的几个问题》一文中提出的在全体农民中推行"义务互助人寿保险"的计划，性质是一样的，这些都是"马尼洛夫式"的空想性计划，"忽视实际的现实情况和实际的经济发展，不愿分析俄国社会各个阶级在其相互关系中的现实利益"②。

最后，剖析了自由民粹主义教育改革方案功利化的原因。尽管尤沙柯夫方案试图抛弃等级学校和阶级学校，且在理论上对阶级学校和等级学校的特征分析"几乎已经接触到了这两个概念的本质区别"③，即"等级属于农奴社会，阶级则属于资

---

① 中共中央马克思恩格斯列宁斯大林著作编译局编译：《列宁全集》第二版增订版（第二卷），北京：人民出版社，2013年版，第452页。
② 中共中央马克思恩格斯列宁斯大林著作编译局编译：《列宁全集》第二版增订版（第二卷），北京：人民出版社，2013年版，第384页。
③ 中共中央马克思恩格斯列宁斯大林著作编译局编译：《列宁全集》第二版增订版（第二卷），北京：人民出版社，2013年版，第454页。

第三章 批判架构：列宁批判俄国自由民粹主义的多维向度

本主义社会"①，但他并未考虑这些区别，而是以小资产阶级立场，认为阶级学校大纲势必分为富人的大纲和穷人的大纲，阶级学校以限制阶级为前提，严厉谴责社会分化的阶级现象。在他看来，任何形式的阶级教育制度都是与国家、民族和受教育者的利益相冲突的。列宁认为，尤沙柯夫忽视阶级区别，去谈整个民族全民教育问题，暴露出他的概念异常混乱。这些归根结底是尤沙柯夫不理解阶级学校的实质，即"教育的组织和受教育的机会，对一切有产者来说，都是相同的。阶级学校不同于等级学校的实质就在于有产者这三个字上面"。显然，"有产者"已经在无形中进行了阶级的划分。实际上，"阶级学校根本用不着把大纲分成富人的大纲和穷人的大纲，因为缴不起学费、教材费和整个学习时期膳宿费的人，阶级学校根本不让他们受中等教育"②。从俄国现实情况来看，财政部出版的《俄国的生产力》刊出的《国民教育》统计显示，1892年，即使在一般中学中也有56%的学生是贵族和官吏子弟。因此，在列宁看来，俄国当前中学的性质依旧没有脱离等级学校和阶级学校。如果按照尤沙柯夫的教育计划，"富人只缴28.7%的学

---

① 中共中央马克思恩格斯列宁斯大林著作编译局编译：《列宁全集》第二版增订版（第二卷），北京：人民出版社，2013年版，第455页。
② 中共中央马克思恩格斯列宁斯大林著作编译局编译：《列宁全集》第二版增订版（第二卷），北京：人民出版社，2013年版，第455页。

费,而穷人却要缴纳全部学费,另外还得服工役!"① 因此,列宁批判地指出,尤沙柯夫全民教育改革方案"这些言论都是胡诌,都是空话,都是用毫无意义的小资产者'愿望',用这些不知不觉取代了对事实的说明的愿望,来抹杀当前现实的本质"②。

三、批判"道德主义"的精神文化评判

俄国自由主义民粹派从其组成人员来看,是俄国特定的知识分子群体构成的一个思想政治流派。与这些俄国知识分子群体同时代的俄国著名思想家弗兰克认为,在他们的心灵中独一无二的是"道德性、道德评价和道德动机",这一思想趋向被称之为"道德主义"。③ 与此同时,另一位哲学家、思想家别尔嘉耶夫同样指出:"俄罗斯民粹派的心灵是道德化的,它对世间一切都采用特殊的道德评价。"④ 在他们看来,这种"道德

---

① 中共中央马克思恩格斯列宁斯大林著作编译局编译:《列宁全集》第二版增订版(第二卷),北京:人民出版社,2013年版,第472页。
② 中共中央马克思恩格斯列宁斯大林著作编译局编译:《列宁全集》第二版增订版(第二卷),北京:人民出版社,2013年版,第457页。
③ 弗兰克著,徐凤林译:《俄国知识人与精神偶像》,上海:学林出版社,1999年版,第48页。
④ 别尔嘉耶夫著,汪剑钊译:《俄罗斯的命运》,昆明:云南人民出版社,1999年版,第73页。

主义"构成俄国知识分子世界观的本质,以满足"多数人"需要为价值目标,以"人民福利"为信仰表征,"服务于这一目的是人的最高的和唯一的义务"。①

俄国民粹主义遵循的"道德主义"要求个人的自我牺牲和私人利益对社会事业的绝对服从。他们"否认所有的绝对价值,将'大多数人'(或人民)的主观物质利益作为唯一的道德目的,要求个人严格的自我牺牲,个人利益(甚至是最高的,最纯粹的)无条件服从公共服务事业的道德主义"②。他们把政治问题道德化,并以此作为最高的文化准则,其他科学真理和文化价值服从于它。这种"道德主义"的最基本、最深刻的特点是"从对客观价值的否定生发出对他人('人民')主观利益的神圣化,由此就应当承认人的最高的和唯一的任务就是为人民服务,而同样由此产生对阻碍或仅仅是不促进这一任务之实现的一切事物的禁欲主义的憎恨"③。

民粹主义的道德政治这一观点在革命民粹派那里体现得淋漓尽致。《革命者基本信条》中明确表示:"凡能促使革命胜

---

① 弗兰克著,徐凤林译:《俄国知识人与精神偶像》,上海:学林出版社,1999年版,第52页。

② А. И. Юдин, "Народничество и русский марксизм", Вестник ТГУ, No 4, 2011, C. 246.

③ 弗兰克著,徐凤林译:《俄国知识人与精神偶像》,上海:学林出版社,1999年版,第54页。

利的一切都是道德的。凡妨碍革命取得胜利的一切都是不道德的和罪恶的。"① 在被民粹主义者奉为"革命圣经"的拉甫罗夫所著的《历史信札》中也体现出相同思想,在他看来,即使是进步的科学,如果当社会迫切需要全部力量用来解决各种现有实际问题,又不能认证自己是进步活动家时,"科学协会,作为一种社会形态,很可能成为社会发展的障碍"②。拉甫罗夫还进一步指出,科学协会要从人道意义出发,以坚持"人民"的"道德主义"立场,关于纤毛虫的新形态、克洛维外衣样式、克勒特语动词变位法的研究要放在次要位置,几何学家、比较语言学家、天文学家等都应该用全部时间和精力来解决现实问题,那些"对于迫切的现实问题的冷淡主义并且逃避参加解决这些问题的科学协会,将是一种反动因素,而不是进步因素"③。正是基于这种极端主义立场,科学文化、艺术哲学都被看作是"妨碍革命的",甚至认为是"不道德的和罪恶的"。在拉甫罗夫看来,"道德理想是唯一的灯塔,它能够赋予历史

---

① 刘建国、马龙闪:《论俄国民粹主义的文化观》,载《哲学研究》,2005年第12期,第66页。
② 彼·拉甫罗夫著,张静译:《历史信札》,北京:人民出版社,2022年版,第121页。
③ 彼·拉甫罗夫著,张静译:《历史信札》,北京:人民出版社,2022年版,第122页。

以前景"①。

别尔嘉耶夫对此也有过评述："俄罗斯人并不太寻求真理，而是寻求真，对此进行宗教的、道德的、社会的思索，寻求拯救。这里就存在着某些典型的俄罗斯的东西，存在着真正的俄罗斯之真。但也存在着危险，存在着对意识之路的偏离，存在着民粹派式的理由充足的无知倾向。"② 民粹派思想的这种道德功利主义色彩，使得俄国知识分子不再寻求科学真理，而是寻求"科学对生活、对某种社会道德倾向的证明和将其神化的效用"，米海洛夫斯基正是在这一心理特点的影响下，试图以其主观社会学学说对此"加以论证和合法化"。③

米海洛夫斯基追寻拉甫罗夫的步伐提出理想制度只要符合"人的本性"，"适合理性道德生活概念"的观点。他试图以主观社会学方法这一哲学方法论视角来看待社会发展的历史过程，认为"在社会现象领域里观察必然会以极为密切的方式和

---

① 瓦·瓦·津科夫斯基著，张冰译：《俄国哲学史》（上卷），北京：人民出版社，2013年版，第396页。

② 别尔嘉耶夫著，汪剑钊译：《俄罗斯的命运》，昆明：云南人民出版社，1999年版，第72页。

③ 弗兰克著，徐凤林译：《俄国知识人与精神偶像》，上海：学林出版社，1999年版，第48—49页。

道德评价相关联"①，主张"社会学的根本任务是阐明那些使人的本性的这种或那种需要得到满足的社会条件"②。米海洛夫斯基的思想是以小资产阶级立场的人的道德生活为准则，"相信社会主义的最终诉求必须基于主观选择和道德理想，而不是客观必然性和物质事实"③。但需要注意的是，米海洛夫斯基此时的"理性道德"与革命民粹主义者的"道德主义"尽管在思维方式和形式上是相通的，但其内涵却有所差异。革命民粹主义明确主张"凡是阻碍革命的都是不道德的"，并且"将加强革命行动作为道德净化的唯一行为方式"，认为必须通过暴力改变社会制度。④而米海洛夫斯基则不同，他曾明确表达过自己对暴力革命的态度，如果革命者冲进他的书房，首先要保护好别林斯基的塑像，以防被打碎。显然，自由民粹主义者所持的"道德主义"的内涵更多的是反对暴力革命，倡导小资产阶级的价值取向。与此同时，在自由主义民粹派看来，批判资

---

① 转引自瓦·瓦·津科夫斯基著，张冰译：《俄国哲学史》（上卷），北京：人民出版社，2013年版，第409页。（注：米海洛夫斯基在书中译为米哈伊洛夫斯基。）

② 中共中央马克思恩格斯列宁斯大林著作编译局编译：《列宁全集》第二版增订版（第一卷），北京：人民出版社，2013年版，第107页。

③ James H. Billington, *Mikhailovsky and Russian Populism*, London: Oxford at the Clarendon Press, 1958, p. 65.

④ В. Д. Жукоцкий, Ф. П. Фурман, "Народничество русской интеллигенции и культуры", *Философия и общество*, №3, 2004, С. 162.

第三章 批判架构：列宁批判俄国自由民粹主义的多维向度

本主义只要从"现代科学和现代道德观念"出发，也就是从他们的小资产阶级的理想出发就够了。对此，列宁以客观现实和唯物史观对自由民粹主义的"道德主义"进行了深入批判。

其一，批判自由主义民粹派脱离客观实际来否定科学文化的"道德主义"。在民粹主义的影响下，俄国在革命道路、革命信念，甚至是现代文明问题上都呈现出幻想的浪漫主义色彩，使得文化思想和政治理念失去了应有的价值，具有"反文化趋向"。一方面，自由民粹主义所宣扬的道德政治理念始终遵循这样的准则，即认为现代资本主义带来了许多灾难，呼吁俄国知识分子中的文明少数要为使绝大多数"人民"避免灾祸而尽其所能起来斗争，并以此作为其应当肩负的道义责任。对此，列宁认为，自由民粹主义者基于这种浪漫主义色彩的"道德主义"，彻底否定资本主义现代社会，把它看作是偶然的、人为的政策的结果，以"午睡般的宁静"的甜梦继续照拂体贴那个"传统社会"，并辅之以"逼近的灾祸"的种种惨象。[1] 他们完全看不到资本主义的相对进步性，认不清资本主义的本质，简单地排斥机器等先进生产力，"竭力证明资本主义是一种极其不好的东西，是一个'转瞬'即将灰飞烟灭的

---

[1] 中共中央马克思恩格斯列宁斯大林著作编译局编译：《列宁全集》第二版增订版（第一卷），北京：人民出版社，2013年版，第306页。

'笨重东西'"①。

另一方面，在劳动形式即生产关系问题上，自由民粹主义者以道德政治的理想，怀抱着中世纪的劳动形式，却认为找不到"有什么理由来完全取消这些形式"②。他们试图做到"各处采纳长处"，把从中世纪形式中"采纳"的生产资料归劳动者所有和从资本主义形式中"采纳"的自由、平等、教育和文化进行简单拼凑，从而做到"万事大吉"。列宁批判地指出，这些哲学家纯粹形而上学地把社会关系看作制度的简单机械组合、现象的简单机械联结，他们根本不懂得用科学的社会理论来分析生产关系和劳动形式，却以"道德主义"取代科学分析，"用马克思的话来说，他根本不懂得辩证方法，而辩证方法要我们把社会看作活动着和发展着的活的机体"③。他们不清楚"全国法律政治制度与一定社会阶级的物质利益有联

---

① 中共中央马克思恩格斯列宁斯大林著作编译局编译：《列宁全集》第二版增订版（第一卷），北京：人民出版社，2013年版，第309页。
② 中共中央马克思恩格斯列宁斯大林著作编译局编译：《列宁全集》第二版增订版（第一卷），北京：人民出版社，2013年版，第157页。
③ 中共中央马克思恩格斯列宁斯大林著作编译局编译：《列宁全集》第二版增订版（第一卷），北京：人民出版社，2013年版，第159页。

系"①，只能是"道德化的批判"和"批判的道德化"。②

其二，以唯物史观对"道德主义"进行了釜底抽薪式的批判。列宁指出："我们否定从超人类和超阶级的概念中引出的这一切道德。"③道德是建立在经济基础之上的，具有阶级性，必然要依附阶级存在。文化道德作为社会生活的一种表达形式，是受物质生活和生产力发展水平制约的，虽然自由民粹主义者承认"小市民把自己的科学、自己的道德准则和自己的诡辩带进生活中来"④，但在列宁看来，他们的主观社会学方法使得他们不能正确地把握生产关系，"人民之友"的自由主义民粹派没有通过分析实际资料作出论证，只是以"适合'人的本性'、适合理性道德生活概念"⑤等空话和盾词来支吾搪塞，对资本主义的发展和到来充满浪漫主义式的抵触。尽管当时俄国理论界已经形成对资产阶级的歌颂，且当时俄国社会存在两

---

① 中共中央马克思恩格斯列宁斯大林著作编译局编译：《列宁全集》第二版增订版（第二卷），北京：人民出版社，2013年版，第407页。

② 普列汉诺夫著，刘若冰等译：《普列汉诺夫哲学著作选集》（第一卷），北京：生活·读书·新知三联书店，1959年版，第782页。

③ 中共中央马克思恩格斯列宁斯大林著作编译局编译：《列宁全集》第二版增订版（第三十九卷），北京：人民出版社，2017年版，第338页。

④ 中共中央马克思恩格斯列宁斯大林著作编译局编译：《列宁全集》第二版增订版（第一卷），北京：人民出版社，2013年版，第345页。

⑤ 中共中央马克思恩格斯列宁斯大林著作编译局编译：《列宁全集》第二版增订版（第一卷），北京：人民出版社，2013年版，第127页。

种社会组织形式的更替，树立了两种不同的道德，即农奴主的道德和资产阶级道德，"但小资产者不敢正视真理，不敢直言不讳，他回避这些不容置辩的事实而开始幻想起来"，他们对市场生产避而不谈，认为只有独立的小经济才是"道德的"，而资产阶级的雇佣经济就是"不道德的"。① 自由民粹主义的这一观点，究其缘由，是民粹主义主观社会学方法论所致，使得他们不能抓住问题的实质，看不到人是实践的存在物，认不清社会关系。他们的小资产阶级立场决定了他们对先进资本主义发展的恐惧，从而陷入了抽象的"道德主义"之中。而马克思主义者的道德是从无产阶级阶级斗争的利益中引申出来的，反对一切私有制的抽象的道德，"完全服从于无产阶级阶级斗争的利益"②。

第四节 列宁对俄国自由民粹主义思想基石的批判

俄国自由民粹主义作为19世纪末20世纪初的流行思潮，之所以能够捕获拥趸、影响甚广，离不开它的思想基石——

---

① 中共中央马克思恩格斯列宁斯大林著作编译局编译：《列宁全集》第二版增订版（第一卷），北京：人民出版社，2013年版，第346页。
② 中共中央马克思恩格斯列宁斯大林著作编译局编译：《列宁全集》第二版增订版（第三十九卷），北京：人民出版社，2017年版，第303页。

"英雄和群氓"的唯心史观和主观社会学方法论。此时,"马克思主义作为系统的理论力量,挑战了俄国民粹主义领导地位"①,因此与自由民粹主义理论发生遭遇在所难免。以米海洛夫斯基、克里文柯、尤沙柯夫为代表的自由民粹主义者以"人民之友"自居,在《俄国财富》《祖国纪事》等杂志上发表文章,通过曲解、捏造、污蔑等手法,运用主观社会学方法论与"英雄和群氓"的唯心史观对马克思主义发起攻击,试图从哲学思维理论方面对马克思主义发难,从而达到维护其代表的小资产阶级利益和主张的目的。事实上,自由民粹主义在发展道路、文化教育及经济学观点上的系列错误论调,一定程度上都是基于其思想基石产生的。对此,列宁以马克思主义立场,对自由民粹主义的思想基石进行了批判,有效地捍卫了马克思主义。

一、批判主观社会学的哲学思维

主观社会学又称社会学中的主观方法,是俄国自由民粹主义者认识社会历史的思维方法。主观社会学可以追溯到19世纪初的俄国,它是相对于客观主义提出来的。19世纪以后,欧

---

① James H. Billington, *Mikhailovsky and Russian Populism*, London: Oxford at the Clarendon Press, 1958, p. 162.

洲知识背景发生了显著变化，浪漫主义和德国唯心主义哲学取代了启蒙运动和法国唯物主义哲学，成为大部分欧洲思想界的向导。① 19世纪30—40年代，俄国知识界涌现出一批黑格尔主义者，他们"运用黑格尔的客观主义的绝对精神为自己的碌碌无为辩护，为俄国社会的专制制度辩护"②；声称进步是不可避免的、客观的和自然的过程。客观主义常以历史的客观规律、政治经济的铁的规律的名义来解释群众的苦难。以至于巴枯宁和别林斯基曾经一度沉浸其中并试图"与现实和解"，承认现有的社会和政治现实是由客观的历史理性所决定的，人们必须接受它。就是说，与其试图改变现实以适应自己的主观假设，不如调整自己以适应现实的要求。值得一提的是，40年代初，巴枯宁和别林斯基也放弃了他们的"和解"，恢复了他们以前严厉谴责的席勒式的主观主义。③ 针对这种客观主义，拉甫罗夫提出了他的主观主义辩护，并在这一问题上得到了米海洛夫斯基的支持。他们的观点被称为主观社会学或主观方法。

自此，主观社会学成了自由民粹主义的思维理论基石和认

---

① 尼古拉·梁赞诺夫斯基、马克·斯坦伯格著，杨烨等译：《俄罗斯史》，上海：上海人民出版社，2007年版，第331页。

② 夏银平：《俄国民粹主义再认识》，广州：中山大学出版社，2005年版，第117页。

③ A. Walicki, *The Controversy over Capitalism: Study in the Social Philosophy of Russian Populist*, London: Oxford University Press, 1969, p31.

第三章 批判架构：列宁批判俄国自由民粹主义的多维向度

识论方法。"这种世界观的基础是人类学原理，它要求社会进步必须符合'人的本性'，符合人的自我完善和个人发展的逻辑，这是确定历史意义的标准。"① 米海洛夫斯基断言，历史是由具有思想和情感的个人创造的，在认识和把握社会历史发展过程中强调主体的在场性。正如俄国民粹主义研究专家、波兰裔英国学者安杰伊·瓦利茨基所指出的，主观社会学认为历史本身没有意义，它有许多含义，但都是由人赋予的，人类历史始于具有"批判性思维的个体"的出现，他们试图通过批评和"理想化"的方式来塑造人的命运。② 显然，主观社会学是"把握社会科学的一种方法，更多具有的是认识论的意义，而不具有本体论意义"③。

自由民粹主义者以主观社会学对马克思的理论发起攻击，认为"社会主义中客观研究的方法是不成立的"④，它依赖于个人的主体选择。米海洛夫斯基宣称："社会学的根本任务是

---

① В. Д. Жукоцкий, Ф. П. Фурман, "Народничество русской интеллигенции и культуры", *Философия и общество*, №3, 2004, С. 169.

② A. Walicki, *The Controversy over Capitalism: Study in the Social Philosophy of Russian Populist*, London: Oxford University Press, 1969, p33.

③ 夏银平：《重新认识俄国民粹主义的"主观社会学"》，载《学术研究》，2010年第8期，第38页。

④ 洛斯基著，贾泽林等译：《俄国哲学史》，杭州：浙江人民出版社，1999年版，第82页。

阐明那些使人的本性的这种或那种需要得到满足的社会条件。"① 他们用所谓的"人的本性"来衡量社会现象,并作为社会发展的动力,认为"应当找到合乎心愿的事物,消除不合乎心愿的事物的条件",凡是不合乎这种理想的都应当被取消。列宁对此予以全面回击,批判自由民粹主义的"合乎人的本性"的观点。列宁认为,自由主义民粹派不讲具体的社会经济形态,他们谈论的是"一般社会",把"一般社会是什么,一般社会的目的和实质是什么"作为焦点,认为社会的目的就是为社会成员谋取利益。在列宁看来,主观社会学首创者之一的米海洛夫斯基所指出的"社会学应从某种空想开始","这句话绝妙地说明了他们的方法的实质"。②

列宁接着分析指出,马克思关于社会经济形态发展的自然历史过程这一基本思想,从根本上摧毁了这种以社会学自命的幼稚说教,判断一个社会状况不能以意识为依据,而是要考察经济社会生活中的矛盾,完成这一任务的具体方法只能是"社会学中这种唯物主义思想"。此前的唯心史观长期统治社会历史领域,他们以抽象的"一般社会"为研究对象,而马克思的

---

① 洛斯基著,贾泽林等译:《俄国哲学史》,杭州:浙江人民出版社,1999年版,第107页。
② 中共中央马克思恩格斯列宁斯大林著作编译局编译:《列宁全集》第二版增订版(第一卷),北京:人民出版社,2013年版,第106—107页。

第三章 批判架构：列宁批判俄国自由民粹主义的多维向度

《资本论》却揭示了"现代社会"的发展规律和经济运行规律。正是马克思关于生产关系的观点，"第一次使科学的社会学的出现成为可能，还由于只有把社会关系归结于生产关系，把生产关系归结于生产力的水平，才能有可靠的根据把社会形态的发展看作自然历史过程"①。列宁指出，自《资本论》问世以来，唯物史观是得到了科学证明的原理，探明了作为一定生产关系总和的社会经济形态，犹如达尔文在看似毫无联系的动植物中，发现了物种的变异性和遗传性，使生物学成为科学。马克思从客观实际出发揭示了社会历史发展的固有规律，在《〈政治经济学批判〉序言》中有过明确表述："人们在自己生活的社会生产中发生一定的、必然的、不以他们的意志为转移的关系，即同他们的物质生产力的一定发展阶段相适合的生产关系。"② 换言之，物质生产力决定生产关系，判断时代的变革不能以意识为根据，而是要从物质生活的矛盾中，从生产力和生产关系的矛盾中去探究和阐释。在列宁看来，马克思这一理论分析从根本上对自由民粹主义"人的本性"予以否定，得出社会经济形态的发展是一种"自然历史过程"。

---

① 中共中央马克思恩格斯列宁斯大林著作编译局编译：《列宁全集》第二版增订版（第一卷），北京：人民出版社，2013年版，第110页。

② 中共中央马克思恩格斯列宁斯大林著作编译局编：《马克思恩格斯文集》（第二卷），北京：人民出版社，2009年版，第591页。

二、批判"英雄和群氓"的唯心史观

在历史观问题上,究竟是个别英雄创造历史,还是人民群众创造历史,一直以来存在着不同答案,这也是区分唯物史观和唯心史观的重要标志。在俄国历史上,无论是革命民粹主义,还是自由民粹主义,他们都是宣传个别英雄创造历史的典型派别,"如果说民粹派在革命的策略问题上曾经有分歧的话,那么他们在世界观问题上则是一致的"①。正是在历史发展规律问题上的相同观点,决定了他们都是唯心史观的拥趸。民粹主义代表性人物拉甫罗夫和米海洛夫斯基正是其中的典型代表。

拉甫罗夫在《历史信札》的第五封信中明确强调个人作用,并得出结论:"如果社会摧残具有批判思维能力的个人,它就会面临停滞的危险。如果社会文明变成纯粹是为数不多的少数人的财富,那么这种文明无论怎样都将消亡。因此,无论人类的进步多么微小,但已经取得的进步完全是靠具有批判思维的个人取得的;没有他们,肯定不会有进步;没有这些人传播进步的愿望,进步也是极不稳固的。"② 由此可见,在拉甫罗夫看来,历史是由"具有批判思维能力的个人"创造的,是在

---

① 宋洪训:《俄国民粹派的英雄史观》,载《国际共运史研究资料》,1981年第1期,第137页。
② 彼·拉甫罗夫著,张静译:《历史信札》,北京:人民出版社,2022年版,第70页。

他们实现理想的过程中创造的,是"一些单独进行斗争的人"在推动社会的发展。这些"个人"比普通大众更加深刻地理解社会的缺点,更加清楚自己为何活着,并为之付诸行动,"他们敢于冒一切风险,准备牺牲一切"①。而普通大众却只能在逆来顺受、无所作为中悄然逝去。

米海洛夫斯基的观点与之完全一致。他先后撰写了《英雄和群氓》(1882年)、《再论英雄》(1891年)、《再论群氓》(1893年)等一系列文章,可以说在这一方面,他比拉甫罗夫走得更远。虽然他的思想有过变化,但他的民粹主义本质并未改变。进入19世纪80年代,米海洛夫斯基炮制主观社会学,反对马克思主义的唯物史观,大肆宣传"英雄和群氓"的唯心史观,他认为是"冒着风险的历史活动家"推动着"事变向目标前进",并把知识分子看作是这些"冒着风险"创造历史的"英雄"。米海洛夫斯基在《英雄和群氓》一文中指出,使用"英雄""群氓"这两个术语,没有任何褒贬之义,他们的"任务是研究群氓和他们心目中的伟人之间关系的奥秘,而不

---

① 彼·拉甫罗夫著,张静译:《历史信札》,北京:人民出版社,2022年版,第99页。

是寻找衡量伟大的尺度"①。为此,他从生物学、心理学、精神病学等角度对社会五花八门的现象进行了分析,试图以此来解开"英雄"和"群氓"关系的奥秘,他分析了头羊与羊群的盲目关系、生物学的拟态现象,还列举了自杀问题和死刑犯的模仿作用,以及招魂术、催眠术等各式各样表现。总之,在他们看来,"英雄"就是"以自己的榜样带动群众从善或行恶,去干最崇高的事或最卑鄙的事、合乎理性的事或毫无理性的事的人"②,而"群氓"就是那些被带动的人。值得一提的是,"个人恐怖主义的理论基础就是民粹派'英雄和群氓'的唯心史观"③。

在俄国,普列汉诺夫率先开启对民粹派"英雄和群氓"的唯心史观的批判,但全面完成这一批判任务的人是列宁。值得一提的是,俄国民粹派"英雄和群氓"的唯心史观提出的"具有批判思维能力的个人"的观点,同德国青年黑格尔分子鲍威

---

① 尼·康·米海洛夫斯基:《英雄和群氓》,载中共中央马克思恩格斯列宁斯大林著作编译局国际共运史研究室编译:《俄国民粹派文选》,北京:人民出版社,1983年版,第816页。

② 尼·康·米海洛夫斯基:《英雄和群氓》,载中共中央马克思恩格斯列宁斯大林著作编译局国际共运史研究室编译:《俄国民粹派文选》,北京:人民出版社,1983年版,第815页。

③ 中共中央马克思恩格斯列宁斯大林著作编译局《马列著作编译资料》编辑部编:《马列著作编译资料》(第十辑),北京:人民出版社,1980年版,第187页。

第三章 批判架构：列宁批判俄国自由民粹主义的多维向度

尔兄弟的"批判的批判"是基本一致的。马克思恩格斯在《神圣家族》中对鲍威尔兄弟进行了深刻的批判，马克思的这一批判也适用于民粹派"英雄和群氓"的唯心史观。

其一，批判自由民粹主义"个人创造历史"的唯心史观。自由民粹主义者把历史看作是由"一些单独进行斗争的人"创造的，"个人创造历史"，历史是由"'具有自己的一切思想和感情的活的个人'创造的"。① 他们把个人的偶然出现的情感看作是对历史问题的创造，米海洛夫斯基明确指出："具有自己的一切思想和感情的活的个人，冒着风险成为历史活动家。是他，而不是什么神秘力量提出历史的目标，并且突破自然界和历史条件的自发力量所造成的重重障碍而推动事变向目标前进。"② 对此，列宁认为，历史是由个人创造完全是没有意义的空话，因为"全部历史本来由个人活动构成，而社会科学的任务在于解释这些活动"③，并揭示它们产生的根源及规律。米海洛夫斯基所说的不过是毫无意义的同义反复。在"人"这个问题上，马克思主义者所研究的社会的人，强调的是社会关系中

---

① 中共中央马克思恩格斯列宁斯大林著作编译局编译：《列宁全集》第二版增订版（第一卷），北京：人民出版社，2013年版，第367页。
② 中共中央马克思恩格斯列宁斯大林著作编译局编译：《列宁全集》第二版增订版（第一卷），北京：人民出版社，2013年版，第359页。
③ 中共中央马克思恩格斯列宁斯大林著作编译局编译：《列宁全集》第二版增订版（第一卷），北京：人民出版社，2013年版，第359页。

的现实的个人及其活动，这些关系也正是个体活动的结果和产物。而自由民粹主义者所说的个人，实际上是他们自己头脑中认为合理的"有思想和情感"的个体，是把自己头脑中的"空想"强加于人，这一点米海洛夫斯基也不得不承认，他曾提出"社会学应该从某种空想开始"①。

与此同时，列宁还指出，自由民粹主义"活的个人创造历史"这一观点在逻辑上也存在问题。按照米海洛夫斯基的观点，除了突破历史条件、推动事变前进的"活的个人"的活动，还存在另一些造成重重阻碍的自发力量的"个人"的活动，他们之间存在对立关系。对此，列宁反问道："为什么把一部分活的个人的活动称作自发的，而对另一部分活的个人又说他们'推动事变'向着预定目标前进呢？"② 在列宁看来，那些"具有思想和情感的个人"不过是自由民粹主义者塞满小资产阶级思想和情感的提线木偶，这也充分暴露了他们唯心史观和学说的空想性。因此，这种主观社会学难以完全正确地理解社会历史发展的进程和规律。按照马克思主义唯物史观，个人并不是随心所欲创造历史，他的活动必须符合历史规律，受

---

① 中共中央马克思恩格斯列宁斯大林著作编译局编译：《列宁全集》第二版增订版（第一卷），北京：人民出版社，2013年版，第368页。
② 中共中央马克思恩格斯列宁斯大林著作编译局编译：《列宁全集》第二版增订版（第一卷），北京：人民出版社，2013年版，第360页。

社会发展规律的制约，人们无法随意改变社会关系，只有汇入人民群众的斗争中去才能有所成就。不论是"英雄"，还是"群氓"，都不能随意改变既定的社会历史条件和时代条件。因此，自由民粹主义忽视社会历史条件、空谈俄国道路的选择，属于典型的唯心史观。

其二，在批判过程中肯定了个人在历史发展中的作用。在列宁看来，无法随意选择和更改自己的社会关系并不意味着人们在社会发展面前任其摆布，成为被历史必然性的内在规律所摆布的傀儡。列宁特别强调，人们要正确预判社会发展的规律，预估社会发展的要求，依靠人民群众的创造性，发挥个人在历史上的作用。自由主义民粹派却从"道德信条和政治理想"出发，忽视阶级斗争，无视社会发展规律，陷入空洞的幻想。对此，列宁明确指出："这样的做法只能产生天真的幻想；生活脱离了您，您也脱离了生活。"[①] 这也正是自由民粹主义的历史悲剧所在，试图以人民为立足点、自称"人民之友"的自由主义民粹派却走向了反面，成了"人民之敌"。而马克思主义对个人在历史上的作用问题的考察，是把个人同所属阶级联系起来的。个人的作用取决于其所在阶级是否符合人类社会发

---

① 中共中央马克思恩格斯列宁斯大林著作编译局编译：《列宁全集》第二版增订版(第一卷)，北京：人民出版社，2013年版，第370—371页。

展规律，是否促进人类社会历史的进步。

三、批判自由民粹主义对唯物史观的歪曲和污蔑

自由主义民粹派攻击马克思没有自己的哲学，并对历史唯物主义进行诋毁。米海洛夫斯基等人把马克思主义唯物史观所承认的历史必然性污蔑为"宿命论"，对此，列宁在《什么是"人民之友"?》等著作中进行了全面回击，阐明了唯物史观的科学性，捍卫了马克思主义的理论基石。

其一，从历史哲学视角批判自由民粹主义对唯物史观的歪曲。米海洛夫斯基最为关注马克思主义的唯物史观，并诘问道："马克思在哪一部著作中叙述了自己的唯物主义历史观呢?"他还明确回答道："这样的著作是没有的。不仅马克思没有这样的著作，而且在全部马克思主义文献中也没有这样的著作，虽然这种文献数量很大，传播很广。"① 总之，在米海洛夫斯基看来，马克思在40年代并未发现能够与达尔文进化论对现代自然科学所作贡献相媲美的理论，并未发现真正科学的唯物史观。也就是说，马克思主义唯物史观是不存在的。他进一步指出，马克思的这个历史观是从未科学地论证过和检验过

---

① 中共中央马克思恩格斯列宁斯大林著作编译局编译:《列宁全集》第二版增订版(第一卷)，北京:人民出版社，2013年版，第103页。

第三章　批判架构：列宁批判俄国自由民粹主义的多维向度

的，《资本论》只是经济理论，并未创立新的历史观，在马克思的著作中，并没有"用新的观点说明了人类的全部过去，总结了至今有过的一切历史哲学理论"①。针对这一控诉，列宁指出，马克思主义唯物史观从来没有要"说明人类的全部过去"，只不过是希望指出说明历史的科学方法，并不是他们所歪曲的这个理论能够"说明一切"。事实上，米海洛夫斯基通过曲解马克思，"把一些妄诞的企求强加给历史唯物主义"，企图找到"打开一切历史门户的钥匙"②。

实际上，米海洛夫斯基的这种观点遭到了马克思的反驳。马克思在《给〈祖国纪事〉杂志编辑部的信》中对米海洛夫斯基这一企图予以了反驳，明确指出他们这样做"会给我过多的荣誉，同时也会给我过多的侮辱"③。马克思认为，即使是十分类似的事件，在不同历史环境中所引发的结果都是不一样的，只有深入细致地研究具体历史环境中的历史现象，并把它们加以比较，才能够找到理解这种现象的钥匙，"使用一般历

---

① 中共中央马克思恩格斯列宁斯大林著作编译局编译：《列宁全集》第二版增订版（第一卷），北京：人民出版社，2013年版，第103页。
② 中共中央马克思恩格斯列宁斯大林著作编译局编译：《列宁全集》第二版增订版（第一卷），北京：人民出版社，2013年版，第115页。
③ 中共中央马克思恩格斯列宁斯大林著作编译局编：《马克思恩格斯文集》（第三卷），北京：人民出版社，2009年版，第466页。

史哲学理论这一把万能钥匙,那是永远达不到这种目的的"①。

列宁指出,自由主义民粹派形而上学地谈论社会、进步等问题,都是些"纯粹先验的、独断的、抽象的议论",总是主观臆造一些永远没有结果的一般理论,这样的议论就像肥皂泡一样,瞬间化为乌有,毫无用处。自由民粹主义者读了《资本论》《共产党宣言》等著作,居然发现不了唯物史观,还发出"马克思在哪一部著作中叙述了自己的唯物主义历史观呢?"这样的疑问。对此,列宁驳斥反问道:"马克思在哪一部著作中没有叙述过自己的唯物主义历史观呢?"② 在马克思的政治经济学体系尚未建立前,唯物史观只是一个假设,未得到论证。《资本论》是马克思数十年如一日以当时最发达资本主义为对象,研究了大量实际资料,详尽地分析了它的发展规律的成果。这种关于事实的详细研究,正是"马克思得出他的结论的方法"③。因此,列宁指出:"自从《资本论》问世以来,唯物

---

① 中共中央马克思恩格斯列宁斯大林著作编译局编:《马克思恩格斯文集》(第三卷),北京:人民出版社,2009年版,第467页。
② 中共中央马克思恩格斯列宁斯大林著作编译局编译:《列宁全集》第二版增订版(第一卷),北京:人民出版社,2013年版,第113页。
③ 中共中央马克思恩格斯列宁斯大林著作编译局编译:《列宁全集》第二版增订版(第一卷),北京:人民出版社,2013年版,第106页。

主义历史观已经不是假设,而是科学地证明了的原理。"①

其二,批判自由主义民粹派以"宿命论"对唯物史观的污蔑。米海洛夫斯基歪曲和攻击马克思主义唯物史观的历史必然性为"宿命论",认为其否认个人作用和思想道德,并得出结论:历史必然性的思想与个人活动的作用是冲突的,社会活动家其实是"被动者",是"被历史必然性的内在规律从神秘的暗窖里牵出来的傀儡"。②在列宁看来,这套傀儡之类的胡说,以及"冲突的思想",正是主观哲学家热衷的话题,他们写了一大堆纸张,说了无数小市民感伤的荒唐话,究其实质是米海洛夫斯基"担心决定论会推翻他所如此酷爱的小市民道德而捏造出来的"③。他们这么宣扬,正是想在所谓的"冲突"中使个人作用和道德观念占上风,这也充分体现了他们的唯心史观。其实,马克思恩格斯在这个问题上,并未否认个人作用,而是提出著名的"历史合力论",他们认为历史必然趋势正是无数个人活动作用的"合力"。历史必然性是马克思主义的组成部分,它以物质决定意识、社会存在决定社会意识为哲学基

---

① 中共中央马克思恩格斯列宁斯大林著作编译局编译:《列宁全集》第二版增订版(第一卷),北京:人民出版社,2013年版,第112页。

② 中共中央马克思恩格斯列宁斯大林著作编译局编译:《列宁全集》第二版增订版(第一卷),北京:人民出版社,2013年版,第128页。

③ 中共中央马克思恩格斯列宁斯大林著作编译局编译:《列宁全集》第二版增订版(第一卷),北京:人民出版社,2013年版,第129页。

础；以生产力决定生产关系、经济基础决定上层建筑为社会基石；认为社会历史发展的方向、逻辑和目标是有规律可循的，但历史规律并不是与人的活动毫无关联的存在，而是由人的有意识的活动构成，却又不以个人意志为转移的客观存在。

列宁"用唯物主义的观点和方法研究社会历史"①，阐释和化解了自由民粹主义所谓的个人与历史必然性相"冲突"的观点，认为决定论思想不仅确认人的行为，还避免滑入所谓的自由意志上去。"历史必然性的思想也丝毫不损害个人在历史上的作用：全部历史正是由那些无疑是活动家的个人的行动构成的。"②

其三，批判自由主义民粹派以黑格尔的辩证法对唯物史观的歪曲。米海洛夫斯基还把马克思与黑格尔的辩证法加以混淆，把黑格尔的三段式说成是唯物史观的方法，以此来歪曲和攻击马克思的辩证法。对此，列宁阐明了二者的本质区别，指出米海洛夫斯基老调重弹，把马克思的文献中的"辩证方法"和"辩证思维"理解为"按黑格尔三段式的规律来解决一切社

---

① 田心铭：《在反对自由主义民粹派的斗争中捍卫和阐发唯物主义历史观——列宁〈什么是"人民之友"以及他们如何攻击社会民主党人？〉第一编研读》，载《思想理论教育导刊》，2012年第11期，第22页。
② 中共中央马克思恩格斯列宁斯大林著作编译局编译：《列宁全集》第二版增订版（第一卷），北京：人民出版社，2013年版，第129页。

第三章 批判架构：列宁批判俄国自由民粹主义的多维向度

会学问题"①。在列宁看来，这是十分荒谬的，认为恩格斯在驳斥杜林对马克思辩证法的攻击时就已经回答过这个问题，马克思从来没有打算用黑格尔的三段式来证明任何事物，只是在马克思研究现实的过程中，有时某种社会现象符合了黑格尔的三段式。列宁指出，马克思恩格斯的辩证法是与形而上学、主观社会学方法相反的方法，是社会学中的科学方法，它把社会看作是发展的活的机体，而不是机械的拼装而成的东西，要对这个机体进行研究，"必须客观地分析组成该社会形态的生产关系，研究该社会形态的活动规律和发展规律"②。而黑格尔的辩证法是把观念当作现实事物的造物主，二者截然相反，有着本质区别。事实上，马克思的辩证法是对"社会学中的唯心主义方法和主观主义方法的否定"③。列宁的这一理解也为他后来"所形成的关于唯物主义的逻辑、辩证法和认识论'三者一致'的辩证法"④奠定了基础。

---

① 中共中央马克思恩格斯列宁斯大林著作编译局编译：《列宁全集》第二版增订版（第一卷），北京：人民出版社，2013年版，第134页。
② 中共中央马克思恩格斯列宁斯大林著作编译局编译：《列宁全集》第二版增订版（第一卷），北京：人民出版社，2013年版，第135页。
③ 中共中央马克思恩格斯列宁斯大林著作编译局编译：《列宁全集》第二版增订版（第一卷），北京：人民出版社，2013年版，第153页。
④ 孙正聿：《列宁的"三者一致"的辩证法——〈逻辑学〉与〈资本论〉双重语境中的〈哲学笔记〉》，载《中国社会科学》，2012年第9期，第4页。

第四章
批判方法：列宁批判俄国自由民粹主义的方法论阐释

第四章 批判方法：列宁批判俄国自由民粹主义的方法论阐释

俄国自由民粹主义作为当时俄国盛行的社会思潮，有其独特理论体系和思维方法，利用其"合法刊物"以小资产阶级立场对马克思主义发起攻击。对此，列宁立足俄国国情，坚持理论联系实际，以历史唯物主义和辩证唯物主义为哲学基石，以革命实践的有效推进为导向，以俄国人民解放事业为价值旨归，在坚持充分占有材料和科学分析相结合的基础上，采用了历史主义、数据统计、阶级分析等方法对自由民粹主义思潮展开全面深入的批判，以高度的方法论自觉廓清了理论迷雾，逐步明晰了俄国民粹主义内涵和外延，揭示了自由民粹主义的空想性和反动性，明确了"俄国资本主义的命运"这个与俄国革命实践密切联系的重大理论问题。

列宁这一系列批判成就与他有效运用马克思主义方法论是密不可分的，因此，我们把方法论单独剥离出来，以此为视角探究列宁的批判何以可能，以及列宁批判的历史语境和马克思主义立场，提炼出列宁批判自由民粹主义的方法论体系，为当今应对错误思潮提供方法论借鉴。

第一节 列宁批判俄国自由民粹主义的方法论基础

列宁是作为马克思主义者登上俄国政治舞台的，他在批判自由民粹主义过程中，运用马克思主义的历史唯物主义和辩证唯物主义，对俄国民粹主义进行了全面深入的分析，对自由民粹主义作了深刻的批判，对俄国发展道路和革命实践有了清晰的判断，从原则高度探寻了适合俄国国情的走向社会主义的道路。

一、哲学基石：历史唯物主义与辩证唯物主义

作为马克思主义者，列宁生活和战斗在不同于马克思恩格斯的国度和时代，他的一生可以说都在与包括自由民粹主义在内的各式各样的错误思潮进行斗争，这也是马克思主义发展史的重要阶段。列宁始终坚持以马克思主义作为无产阶级解放斗争的强大理论武器，在马克思主义科学方法论基础上阐释了历史唯物主义和辩证唯物主义，不仅丰富和发展了马克思主义的哲学体系，还为批判自由民粹主义等社会政治思潮提供了科学方法，"开辟了辩证唯物主义和历史唯物主义的列宁阶段时期"①，这充分体现了列宁对马克思主义哲学体系作出的突出理论贡献。列宁在长期批判中阐发了辩证法、认识论和逻辑学的相互关系，形成了"关于唯物主义的逻辑、辩证法和认识论

---

① 敦尼克等著，秦念方等译：《哲学史》（第五卷），北京：生活·读书·新知三联书店，1976年版，第36页。

第四章 批判方法：列宁批判俄国自由民粹主义的方法论阐释

'三者一致'的辩证法"①。在历史观方面，坚持和发展唯物史观，形成了与自由民粹主义错误思潮相对立的科学思维方法，论证了"社会形态的发展是自然历史过程"，并以此对自由民粹主义等错误思潮进行深入批判。

列宁对历史唯物主义的发展和运用，不是"自然而然达到的马克思主义立场，他是通过批判错误的思想路线、社会思潮而达到的"②。19世纪末的俄国，思潮林立，其中不少思潮成为阻碍人们认清社会现实的"遮蔽物"，若不进行批判和祛除，人们就会生活在迷雾之中，难以认清真正的现实生活或把握社会发展方向。青年马克思主义者列宁，以危害最大、流行甚广的自由民粹主义思潮为对象，立足马克思主义，在批判主观社会学的历史唯心主义中，阐明了历史唯物主义是唯一科学的哲学方法，揭示了社会形态学说与历史唯物主义的内在关联。

其一，在批判中阐明了马克思主义历史唯物主义原理。列宁在《什么是"人民之友"?》一文中指出，马克思的《资本论》是充分体现了历史唯物主义科学方法的成功典范，"揭示

---

① 孙正聿:《列宁的"三者一致"的辩证法——〈逻辑学〉与〈资本论〉双重语境中的〈哲学笔记〉》，载《中国社会科学》，2012年第9期，第4页。
② 刘同舫:《列宁的辩证唯物主义和历史唯物主义思想及其当代意义》，载《马克思主义研究》，2010年第12期，第34页。

现代社会的经济发展规律"①,从根本上摧毁了自由民粹主义,把是否符合"人的本性"作为判断社会现象的标准。在列宁看来,马克思借助这一方法论证了关于社会经济形态发展的自然历史过程这一思想,他在错综复杂的社会中找到了决定一切关系的基本原始关系:从社会生活的各领域中划出了经济领域,从各社会关系中划出了生产关系,把生产关系归结为生产力水平。一方面,这一分析范式构建了"《资本论》的骨骼";另一方面,探究"与这种生产关系相适应的上层建筑,使骨骼有血有肉",从而把社会科学提高到科学的水平。②诚如后来列宁在《马克思主义的三个来源和三个组成部分》一文中所指出的,"马克思的历史唯物主义是科学思想中的最大成果",为人类特别是无产阶级带来了"伟大的认识工具"。③一切离开这个基础的倾向都是极端错误的。

列宁批判自由民粹主义的"一般社会"抽象理论,阐明社会形态与历史唯物主义的内在关联,有效地捍卫了唯物史观。回溯马克思恩格斯的著作可知,唯物史观这一成果在《德意志

---

① 中共中央马克思恩格斯列宁斯大林著作编译局编译:《列宁全集》第二版增订版(第一卷),北京:人民出版社,2013年版,第105页。
② 中共中央马克思恩格斯列宁斯大林著作编译局编译:《列宁全集》第二版增订版(第一卷),北京:人民出版社,2013年版,第111页。
③ 中共中央马克思恩格斯列宁斯大林著作编译局编译:《列宁全集》第二版增订版(第二十三卷),北京:人民出版社,2017年版,第45页。

意识形态》中有着完整表述，并在此基础上提出了完整的社会形态学说。针对自由主义民粹派同以往哲学家一样先验地谈论的"一般社会"及"使人的本性得到满足的社会"，列宁进一步阐明了二者的内在关联。他指出，马克思主义唯物史观抛弃了以往哲学家先验臆造的"一般社会"结论，对资本主义作了具体、科学的分析，把唯物史观具体运用到对现实社会形态的研究，第一次把社会学提高到科学水平。列宁认为，使这成为可能的是历史唯物主义的"两个归结于"，即"把社会关系归结于生产关系，把生产关系归结于生产力的水平"，从而使科学的社会学的出现成为可能。①

其二，在批判自由民粹主义过程中坚持和发展了唯物辩证法思想。列宁坚持历史唯物主义和唯物辩证法的统一，在社会存在与社会意识问题上，强调指出："在这个由一整块钢铸成的马克思主义哲学中，决不可去掉任何一个基本前提、任何一个重要部分，不然就会离开客观真理，就会落入资产阶级反动谬论的怀抱。"② 正如有学者指出："唯物辩证法是马克思主义

---

① 中共中央马克思恩格斯列宁斯大林著作编译局编译：《列宁全集》第二版增订版(第一卷)，北京：人民出版社，2013年版，第110页。

② 中共中央马克思恩格斯列宁斯大林著作编译局编译：《列宁全集》第二版增订版(第十八卷)，北京：人民出版社，2017年版，第341页。

理论体系'活的灵魂'和'方法论基础'。"① 马克思曾在《资本论》第一卷第二版跋中对辩证法有过丰富的论述，他把在黑格尔那里倒立着的辩证法正过来了，吸收了黑格尔辩证法的合理内核，同时认为辩证法在其形式上使现存事物显得光彩。在其合理形态上，它在对现存事物的肯定的理解中同时蕴含着对现存事物的否定的理解，引起资产阶级及其代言人的恼怒和恐惧。辩证法是从事物的暂时性方面去理解事物，"辩证法不崇拜任何东西，按其本质来说，它是批判的和革命的"②。

米海洛夫斯基在马克思恩格斯相关文献中发现了"辩证方法""辩证思维"等表述，于是老调重弹，污蔑马克思关于资本主义社会发展规律的全部学说都是建立在"辩证过程的无可争辩性"上的，以"唯物主义者把自己的社会学理论建立在黑格尔的三段式上"的这种"老把戏"对马克思进行责难。但在列宁看来，这帮先生不能从实质上对马克思的理论进行任何反驳，从而试图从表达方式上来攻击理论的起源，"想以此动摇这个理论的根基"③。其实，这种观点是荒谬的，马克思从未想

---

① 王东、刘军：《列宁〈哲学笔记〉蕴含的时代观探析》，载《当代世界与社会主义》，2020年第2期，第28页。

② 中共中央马克思恩格斯列宁斯大林著作编译局编：《马克思恩格斯文集》（第五卷），北京：人民出版社，2009年版，第22页。

③ 中共中央马克思恩格斯列宁斯大林著作编译局编译：《列宁全集》第二版增订版（第一卷），北京：人民出版社，2013年版，第133页。

第四章 批判方法：列宁批判俄国自由民粹主义的方法论阐释

用黑格尔的辩证法来证明什么。马克思的辩证法是社会学中一种同形而上学相对立的科学研究方法，它把社会看作活动着的和发展着的活的机体，研究该社会的活动规律和发展规律。如果现实中有现象符合辩证法，也只能说明辩证法是现实世界发展的普遍规律。但我们应该清楚的是，马克思的辩证法和黑格尔的辩证法不仅不一样，而且是完全相反的。列宁明确指出，在黑格尔那里，观念的发展按照三段式的辩证规律来决定现实的发展；但在马克思那里，观念的东西不过是物质的东西的反映，不过是对现存事物及其发展规律的肯定的理解，"三段式只能起着使庸人们发生兴趣的盖子和外壳的作用"①。

列宁还进一步揭示了米海洛夫斯基的攻击的理论来源，米海洛夫斯基对马克思辩证法的攻击并没有什么新东西，他的言论只是从杜林那里抄袭来的。在列宁看来，恩格斯在《反杜林论》《社会主义从空想到科学的发展》等著作中对杜林所作的批判同样适用于米海洛夫斯基。列宁翻译并引用了大量恩格斯在《反杜林论》中驳斥杜林的出色议论，作为对米海洛夫斯基的答复和批判。列宁指出，杜林先生颠倒是非，把黑格尔的否定的否定说成在马克思辩证法思想上执行了"产婆"的职能。

---

① 中共中央马克思恩格斯列宁斯大林著作编译局编译：《列宁全集》第二版增订版(第一卷)，北京：人民出版社，2013年版，第137页。

事实上，马克思把资产阶级剥夺当作对个人的、以自己劳动为基础的私有财产的否定，这是自然历史过程的必然性造成的，并不是说要以黑格尔的辩证法来证明这一过程，而是以历史发展过程来证明辩证规律的发生过程。这也恰恰说明了马克思主义辩证方法是对社会学中唯心主义和主观社会学的否定。

总而言之，正如列宁的这样一条著名论述："马克思和恩格斯称之为辩证方法（它与形而上学方法相反）的，不是别的，正是社会学中的科学方法。"① 马克思深化了唯物主义，深刻地揭露和批判了民粹派观点在方法论上的形而上学和唯心主义实质，把唯物主义认识范畴从自然界推广到人类社会，使它成为更加完备的哲学体系，并不是米海洛夫斯基所想的那样，"多半是科学的历史观"，而是令人信服地阐明了唯物辩证的历史观是社会科学思想中的最大成果，"是唯一科学的历史观"。②

二、逻辑进路：理论阐释与革命实践的统一路向

列宁不仅是一位理论家，更是一位革命家，是实践的马克

---

① 中共中央马克思恩格斯列宁斯大林著作编译局编译：《列宁全集》第二版增订版（第一卷），北京：人民出版社，2013年版，第135页。
② 中共中央马克思恩格斯列宁斯大林著作编译局编译：《列宁全集》第二版增订版（第一卷），北京：人民出版社，2013年版，第112页。

第四章 批判方法：列宁批判俄国自由民粹主义的方法论阐释

思主义者，理论阐释与革命实践是他工作的组成部分。他对各式各样社会思潮的批判不是为了纯粹的学术研究，而是为传播马克思主义理论、推动无产阶级革命服务的，列宁始终坚持理论与实践的统一。"19 世纪末，作为一名马克思主义革命实践者，青年列宁在反对民粹主义的斗争中的理论着眼点显然是历史辩证法的客体向度，他与普列汉诺夫等人一样，强调了资本主义在俄国发生、发展的必然性，这种实践意向在哲学逻辑中的对象化则是突显了社会历史发展是一个'自然历史过程'。"① 列宁在批判形形色色小资产阶级及资产阶级思想体系，特别是自由民粹主义的过程中，运用马克思主义理论对 1861 年改革后的俄国社会作了科学分析，阐明了俄国革命道路和革命理论，揭示了俄国经济社会发展规律，从而解决了"俄国资本主义的命运"这个与俄国革命实践紧密相联的问题。他批判自由民粹主义是为了正确地认识俄国国情，揭示俄国社会阶级结构和阶级对立，为俄国革命实践找到正确的道路。正如马斯诺夫所言，列宁"更感兴趣的是关于俄国命运的迫切问题，而不是纯理论问题"②。

从列宁的经历来看，"对马克思主义基本理论的接受，多

---

① 张一兵：《回到列宁》，南京：江苏人民出版社，2008 年版，"作者的话"第 9 页。
② 岑鼎山主编：《列宁研究》（第三辑），1994 年版，第 170 页。

是与俄国现实斗争相关联的经济学理论和政治学说"①。从青少年时期列宁的成长环境来看，一方面，俄国的社会环境有着浓厚革命民主主义传统。在西欧资本主义发展的影响下，当时俄国出现了一批坚定的革命民主主义者，有拉吉舍夫、别林斯基以及民粹派的创始人赫尔岑和车尔尼雪夫斯基等，他们的著作充满了革命民主主义思想，主张以革命斗争反对沙皇专制和农奴制，探寻救亡图存的发展道路，部分人士还积极翻译马克思的著作，宣传马克思的思想。另一方面，列宁有着开明的家庭环境。他的父亲伊里亚·尼古拉耶维奇·乌里扬诺夫是一位开明的、深受俄国启蒙派思想影响的平民教育家，致力于平民教育事业，为贫苦农民子弟教育事业而工作和斗争。他的哥哥亚历山大是民意党的重要成员，其革命活动和革命思想对列宁产生过重大影响，"据列宁的姐姐安娜回忆，童年的列宁处处模仿哥哥"②。

早在1887年列宁就读喀山大学法律系时，就加入革命青年小组，积极参加反对当局反动政策的学潮集会活动，并被捕入狱。当时列宁的未来规划是，"在他面前只有一条路，就是

---

① 张一兵:《革命实践中的青年列宁与历史的主客体向度》，载《理论探讨》，2008年第1期，第29页。
② 黄楠森等:《马克思主义哲学史》(第四卷)，北京:北京出版社，1994年版，第161页。

第四章 批判方法：列宁批判俄国自由民粹主义的方法论阐释

进行革命斗争"①。即便是埋头于马克思、恩格斯、车尔尼雪夫斯基、黑格尔，甚至是米海洛夫斯基等人的著作时，更多也是为解决革命实践中的理论问题，最终在理论思索和现实分析下，列宁成长为一名马克思主义者，并以此身份登上了俄国政治舞台，在与俄国各种思潮的交锋中寻找适合俄国的发展道路。

1889年9月，列宁全家移居萨马拉。这座城市是民粹主义者的聚集地，列宁在此与少数革命民粹主义者有过往来。派普斯、梯恩等"西方列宁学"学者因此认为，此时的列宁处在一个民粹主义者阶段，是民意党的拥护者。②但此时的列宁毫无疑问已经是一名马克思主义战士，不仅钻研马克思的《资本论》《反杜林论》《英国工人阶级的状况》《法兰西内战》《哥达纲领批判》《1848年至1850年的法兰西阶级斗争》等著作，还翻译了《共产党宣言》（译稿曾在秘密小组宣讲，但后来遗失）。列宁此时已经能够把马克思的思想融会贯通，并在民粹派小组中积极宣讲，帮助那些有志革命青年转向马克思主义。换言之，列宁在这个时候通过积极的实践活动，开启了对民粹

---

① 黄楠森、曾盛林：《列宁传》，郑州：河南人民出版社，1989年版，第35页。
② 黄楠森、曾盛林：《列宁传》，郑州：河南人民出版社，1989年版，第50页。

主义的批判和对马克思主义的传播。

具体而言，一方面，通过集会形式积极宣传马克思主义思想。在列宁宣讲影响下，当时最活跃、受米海洛夫斯基"思想权威"影响最深的阿·巴·斯克利亚连科（Алексей Павлович Скляренко，1870—1916年）秘密小组中，包括斯克利亚连科本人在内的许多成员抛弃了民粹主义观点，转向马克思主义。据马·伊谢苗诺夫回忆："这种进步的近因就是弗拉基米尔·伊里奇·乌里扬诺夫来到了萨马拉，他是1889年到那儿的。"[①] 1890年春天，该小组也变成了列宁领导下的马克思主义初级小组，并定期集会，向成员宣讲马克思主义，如"马克思主义的一般基础（哲学学说与经济学说之间的关系；卡尔·马克思的经济学说）""商品经济""绝对剩余价值""资本主义的基本矛盾及其灭亡的必然性""无产阶级革命""共产主义"等等。[②] 另一方面，在实践活动中对自由民粹主义展开批判。青年时代的列宁不仅通过撰文从理论上展开对自由民粹主义的批判，更为重要的是通过参加各种小组活动与自由民粹主义者展开斗争。正如卢卡奇指出："革命的现实性：这是列宁

[①] 伊·阿·伊万斯基著，孙广英译：《列宁的青年时代》，北京：中国青年出版社，1959年版，第243页。

[②] 伊·阿·伊万斯基著，孙广英译：《列宁的青年时代》，北京：中国青年出版社，1959年版，第244页。

第四章 批判方法：列宁批判俄国自由民粹主义的方法论阐释

思想的核心，是他与马克思的决定性联系。"①

特别值得一提的是，当时自由主义民粹派为了抵制萨马拉"害马克思主义病"的秘密小组，于1891年3月初派宣传员洛辛涅维奇一伙到萨马拉开展宣传报告活动，但报告依旧围绕那些没有希望的独特道路、村社、"人民工业"等陈词滥调。对此，列宁做了形式简单但内容深刻的发言，他以沃龙佐夫、丹尼尔逊、克里文柯等自由民粹主义者著作中的数据和观点来反驳洛辛涅维奇，并提出了"资本家是从手工业者长起来的，手工业生产被民粹派歌颂为独特的'人民生产'，——但这是资本主义发展道路上迈开的第一步"，并以民粹派著作和地方自治局统计数据等材料证明这一观点。这次活动不仅没能驱散"不合时宜的"马克思主义理论，反而使列宁声名鹊起，宣传了马克思主义。②与此同时，列宁还专门通过实地考察来了解俄国国情，同斯克利亚连科小组成员进行了所谓的"环球旅行"的考察，其间，不仅了解了俄国农村实际情况，还作了专门报告，讨论了当时的种种理论和实际问题。总之，列宁利用一切机会调查研究俄国农村的实际情况，坚持理论阐释和革命

---

① 卢卡奇著，张翼星译：《列宁：关于列宁思想统一性的研究》，台北：流远出版事业股份有限公司，1991年版，第27页。
② 伊·阿·伊万斯基著，孙广英译：《列宁的青年时代》，北京：中国青年出版社，1959年版，第271—276页。

实践相统一，把马克思主义理论与俄国实际相结合，探寻俄国发展道路。

三、目标指向：原则高度的科学社会主义

俄国民粹派以"社会主义者"自居，并以此来思考俄国发展道路问题。不论是最初发动农民进行"社会主义"革命的革命民粹主义，还是到 19 世纪末堕落为自由民粹主义，成为代表小市民机会主义立场的"冒牌的社会主义"，都是以所谓"社会主义"作为自己的目标。自由民粹主义主张在现存社会制度条件下实行改良，来实现代表小资产阶级利益的空想社会主义。他们虽然还坚持革命民粹主义关于村社思想的传统，但放弃革命，转向改良，开历史倒车，这一堕落性特点使他们对资本主义的批判更具浪漫主义色彩，不可能实现真正的社会改造，更不可能达到科学社会主义的原则高度。

俄国自由民粹主义虽然不再像革命民粹主义那样完全否认资本主义在俄国的发展，但他们对资本主义的抵制未曾改变。在沃龙佐夫看来，资本主义生产在俄国几乎被当作"最本质东西"和"国家经济发展的必要条件"，最终使得我们"尝到了失望的苦头"，"俄国工业现实生活中发生了小工业的相对衰落和大工业的绝对衰落"，"资本主义生产每前进一步，有工可做

第四章　批判方法：列宁批判俄国自由民粹主义的方法论阐释

的人数将随之减少，居民的一部分将随之失去挣钱的机会"。①

自由民粹主义者仍然怀抱残存的传统村社思想，对村社怀揣美好愿景，探索建立基于村社的社会主义。他们把传统村社理想化，把村社的米尔精神"看作是俄国人民的特点，侵犯公社就是侵犯特殊的俄罗斯精神"②。自由主义民粹派思想家吉霍米罗夫在《君主专制政体》中对村社的社会组织方面作过描述："村社可以看作是家庭的扩大，但它并不像通常所认为的那样由家属组成。相反，由于不断地迁徙打乱了氏族制度，突出了家庭制度，并同时形成了村社制，因为相互支持的需要，整个农村都束缚于村社，并使它具有了最广泛的管理系统与指挥职能。在很多情况下它甚至成了唯一的行政权力。"③ 这一观点在俄国民粹派中极具代表性，革命民粹主义者认为，古老的、不朽的村社支撑着俄国自我发展，早在远古的自由民自治时代，人们共同努力，在人民协商和人民管理的村社的人民的基础上，自己建立了地方人民会议米尔。人民受到米尔精神的

---

① 瓦·巴·沃龙佐夫：《俄国资本主义的命运》，载中共中央马克思恩格斯列宁斯大林著作编译局国际共运史研究室编译：《俄国民粹派文选》，北京：人民出版社，1983年版，第698—699页。

② 金雁、秦晖：《农村公社、改革与革命——村社传统与俄国现代化之路》，北京：东方出版社，2013年版，第31页。

③ 金雁、秦晖：《农村公社、改革与革命——村社传统与俄国现代化之路》，北京：东方出版社，2013年版，第34页。

教育，村社的米尔精神渗透到人民的日常生活，接近人民的本性，成为全体人民自我发展的、创造性的原则和力量，在俄国历经风暴依然完整无损，人民像保护神圣事物一样千方百计地保护它，它是俄国人民梦寐以求的民族原则和民权保护者。①

到了19世纪80年代末，尽管资本主义发展严重地冲击了村社经济，民粹主义者对此发出无尽的惋惜和悲叹，但他们还是对村社生活方式怀揣希冀——虽然"古老的生活方式遭到了极大的破坏，但保留了它的核心"②。沃龙佐夫在《俄国资本主义的命运》中十分庆幸地指出，俄国至今保留着村社这类全人类普遍组织形式，"这也是我们的幸运：这些性格特点及组织形式，其他民族早已丧失，他们必须重新争取"③。从这种对村社理想化的描述中可以看出，自由主义民粹派对社会主义的展望仍然未能脱离革命民粹派农民社会主义的窠臼。他们并不是从资本主义高度发展的经济形式出发，而是试图从古老的村

---

① 阿·普·夏波夫：《村社》，载中共中央马克思恩格斯列宁斯大林著作编译局国际共运史研究室编译：《俄国民粹派文选》，北京：人民出版社，1983年版，第33—34页。

② 《论民粹派纲领》，载中共中央马克思恩格斯列宁斯大林著作编译局国际共运史研究室编译：《俄国民粹派文选》，北京：人民出版社，1983年版，第592页。

③ 瓦·巴·沃龙佐夫：《俄国资本主义的命运》，载中共中央马克思恩格斯列宁斯大林著作编译局国际共运史研究室编译：《俄国民粹派文选》，北京：人民出版社，1983年版，第699页。

第四章　批判方法：列宁批判俄国自由民粹主义的方法论阐释

社传统中探寻未来社会主义的发展方向。

民粹主义与马克思主义都是以社会主义为目标指向，且总体来看都对资本主义进行批判，但他们的主要分歧体现在如何对待资本主义，即"通过何种途径走向社会主义"①的问题上。然而，自由主义民粹派以主观方法对资本主义进行批判，以至于他们不可能达到原则高度：一方面，由于他们看不到资本主义的先进性，对传统村社无限眷恋与向往，从而带有浓厚的浪漫主义和虚无主义色彩。因此，他们批判资本主义的目标指向是回到前现代的村社社会主义，显然这是在"开历史倒车"；另一方面，他们对资本主义的批判仅仅停留在失业和贫富差距等表象方面，不能深入分析造成这些现象的原因，看不到深层次的资本逻辑，使得他们的批判难以达到原则高度，因此不可能实现对社会的真正改造，他们所主张的"社会主义"只能是一种空想。

恩格斯在《社会主义从空想到科学的发展》一文中明确指出："为了使社会主义变为科学，就必须首先把它置于现实的基础之上。"② 列宁对自由民粹主义的批判正是立足俄国现实，

---

① 徐芹：《列宁早期俄国资本主义发展思想及对错误思潮的批判》，北京：人民出版社，2018年版，第29页。
② 中共中央马克思恩格斯列宁斯大林著作编译局编：《马克思恩格斯文集》（第三卷），北京：人民出版社，2009年版，第537页。

不仅实现了对俄国资本主义的批判，还使社会主义在俄国达到了原则的高度。如前所述，自由主义民粹派对资本主义的认识和批判未能结合俄国实际、抓住其本质，更多是以浪漫主义色彩对其进行空洞的描述、抽象的否定。他们虽然对资本主义发展进行了尖锐的批判，但并没有认清资本主义发展的本质，以及资本主义危机的社会根源，错把先进技术的发展当成批判对象。在寻找问题解决方案时，不是向前看，而是囿于传统村社思想。列宁在对自由民粹主义的批判过程中，将资本主义置于俄国社会的现实生活中来考察，在原则高度的批判基础上，提出建立科学社会主义。

在资本主义批判问题上，自由主义民粹派以小生产者、小资产阶级的立场开启批判，因而不可能完成批判任务。在列宁看来，他们只看见资本主义发展带来的问题的表象，不清楚资本主义发展的实质及内在规律。譬如，自由主义民粹派在批判资本主义时指出，在俄国，"人民大众贫穷化"，缺乏购买力，使得市场缩小，阻碍资本主义的产生和发展。而列宁却以马克思主义政治经济学为基石，对这一情况进行了深入分析，认为不仅不阻碍资本主义的发展，反而反映和加强了资本主义的发展，满足了资本主义发展的基本条件：一方面，贫困化使得小生产者沦为雇佣劳动者；另一方面，"农民所丧失的生产资料则集中到少数人手里，变成资本，所生产出来的产品也就进入

第四章 批判方法:列宁批判俄国自由民粹主义的方法论阐释

市场"①。

在对社会主义的认识上,列宁达到了科学高度。民粹主义所倡导的社会主义是先验地设想未来美好的社会制度,他们"从本质上属于伦理社会主义,他们继承了康德的道德伦理学,即从所谓的'善的意志'出发,认为人类社会'应当'怎样,资本主义邪恶,应当绕过这个阶段直接走向美好的社会主义"②。列宁不仅正确认识了资本主义发展的内在规律,还对资本主义在俄国发展的进步性给予了客观评价。在列宁看来,俄国自由民粹主义竭力证明的机器劳动代替手工劳动"只能使人民破产,而不能提供高级的生产组织"这一观点是十分荒谬的,"这当然就是瞎说"。③ 此后,列宁在《社会民主党在民主革命中的两种策略》一文中明确指出,无产阶级革命必须要充分利用资本主义提供的发展前提,"在像俄国这样一些国家里,工人阶级与其说是苦于资本主义,不如说是苦于资本主义发展得不够"④。

---

① 中共中央马克思恩格斯列宁斯大林著作编译局编译:《列宁全集》第二版增订版(第一卷),北京:人民出版社,2013年版,第82页。

② 夏银平:《俄国民粹主义再认识》,广州:中山大学出版社,2005年版,第198页。

③ 中共中央马克思恩格斯列宁斯大林著作编译局编译:《列宁全集》第二版增订版(第一卷),北京:人民出版社,2013年版,第84页。

④ 中共中央马克思恩格斯列宁斯大林著作编译局编译:《列宁全集》第二版增订版(第十一卷),北京:人民出版社,2017年版,第32页。

总之,"民粹主义和马克思主义的全部区别就在于对俄国资本主义的批判的性质上"①。正是这一区别,决定了二者的社会主义理念和发展道路有着本质的区别,一个滑入了空想的"冒牌的社会主义",一个走上了符合社会发展规律的科学社会主义。

第二节　列宁批判俄国自由民粹主义的方法进路

为了完成对俄国自由民粹主义的批判任务,更好地传播和发展马克思主义,找到适合俄国的发展道路,列宁在批判中坚持马克思主义方法论基石,熟练运用辩证唯物主义和历史唯物主义的科学思维,灵活采用历史主义分析、阶级分析、数据分析、辩证分析等具体的科学方法,对自由民粹主义进行了全面剖析,彻底厘清了自由民粹主义的理论内核和逻辑理路。

一、以历史主义分析方法对待俄国民粹主义的历史样态

在阶级社会中,认识特定社会思潮需要从当时特定历史条件和历史环境出发,以历史主义的方法进行研究和考察,才能

---

① 中共中央马克思恩格斯列宁斯大林著作编译局编译:《列宁全集》第二版增订版(第一卷),北京:人民出版社,2013年版,第404页。

第四章　批判方法：列宁批判俄国自由民粹主义的方法论阐释

客观公正地对待历史人物和事件。历史主义分析方法是马克思主义分析方法之一。历史主义分析方法要求我们用全面、发展、变化的观点去看待历史问题，这也是这一方法的基本要求。马克思主义的历史主义分析方法是唯物辩证法在研究历史理论问题中的应用，把历史事物看作是不断发展变化的。与此同时，历史主义分析方法要求我们将问题放在一定的历史范围内来考察。诚如列宁所言："在分析任何一个社会问题时，马克思主义理论的绝对要求，就是要把问题提到一定的历史范围之内。"① 列宁所说的"一定的历史范围之内"，就是指把问题放在具体的历史语境下来考察，任何事物都是随着时间条件的变化而变化，如果脱离历史语境，就会犯形而上学的错误，难以对社会历史问题作出科学的判断和结论。每个阶级都是社会历史的产物，要善于运用历史主义分析方法，从特定历史背景出发，具体问题具体分析，深入全面考察，反对故意歪曲历史事实，实事求是地对待历史人物和事件，如实客观评价其历史地位和作用。

在俄国历史上，民粹主义作为影响俄国近百年的社会思潮，不是一成不变的，而是以多种样态存在。列宁登上俄国政

---

① 中共中央马克思恩格斯列宁斯大林著作编译局编译：《列宁全集》第二版增订版（第二十五卷），北京：人民出版社，2017年版，第232页。

治舞台时,正值自由民粹主义盛行,其以"合法刊物"为传播平台,在俄国思想界占据主要地位,并在《俄国财富》等报纸杂志上发起对马克思主义的攻击。列宁为捍卫马克思主义,对自由民粹主义进行了深入批判,并在批判过程中全面深化了对俄国国情的认识,逐步明晰了民粹主义的发展历程和特点,区分了民粹主义各不同时期的基本样态,从而使批判有了更为精准的靶向。

目前国内学者普遍把1905年革命视为列宁对民粹主义态度变化的转折点,在列宁与民粹主义的关系问题上有"批判否定—辩证扬弃"①"追随—批判—斗争—融合"②"否定—肯定—殊途同归"③"否定—肯定"④等观点。这些观点都是把俄国民粹主义作为整体来谈二者的关系以及列宁对俄国民粹主义的态度变化。

实际上,俄国民粹主义本身不是一成不变的社会思潮,它大体上历经了革命民粹主义、自由民粹主义和社会革命党三个

---

① 徐文文:《列宁对俄国民粹主义批判研究》,辽宁大学博士学位论文,2021年5月,第48页。

② 杨文亮:《论列宁与俄国民粹主义的关系》,载《中共福建省委党校(福建行政学院)学报》,2021年第3期,第62—70页。

③ 夏银平:《列宁与俄国民粹主义关系再认识》,载《社会科学家》,2007年第1期,第191—194页。

④ 徐瑾:《列宁对俄国民粹主义认识的变化及其当代启示研究》,华中师范大学博士学位论文,2018年5月。

第四章 批判方法：列宁批判俄国自由民粹主义的方法论阐释

阶段。列宁对俄国民粹主义的认识逐步深化，在著作中以历史主义分析方法对民粹主义进行了不同评价。正如列宁所言："脱离历史的具体环境来谈这个问题，就是不懂得辩证唯物主义的起码常识。"① 列宁对民粹主义的态度转变是他对俄国国情和民粹主义思潮认识深化的结果，换言之，列宁从历史语境出发对俄国民粹主义具体样态进行思考与分析，并客观地评判了不同历史时期的民粹主义思潮。

其一，充分肯定革命民粹派的革命民主主义。革命民粹主义是俄国早期的民粹主义流派，在列宁文本常以革命民粹派、旧民粹主义、老辈民粹派等术语来描述。它作为民粹主义的一个流派或者说一个阶段，有着民粹主义所具有的空想性，但其发动的"到民间去"运动等革命活动，以及反对地主统治和沙皇专制制度的斗争运动，显然是具有进步意义的。列宁充分"肯定其思想理论具有合理性、历史进步性和革命精神"②。

19世纪90年代，列宁登上历史舞台，对当时的自由民粹主义进行批判。为了更好地进行批判，他在《什么是"人民之友"?》一文中，将民粹主义先驱赫尔岑和车尔尼雪夫斯基从民

---

① 中共中央马克思恩格斯列宁斯大林著作编译局编译：《列宁全集》第二版增订版（第十四卷），北京：人民出版社，2017年版，第2页。
② 杨军、郝垚丽：《列宁批判俄国民粹主义的科学方法及其启示》，载《思想教育研究》，2021年第7期，第95页。

粹派中剥离出来，否认他们与自由主义民粹派存在联系，针对自由主义民粹派高谈赫尔岑和车尔尼雪夫斯基等"父辈理想"，列宁表示，"这简直不像话"，"在糟蹋这些理想"，并引用考茨基的话来进行讽刺："当时每个社会主义者都是诗人，每个诗人都是社会主义者。"① 此时的列宁更多以"民主主义者"来修饰赫尔岑和车尔尼雪夫斯基。之后，在1897年撰写的《我们拒绝什么遗产？》一文中，为了批判自由民粹主义关于"俄国学生们"（19世纪90年代俄国马克思主义者的代称）抛弃优秀的传统、拒绝革命民主主义的思想"遗产"等错误观点，列宁进一步深化对民粹主义的认识，把60年代思想启蒙者、自由主义民粹派、社会民主党人的观点作了对比，明确指出，俄国学生们才是"遗产"的忠实保存者，是"60—70年代遗产的学生"，列宁还以马克思主义者的身份对其进行了发扬。

历经1905年革命后，列宁对民粹主义的认识进一步深化，在1913年的《论民粹主义》一文中，不仅把赫尔岑和车尔尼雪夫斯基纳入了民粹主义者范畴，还把他们认定为民粹主义创始人，对民粹主义发展历程进行清晰的梳理和总结，从总体上

---

① 中共中央马克思恩格斯列宁斯大林著作编译局编译：《列宁全集》第二版增订版（第一卷），北京：人民出版社，2013年版，第228页。

第四章 批判方法：列宁批判俄国自由民粹主义的方法论阐释

认为"民粹主义是俄国农民民主派的意识形态（观念体系）"①。在这里，虽然列宁看似从广义上来谈论俄国民粹主义，但更为精准地理解应当是从革命民粹主义的角度来谈论的，列宁所说的赫尔岑和车尔尼雪夫斯基正是作为革命民粹主义创始人而存在的。列宁的建党理论著作《怎么办?》还以车尔尼雪夫斯基的著作《怎么办?》为名。列宁还大量吸收了革命民粹主义暴动派代表人物特卡乔夫在党建方面的思想。

总体来看，列宁对革命民粹主义的革命民主主义是持肯定态度的。一方面，在《〈十二年来〉文集序言》一文中，针对合法马克思主义者司徒卢威对革命民粹主义的错误批判，列宁"着重指出了民粹派作为一个正处于资产阶级革命前夜的国家里的革命民主派别的积极的（在马克思主义者看来）特征和方面"②。另一方面，针对某些马克思主义者片面地批评民粹派理论的这一错误，列宁指出，他们忽视了这种理论从历史角度来看现实的和合理的内容，"忘记了这种理论反映着先进的、革命的小资产阶级民主主义，忘记了这种理论是同农奴制旧俄国

---

① 中共中央马克思恩格斯列宁斯大林著作编译局编译:《列宁全集》第二版增订版(第二十二卷)，北京:人民出版社，2017年版，第326页。

② 中共中央马克思恩格斯列宁斯大林著作编译局编译:《列宁全集》第二版增订版(第十六卷)，北京:人民出版社，2017年版，第91页。

作最坚决斗争的旗帜"①。

其二,全面批判自由民粹主义的堕落性和荒诞性。19世纪末20世纪初,俄国社会主要矛盾是人民大众同专制制度之间的矛盾。革命民粹主义在缺乏科学思想指导的情况下,未能唤起普通民众支持,试图依靠少数人通过恐怖暗杀活动来推翻沙皇专制统治,民意党人在刺杀沙皇亚历山大二世成功后,遭到沙皇政府的残酷镇压。此后,民粹派的自由主义倾向占据了主导地位,他们不愿意采取革命的行动,完全丧失革命性,彻底地堕落,他们以"人民之友"自居,鼓吹以改革方式避开资本主义制度的悲惨后果,直接进入社会主义。他们在《俄国财富》《星期周报》等刊物公开宣传其堕落观点,并对马克思主义发起攻击。此时,列宁作为马克思主义者登上俄国历史舞台,对自由民粹主义经济实质、政治策略、思维方法等进行全面驳斥,完成了对民粹主义的彻底批判。他明确指出,自由民粹主义试图站在"现存社会关系"基础上进行修补,而不是反对"现代社会",这些"人民之友"想要的"不是消灭剥削而是缓和剥削,不是斗争而是调和",就其实质作用而言,是反

---

① 中共中央马克思恩格斯列宁斯大林著作编译局编译:《列宁全集》第二版增订版(第十六卷),北京:人民出版社,2017年版,第203页。

第四章　批判方法：列宁批判俄国自由民粹主义的方法论阐释

动的、荒谬的。①

其三，客观驳斥社会革命党的"社会主义"。20世纪初，各地革命民粹主义再度兴起，仍然以社会主义作为自己奋斗目标，号称"社会主义政党"，并在1902年宣布以联盟形式组建统一的社会革命党，但直到1905年12月才正式召开第一次代表大会，制定纲领和章程，选举领导机关。在列宁文本中，社会革命党也常以"左派民粹派"的称谓呈现。在列宁看来，一些资产阶级政党为了极力鼓吹自己的党，在选择名称时，常常抱着广告宣传的目的专门欺骗群众。"代表俄国民主派资产阶级的是形形色色的民粹派，从最左的社会革命党人，直到人民社会党人和劳动派。他们都爱讲'社会主义'词句，但是，这些词句的含义骗不了觉悟的工人。"②譬如，在土地纲领中，他们提出的具有"社会主义"意蕴的"平分"土地或使土地"社会化"的政策，在列宁看来，是一种建设性的空想方案，是不可能实现的，是难以维持的，"在资本主义制度下这样分配土地是极其荒谬的"③。

---

① 中共中央马克思恩格斯列宁斯大林著作编译局编译：《列宁全集》第二版增订版（第一卷），北京：人民出版社，2013年版，第210页。
② 中共中央马克思恩格斯列宁斯大林著作编译局编译：《列宁全集》第二版增订版（第二十一卷），北京：人民出版社，2017年版，第290页。
③ 中共中央马克思恩格斯列宁斯大林著作编译局编译：《列宁全集》第二版增订版（第二十一卷），北京：人民出版社，2017年版，第392页。

二、以阶级分析方法揭露自由民粹主义的错误和实质

阶级分析方法是马克思主义唯物史观的基本方法，是研究社会问题的重要工具。马克思恩格斯在《共产党宣言》中明确指出："至今一切社会的历史都是阶级斗争的历史。"① 后来马克思又在《路易·波拿巴的雾月十八日》《1848年至1850年的法兰西阶级斗争》等著作中，用大量笔墨叙述了阶级分析方法和阶级斗争。虽然他们没有明确给阶级下过定义，但从其著作中可以得知，阶级是以生产资料的不同占有方式为依据凝聚在一起的社会集团。阶级是历史性的存在，产生于传统公社解体的过程中，它不是从来就有，也不会一直存在。事实上，阶级划分不是马克思最早发现的，马克思在1852年3月5日致约·魏德迈的信中指出，发现阶级存在或阶级斗争不是他的功劳，在他之前的资产阶级的历史编纂学家和经济学家都已经对阶级和阶级斗争作过分析，而他所加上的新内容是："（1）阶级的存在仅仅同生产发展的一定历史阶段相联系；（2）阶级斗争必然导致无产阶级专政；（3）这个专政不过是达到消灭一切阶级和进入无阶级社会的过渡。"②

---

① 中共中央马克思恩格斯列宁斯大林著作编译局编：《马克思恩格斯文集》（第二卷），北京：人民出版社，2009年版，第31页。
② 中共中央马克思恩格斯列宁斯大林著作编译局编：《马克思恩格斯文集》（第十卷），北京：人民出版社，2009年版，第106页。

第四章 批判方法：列宁批判俄国自由民粹主义的方法论阐释

列宁在遵循马克思主义基本原理基础上，明确给阶级作了定义："所谓阶级，就是这样一些大的集团，这些集团在历史上一定的社会生产体系中所处的地位不同，同生产资料的关系（这种关系大部分是在法律上明文规定了的）不同，在社会劳动组织中所起的作用不同，因而取得归自己支配的那份社会财富的方式和多寡也不同。"① 这一定义为阶级分析方法提供了明确指向和抓手。列宁一再强调，一定要把握住社会的阶级划分和阶级统治的事实，并以此为指导，"去分析一切社会问题，即经济、政治、精神和宗教等等问题"②。总之，这个方法要求我们在观察、分析阶级社会的历史现象和社会现象时，不能只局限于研究财产关系，而必须研究与生产力的一定发展水平相适应的生产关系，必须研究各个阶级在生产中所占的地位以及由此决定的生活条件和生活状况。③

列宁不仅注重对俄国民粹主义不同流派的区分，还对民粹主义的阶级实质进行了深入剖析。他按照阶级分析方法对俄国经济社会状况进行考察，以此来批判俄国自由民粹主义看不到

---

① 中共中央马克思恩格斯列宁斯大林著作编译局编译：《列宁全集》第二版增订版（第三十七卷），北京：人民出版社，2017年版，第13页。

② 中共中央马克思恩格斯列宁斯大林著作编译局编译：《列宁全集》第二版增订版（第三十七卷），北京：人民出版社，2017年版，第67页。

③ 陶德麟：《阶级分析的方法——马克思列宁主义党的锋利武器》，载《理论战线》，1958年第3期，第38—42页。

村社的阶级分化，并进一步揭露了自由民粹主义的阶级实质和社会根源。

其一，以阶级分析方法批判自由民粹主义否定村社中资本主义发展的错误认识。以沃龙佐夫和丹尼尔逊为首的自由民粹主义者对俄国资本主义国内市场发展提出质疑，沃龙佐夫在1884年第7期的《欧洲通报》杂志上发表《俄国农业和工业的分工》一文，极力否认社会分工和社会分化，宣称这些"不是从人民生活深处成长起来的，而是企图从外部硬挤进去"①。列宁认为，不能只限于分析他们观点中不正确的地方，还必须对俄国资本主义全部发展过程加以考察。他在《俄国资本主义的发展》一书中，依据统计资料对俄国社会经济制度和俄国阶级结构进行分析，并以阶级分析方法对俄国村社和俄国社会的分化进行了剖析，特别是对农民阶级进行了深入研究，明确"革命现在日益显露出农民的两重地位和两重作用。一方面，在贫苦农民空前贫困和破产的情况下，存在着徭役经济的大量残余和农奴制的各种残余，这充分说明了农民革命运动的泉源之深，农民群众革命性的根基之深。另一方面，无论在革命进程中，在各种政党的性质中，或者在许多政治思想流派中，都

---

① 中共中央马克思恩格斯列宁斯大林著作编译局编译：《列宁全集》第二版增订版（第三卷），北京：人民出版社，2013年版，第19页。

第四章 批判方法：列宁批判俄国自由民粹主义的方法论阐释

显现出农民群众的有内在矛盾的阶级结构，他们的小资产阶级性，他们内部的业主倾向与无产者倾向的对抗性"①。

列宁以阶级分析方法对俄国农民阶级进行深入研究，认为农业人口减少、工商业人口增加是一切资本主义国家发展的显著特征，在俄国，"小农分化为农业企业主和农业工人的过程，是资本主义生产中国内市场形成的基础"②。列宁对萨马拉省、新罗西亚地区、萨拉托夫省、彼尔姆省、奥廖尔省、沃罗涅日省等地方自治局统计资料进行分析并得出结论，农民阶级的内部已经分化，呈现出"非农民化"特征。旧的宗法式农民瓦解，新型农村居民形成，而这种新型的农村居民成了资本主义生产占统治地位的社会基础。"这些新的类型就是农村资产阶级（主要是小资产阶级）和农村无产阶级，即农业中的商品生产者阶级和农业雇佣工人阶级。"③ 分化的农民阶级从两个方面来建立市场，一方面，富裕农民把从"破落"地主和破产农民那里"收集"来的生产资料变为资本；另一方面，下等户虽然消费额较少，且所消费的是质量低劣的产品，但购买种类较

---

① 中共中央马克思恩格斯列宁斯大林著作编译局编译：《列宁全集》第二版增订版（第三卷），北京：人民出版社，2013年版，第11页。
② 中共中央马克思恩格斯列宁斯大林著作编译局编译：《列宁全集》第二版增订版（第三卷），北京：人民出版社，2013年版，第53页。
③ 中共中央马克思恩格斯列宁斯大林著作编译局编译：《列宁全集》第二版增订版（第三卷），北京：人民出版社，2013年版，第147页。

多,与此同时,殷实农民的需求也日益增长,助长了资本主义市场的形成。

其二,以阶级分析方法剖析自由民粹主义的小生产者实质。以米海洛夫斯基为首的自由民粹主义者总是以"人民之友"自居,以此来混淆视听,博取支持,并对社会民主党人和马克思主义发起责难和攻击。列宁一针见血地指出:"只要把'人民之友'刮一刮,就可以看出资产者的原形。"① 列宁在《民粹主义的经济内容及其在司徒卢威先生的书中受到的批评》一文中,针对司徒卢威把"俄国经济独特发展论"看作自由民粹主义的"实质"和"基本思想"的观点,指出,这种理论主要源于个人在历史过程中的作用学说,以及认为俄国人民具有特殊的民族性格、民族精神和特别历史命运的直觉信念;而司徒卢威的"这种评语过于抽象,过于唯心,它虽然指出了民粹主义中的主导的理论思想,但既没有指出民粹主义的'实质',也没有指出民粹主义的'来源'"。②

列宁认为,需要对司徒卢威的这种评语作些修改,譬如,司徒卢威在评丹尼尔逊著作时称民粹主义为"民族社会主义",

---

① 中共中央马克思恩格斯列宁斯大林著作编译局编译:《列宁全集》第二版增订版(第一卷),北京:人民出版社,2013年版,第122页。
② 中共中央马克思恩格斯列宁斯大林著作编译局编译:《列宁全集》第二版增订版(第一卷),北京:人民出版社,2013年版,第357—358页。

第四章 批判方法：列宁批判俄国自由民粹主义的方法论阐释

在列宁看来，对于俄国革命民粹主义来说，"民族"二字应当修改为"农民"；对于现代民粹主义来说，应该修改为"小市民"。列宁还进一步说明："小市民"不是指它的常规含义，而是从政治经济学角度来理解的，"在商品经济体系中从事经营的小生产者，——这就是构成'小资产者'、Kleinbürger 或是其同义语'小市民'这一概念的两个特征。因此，这一概念既适用于农民，也适用于手工业者，民粹派一向把他们同等看待，是十分有道理的，因为二者都是为市场而工作的生产者，所不同的只是商品经济的发展程度而已"。民粹主义的"来源"是1861年改革后小生产者在俄国社会越来越占优势。总之，"民粹主义的实质就是从小生产者、小资产者的角度代表生产者的利益"①。列宁正是通过阶级分析抓住自由民粹主义的这一阶级实质，在分析和批判自由民粹主义的落后性、狭隘性和妥协性时，无不"指明了自由民粹派的全部理论都是反映和拥护小资产阶级利益的"②。

列宁还在批判米海洛夫斯基"俄国可能绕过资本主义阶段"观点的空想性过程中揭示了小资产阶级的空想实质。自由

---

① 中共中央马克思恩格斯列宁斯大林著作编译局编译：《列宁全集》第二版增订版（第一卷），北京：人民出版社，2013年版，第358页。

② 孙秀玲、吕薇洲：《列宁对民粹主义思潮的批判方法及其当代价值》，载《天津师范大学学报（社会科学版）》，2021年第1期，第65页。

民粹主义依旧坚持革命民粹主义关于社会主义制度建立的历史条件，把村社作为通向社会主义的基础。在他们看来，这是十分庆幸的，认为通过村社的土地重分和劳动组合去实现社会主义是被科学证明了的经济公正，俄国村社农民的集体主义生活方式能够成为推翻专制制度、进入社会主义的有力杠杆，从而使俄国避免重走西欧资本主义的"罪恶的、血腥的"道路，绕过资本主义阶段。但列宁认为，这种观点是"小市民的空想社会主义理论，也就是小资产阶级知识分子的幻想，他们不是从雇佣工人同资产阶级的阶级斗争中去寻找摆脱资本主义的出路，而是通过向'全体人民'，向'社会'，也就是向资产阶级本身呼吁，去寻求摆脱资本主义的出路"[1]。因此，事实上不过是小生产者、小资产阶级理论家的一种幻想，是社会主义运动中的机会主义。

三、以统计分析支撑对自由民粹主义的政治经济学批判

列宁对自由民粹主义批判的重要向度建立在唯物史观的基础上，把马克思主义理论同俄国实际相结合，在理论分析和批判时，引用了大量统计资料，以俄国的客观实际来瓦解自由民

---

[1] 中共中央马克思恩格斯列宁斯大林著作编译局编译：《列宁全集》第二版增订版（第二十四卷），北京：人民出版社，2017年版，第350页。

第四章 批判方法：列宁批判俄国自由民粹主义的方法论阐释

粹主义的观点。这一点显著地体现在关于资本主义市场问题的论述上。在他看来，许多涉及现代国家经济制度及其发展的最根本的问题，过去都只凭借粗略的资料和一般的估计来分析，现在如果不依据按一定提纲收集并经统计专家综合的浩繁材料，就"无从进行比较认真的研究"①。列宁明确指出，社会经济统计是"社会认识的最有力武器之一"②，但同时认为，不能为了统计而统计，否则数据统计就会成为一种畸形的东西，失去其本身的价值。

考察列宁早期文本不难发现，在《农民生活中新的经济变动》《论所谓市场问题》《俄国资本主义的发展》等著作中都大量使用数据统计资料。他在马克思主义政治经济学框架下，对俄国统计资料进行细致分析，从而做到理论与实际相结合，以此来完成对自由民粹主义的政治经济学批判。

其一，利用统计数据来支撑农村分化的观点，驳斥自由民粹主义理想化村社的观点。在《农民生活中新的经济变动》一文中，列宁利用波斯特尼柯夫《南俄农民经济》一书中所采用的丰富的统计资料，对俄国农村经济进行了基于马克思主政

---

① 中共中央马克思恩格斯列宁斯大林著作编译局编译：《列宁全集》第二版增订版（第十九卷），北京：人民出版社，2017年版，第317页。

② 中共中央马克思恩格斯列宁斯大林著作编译局编译：《列宁全集》第二版增订版（第十九卷），北京：人民出版社，2017年版，第328页。

治经济学的分析。列宁认为，波斯特尼柯夫利用土地占用程度、耕地播种面积、役畜拥有比例等方面的数据资料来分析农民的财产状况，并以此为标准划分农民阶层，虽然看到了农户之间经济状况差距悬殊的现象，但忽略了土地经营性质对于农民分化的作用。列宁以马克思主义政治经济学原理对俄国农村经济的现实状况进行分析，按照不同的播种面积对塔夫利达省别尔斯克县、梅利托波尔县、第聂伯罗夫斯克县农户的实际状况进行研究，发现富裕户全部使用土地面积远超实际用地。在第聂伯罗夫斯克县，18.4%的富裕户使用土地面积占土地总面积的46.4%，39.9%的贫苦户使用土地面积却只占土地总面积的12.4%，[①]证实了当时俄国村社已经分化为农村资产阶级和无产阶级，以及中农在经济上的不稳定性，确证了村社农民中间存在"直接的剥削"关系，驳斥了自由民粹主义所主张的村社农民没有被资本主义触动、村社可以作为社会主义基础的谬论。

列宁在其巨著《俄国资本主义的发展》一书中进一步完善和深化了这一批判维度。他利用俄国当时有关土地、役畜、农具、农民生产生活状况的大量资料，说明1861年改革后资本

---

① 数据来源于图表分析。参见中共中央马克思恩格斯列宁斯大林著作编译局编译：《列宁全集》第二版增订版（第一卷），北京：人民出版社，2013年版，第43页。

主义在俄国农村的发展,批判了民粹派把数据平均化处理的做法,认为这是对农村现实的歪曲,看不到俄国农民的分化和资本主义的发展。列宁"以子之矛,攻子之盾",利用自由主义民粹派掌握的俄国地方自治局统计机关的按户调查资料来对其村社稳固、否认分化的观点进行批判,认为他们虽然占有丰富的统计资料,但由于缺乏科学理论的指导,未能发挥统计资料的价值。列宁认真分析了新罗西亚地区、萨马拉省、萨拉托夫省、彼尔姆省、奥廖尔省、沃罗涅日省、下诺夫哥罗德省等地区的统计资料。份地方面,考察塔夫利达省第聂伯罗夫斯克县的份地情况,发现"土地变成了商品,变成了'猎取金钱的机器'"①;农具方面,塔夫利达省第聂伯罗夫斯克县的收割机和割草机总数为3061台,其中,农民资产阶级(占农户总数的五分之一)拥有2841台,即占总数的92.8%,②在萨马拉省,这一情况基本相同,"在24.7%的上等户手中集中了82.9%的改良农具"③。彼尔姆省、奥廖尔省、沃罗涅日省等省份统计资料也是如此。在由此催生的雇佣劳动问题上,列宁

---

① 中共中央马克思恩格斯列宁斯大林著作编译局编译:《列宁全集》第二版增订版(第三卷),北京:人民出版社,2013年版,第56页。

② 中共中央马克思恩格斯列宁斯大林著作编译局编译:《列宁全集》第二版增订版(第三卷),北京:人民出版社,2013年版,第57页。

③ 中共中央马克思恩格斯列宁斯大林著作编译局编译:《列宁全集》第二版增订版(第三卷),北京:人民出版社,2013年版,第68页。

分析萨马拉省、萨拉托夫省、彼尔姆省、奥廖尔省的统计资料，发现，"大多数富裕农户使用了这种或那种形式的雇佣劳动"①，并且各省的"各类农户间在雇佣劳动、'副业'以及经济中的'进步潮流'方面的关系也完全一样"②。农民分化为两种不同类型："一方面分化为农村无产阶级（抛弃土地和出卖劳动力），另一方面分化为农民资产阶级（购买土地，租种大量土地，特别是租种份地，改善经营，雇用雇农和这里略去不计的日工，把工商企业同农业结合起来）。"③从时间纵向来看，列宁比较分析了1888—1891年和1896—1900年欧俄48省的两次军马调查的统计数据，发现农户增加了而马匹减少了，无马户的数量迅速增加，因此，得出结论："农民的贫困和被剥削现象正在加剧，是毫无疑问的。"④显然，当时的俄国村社已经分化，自由主义民粹派所主张的农民未被触动、村社可以作为社会主义基础的观点，已然成为谬论。

其二，分析统计资料，驳斥自由主义民粹派对俄国资本主

---

① 中共中央马克思恩格斯列宁斯大林著作编译局编译：《列宁全集》第二版增订版（第三卷），北京：人民出版社，2013年版，第88页。

② 中共中央马克思恩格斯列宁斯大林著作编译局编译：《列宁全集》第二版增订版（第三卷），北京：人民出版社，2013年版，第92页。

③ 中共中央马克思恩格斯列宁斯大林著作编译局编译：《列宁全集》第二版增订版（第三卷），北京：人民出版社，2013年版，第93页。

④ 中共中央马克思恩格斯列宁斯大林著作编译局编译：《列宁全集》第二版增订版（第三卷），北京：人民出版社，2013年版，第122页。

第四章　批判方法：列宁批判俄国自由民粹主义的方法论阐释

义市场问题的看法。首先，列宁在1893年撰写的《论所谓市场问题》一文中，针对民粹派的"没有市场"的观点，以马克思主义政治经济学阐释了市场问题的基本原理，先分析马克思《资本论》中《社会总资本的再生产和流通》的内容和原理，阐释了社会总生产的两大部类的基本理论，得出结论："在资本主义社会中，生产资料的生产比消费资料的生产增长得快。"① 接着，列宁进一步指出，市场这一概念与社会分工这一概念是完全分不开的，"在资本主义社会里，市场发展的限度决定于社会劳动专业化的限度"②。在这一原理基础上，列宁分析了塔夫利达省第聂伯罗夫斯克县、萨马拉省新乌津斯克县和萨拉托夫省卡梅申县三个纯农业县的资料，把市场问题从"可能"和"应当"的臆测转移到现实的基础上来，来说明社会分工和小生产者分化的出现。通过对第聂伯罗夫斯克县的资料进行分析发现，贫苦户占40%，中等户占42%，富裕户占18%；新乌津斯克县的贫苦户占37%，中等户占38%，富裕户占25%；卡梅申县的贫苦户占54%，中等户占29%，富裕户占17%。在列宁看来，资料显示，"村社农民中所发生的并不是

---

① 中共中央马克思恩格斯列宁斯大林著作编译局编译:《列宁全集》第二版增订版(第一卷)，北京:人民出版社，2013年版，第67—68页。

② 中共中央马克思恩格斯列宁斯大林著作编译局编译:《列宁全集》第二版增订版(第一卷)，北京:人民出版社，2013年版，第79页。

一般的贫穷化和破产的过程，而是分化为资产阶级和无产阶级的过程"①。

列宁在《俄国资本主义的发展》一书中进一步分析了这一问题，阐释了俄国大工业国内市场的形成过程。书中以丰富的统计资料为支撑，坚持理论逻辑和历史逻辑相统一，依据马克思主义政治经济学原理，彻底地驳斥了自由民粹主义关于市场问题的理论错误。具体而言：首先，以翔实的统计资料考察了新罗西亚地区、萨马拉省、萨拉托夫省、彼尔姆省、奥廖尔省等地区的农民分化情况，分析了俄国农村从地主徭役经济，历经工役制度，发展到资本主义经济的历程。其次，从时空视角来看，依据统计数据分析了俄国1864—1894年间的谷物和马铃薯生产情况，论述了商业性农业的发展。再次，以统计数据为依托，分析了俄国工业中资本主义的三个发展阶段，即家庭手工业、工场手工业和大机器工业。最后，列宁根据俄国的统计资料，从商品流通、工商业人口、雇佣劳动的增长和劳动力国内市场的形成等方面，说明了俄国当时国内市场的实际形成过程，指出了自由民粹主义的错误。在谈到市场经济的商品流通问题时，列宁通过对铁路和水路这一商品流通基本交通条件

---

① 中共中央马克思恩格斯列宁斯大林著作编译局编译：《列宁全集》第二版增订版（第一卷），北京：人民出版社，2013年版，第90页。

的变化来进行分析。例如,"俄国的铁路网从1865年的3819公里增长到1890年的29 063公里,即增加6倍多"①,俄国的商船队在1868年有汽船51艘,装载量为14 300拉斯特,而在1896年则有汽船522艘,装载量为161 600拉斯特,均增加10倍多。②

四、以辩证分析方法挖掘俄国民粹主义的丰富内涵

在俄国历史上,民粹主义呈现出诸多样态,列宁不仅以历史主义分析方法对其进行细致分析,还以辩证分析方法对作为总体范畴的俄国民粹主义合理内核进行挖掘。辩证分析方法是马克思主义认识事物的重要方法,马克思曾运用此方法客观公正地分析了资本主义,正确地认识、评价和批判了资本及资本主义。这一方法要求人们在认识事物时,要避免片面地、形而上地看待问题、分析问题,防止出现极端的认知倾向,要坚持充分地占有材料,坚持具体问题具体分析,客观全面地分析人和事在社会历史发展中的作用,进而达到对事物的客观认识。

这里将自由民粹主义纳入俄国民粹主义的总体范畴来考

---

① 中共中央马克思恩格斯列宁斯大林著作编译局编译:《列宁全集》第二版增订版(第三卷),北京:人民出版社,2013年版,第507页。
② 中共中央马克思恩格斯列宁斯大林著作编译局编译:《列宁全集》第二版增订版(第三卷),北京:人民出版社,2013年版,第509页。

察，采用辩证分析方法，从总体上深入理解民粹主义这一思潮的内涵。列宁在对民粹主义的分析中大量使用了辩证分析方法，借助此方法深化了对民粹主义内涵实质的科学认识。

其一，要求以辩证分析的态度对待民粹主义。列宁是以马克思主义者的身份登上历史舞台的，深受此前俄国不同派别围绕《资本论》及俄国资本主义发展道路论战的影响，研读过《资本论》且作了大量批注，不仅吸收了《资本论》的理论内容，还正确地理解和吸收了它的方法论，深知马克思主义辩证分析方法的科学性及其在认识事物中的地位和作用。为此，列宁曾明确地批评一些马克思主义者在对待民粹主义问题上的错误态度。一方面，批评他们不能从历史角度看到民粹主义所包含的某些合理内容，列宁明确指出："某些马克思主义者的错误在于，他们批评民粹派的理论时，忽略了这种理论在反对农奴制的斗争中所包含的从历史角度来看是现实的和合理的内容。他们批判了'劳动原则'和'平均制'这种落后的、反动的小资产阶级社会主义，也批判得对，但是他们却忘记了这种理论反映着先进的、革命的小资产阶级民主主义，忘记了这种理论是同农奴制旧俄国作最坚决斗争的旗帜。"① 另一方面，批

---

① 中共中央马克思恩格斯列宁斯大林著作编译局编译：《列宁全集》第二版增订版(第十六卷)，北京：人民出版社，2017年版，第203页。

第四章　批判方法：列宁批判俄国自由民粹主义的方法论阐释

评他们不能从现实出发看待民粹主义的某些合理性。譬如，要辩证地看待民粹主义提出的"平均"地产的思想，"平均制"思想虽然代表了小资产者思想上的幻影和空想，但"平均"地产的思想反映了当时俄国每户只有7俄亩份地、受尽地主剥削的1000万破产农民要求平均分配农奴制大地产的愿望，是合理的和进步的。①

其二，要求以辩证分析的方法评判民粹主义。在列宁文本中，以辩证分析方法从总体上来分析俄国民粹主义，是其认识民粹主义的重要手段。列宁在《民粹主义的经济内容及其在司徒卢威先生的书中受到的批评》一书中，就以辩证分析方法对俄国民粹主义加以分析，针对司徒卢威先生对民粹派经济政策提出的一些意见，文中认为，他没有深入清晰地分析民粹主义的"经济政策"，而是抽象性地使用"合理的""进步的""明智的"等表达，仅仅把民粹主义看作是一个给祖国指错了道路的理论来加以批判。列宁认为，"清谈'祖国走另外道路'的可能性，这只是民粹主义的外衣。而其内容则是代表俄国小生产者即小资产者的利益和观点"②。列宁以辩证思维引用古罗马

---

① 中共中央马克思恩格斯列宁斯大林著作编译局编译：《列宁全集》第二版增订版（第十六卷），北京：人民出版社，2017年版，第227页。

② 中共中央马克思恩格斯列宁斯大林著作编译局编译：《列宁全集》第二版增订版（第一卷），北京：人民出版社，2013年版，第461页。

的两面神"雅努斯"对民粹主义者进行形象描述,认为民粹主义者是理论上的"雅努斯",他们一副面孔看着过去,想巩固自己小经济;另一副面孔则看着未来,仇视使他破产的资本主义。①

在列宁看来,民粹派不懂得阶级矛盾,使得他们的纲领变成进步性与反动性同时存在的奇异混合体;因此,不加区分地把民粹主义的全部纲领整个推翻是完全错误的,必须以辩证分析方法把它的反动方面和进步方面严格区分开来,全面认识俄国民粹主义的内涵实质。列宁在全面批判自由民粹主义的基础上,对总体的民粹主义合理内核及其进步性给予了充分肯定。

一是以历史的眼光肯定了民粹主义的相对进步性。列宁虽然完成了对俄国自由民粹主义的批判任务,但一定程度上也肯定了其进步性,"与原有的俄罗斯斯拉夫主义传统相比较,民粹主义具有历史进步性"②。1905年俄国革命失败后,列宁在《两种乌托邦》一文中指出,在资产阶级改革时代,民粹派的乌托邦虽然是一种错误世界观指导下的"社会主义",但作为群众民主主义高涨的产物、征兆和表现,"从经济学来看形式

---

① 中共中央马克思恩格斯列宁斯大林著作编译局编译:《列宁全集》第二版增订版(第一卷),北京:人民出版社,2013年版,第462页。
② 袁银传、田亚:《俄国民粹主义价值观评析》,载《马克思主义哲学研究》,2018年第1期,第220页。

第四章 批判方法：列宁批判俄国自由民粹主义的方法论阐释

上是错误的东西，从世界历史来看却可能是正确的"①。列宁要求，马克思主义者反对一切乌托邦时，要坚持自己阶级的独立性，"应当剔除民粹派乌托邦中的糟粕，细心剥取它所包含的农民群众的真诚的、坚决的、战斗的民主主义的健康而宝贵的内核"②。总之，"马克思主义者向来认为，取出民粹主义观点中的民主主义核心也是自己义不容辞的任务"③。因此，俄国马克思主义者不仅要对民粹主义的反动性进行批判，还要充分挖掘代表小生产者利益的民粹派同剥削阶级斗争的历史进步因素。

二是在揭示民粹主义实质的过程中深化对其两面性的分析。在1894年的《什么是"人民之友"？》一文中，列宁明确指出了民粹派小资产阶级的阶级实质及其两面性，其反动性体现在，所有这些理论都是反映和拥护小资产阶级利益的，试图阻止国家朝着资本主义方向发展；而其进步性在于"提出一般民主主义的要求，就是说，它反对中世纪时代和农奴制度的一

---

① 中共中央马克思恩格斯列宁斯大林著作编译局编译：《列宁全集》第二版增订版（第二十二卷），北京：人民出版社，2017年版，第132页。
② 中共中央马克思恩格斯列宁斯大林著作编译局编译：《列宁全集》第二版增订版（第二十二卷），北京：人民出版社，2017年版，第133页。
③ 中共中央马克思恩格斯列宁斯大林著作编译局编译：《列宁全集》第二版增订版（第二十二卷），北京：人民出版社，2017年版，第423页。

切残余"①。在1897年撰写的《俄国社会民主党人的任务》一文中,列宁又进一步指出,从其本性来看,小资产阶级具有两面性,一方面,它趋向无产阶级与民主主义;另一方面,它阻止历史进程,臣服于专制制度,为了巩固自己小资产者的地位,同统治阶级结盟来反对无产阶级,趋向反动阶级。② 此后,列宁又多次重申了这一观点,他在1907年《社会民主党在1905—1907年俄国第一次革命中的土地纲领》一书中再次强调:"民粹派的理论从反对资产阶级、争取社会主义的角度来看虽是荒谬的、反动的,而在反对农奴制度的这种资产阶级性质的斗争中,它却是'合理的'(就特定的历史任务而言)和进步的。"③ 总之,列宁坚持以马克思主义辩证方法分析和批判民粹主义,始终秉持辩证分析的态度,对其反动方面义无反顾地加以批判,但也从不讳言其革命的和进步的成分。

---

① 中共中央马克思恩格斯列宁斯大林著作编译局编译:《列宁全集》第二版增订版(第一卷),北京:人民出版社,2013年版,第253页。
② 中共中央马克思恩格斯列宁斯大林著作编译局编译:《列宁全集》第二版增订版(第二卷),北京:人民出版社,2013年版,第438页。
③ 中共中央马克思恩格斯列宁斯大林著作编译局编译:《列宁全集》第二版增订版(第十六卷),北京:人民出版社,2017年版,第204页。

第三节 列宁批判俄国自由民粹主义的方法论特征

科学方法是认识事物、把握规律的关键。列宁能够完成对自由民粹主义的批判任务，离不开对科学方法的运用，他依据马克思主义基本原理，在唯物史观和辩证唯物主义思维方法的基础上，运用了历史主义分析、阶级分析、辩证分析和统计分析等多种科学方法，完成了对俄国民粹主义的批判任务，彰显出鲜明的马克思主义方法论特征。

一、坚持马克思主义的整体性原则

整体性是马克思主义的内在规定和理论特征，不仅体现在马克思主义的理论体系上，还体现在它的立场、观点和方法上。尽管马克思恩格斯没有明确使用过"整体性"或"总体性"概念来形容马克思主义，却在其文本中将自己学说或思想看作为"整体"或"体系"。列宁也曾在《卡尔·马克思》中把马克思主义定义为"观点和学说的体系"①。马克思主义科学方法是以其基本立场为前提，以基本理论为基础，马克思主义的立场、观点、方法是一个相互区别、相互联系、不可分割

---

① 中共中央马克思恩格斯列宁斯大林著作编译局编译：《列宁全集》第二版增订版（第二十六卷），北京：人民出版社，2017年版，第52页。

的统一的整体性范畴。换言之，马克思主义的立场、观点和方法是有机统一的。理解和运用马克思主义及其三者的任何一个方面，都必须要把三者统一起来，否则就会陷入形而上学的错误之中，难以认清理论本身，也难以在实践中取得成功。因此，要求我们把三者有机地结合起来才能正确理解和全面把握马克思主义的实质；才能在社会实践中立于不败之地；才能真正地把马克思主义同非马克思主义区分开来，并在现实中完成对反马克思主义错误思潮的批判任务。

列宁是以马克思主义者的身份登上俄国历史舞台的，在批判自由民粹主义的进程中始终坚持马克思主义的整体性原则，以马克思主义者的立场进行批判。毫无疑问，列宁是以"一块整钢"的形式运用了马克思主义，一方面，从理论上把马克思主义视为一个完备而严密的科学体系，把马克思主义的哲学、政治经济学和科学社会主义看作一个有机整体；另一方面，在方法论上，坚持辩证唯物主义与历史唯物主义相统一，坚持马克思主义立场、观点、方法的有机统一。众所周知，列宁作为马克思主义者，遵循马克思主义的实践导向，把马克思主义作为指导他寻找俄国正确革命道路的思想武器，同时以革命实践作为落脚点。

其一，坚持马克思主义立场的前置条件。任何一种社会理论都代表着某一阶级或集团的利益或诉求，即每一种理论都有

第四章 批判方法：列宁批判俄国自由民粹主义的方法论阐释

各自的阶级立场。马克思主义是以实现人的解放为目标的理论体系，它以现实的人取代了抽象的人和绝对精神，以最广大人民群众的利益为出发点，强调人民群众是历史的创造者，其目的在于消灭剥削，建立自由人的联合体。从价值追求上看，马克思主义始终以人民为根本立场，为人类解放事业提供理论指南和方法指导。马克思主义从诞生之日起，就秉持人民性，始终坚持为无产阶级谋利益，马克思恩格斯为此把毕生奉献给了伟大的无产阶级和人类解放事业。列宁同样如此，具体而言：一方面，坚持以人民立场批判自由民粹主义的理论缺陷。列宁作为马克思主义者，自登上俄国历史舞台后，同样秉持人民性，思考如何使俄国人民摆脱沙皇专制统治，找到一条适合俄国发展的革命道路，真正实现俄国人民的解放事业。他以阶级分析方法批判自由民粹主义，不仅对俄国社会各阶级有了清晰认识，还明确了自由民粹主义代表小资产者利益的阶级实质，认清了他们理论面目上的"雅努斯"特征，这种仅仅代表小生产者利益的浪漫主义的理论，既对过去的小经济无限留恋，又对新到的资本主义无限仇视。由此可知，自由主义民粹派并不是从人类社会发展高度来看待俄国社会发展的道路和前景。另一方面，注重依靠人民群众创造历史的价值指向。列宁在批判自由民粹主义的过程中肯定了人民群众的价值和作用。关于这一点，主要体现在列宁对主观社会学的批判。在社会历史的发展规律问题上，米海洛夫斯基的主观社会学认为，历史是由"具有一切思想和情感的个人"创造的，但其所说的个人只不过是被装入了民粹派思想和情感的木偶而已，是充满小市民思想和情感的木偶，其实质是"英雄与群氓"的唯心史观的延续；在列宁看来，历史是人民群众的行动创造的，阶级斗争是其重要表现形式，俄国社会变革的强大动力是以无产阶级领导下的工农联盟为基础的革命运动。

其二，在批判中坚持与马克思主义基本原理相结合。列宁所生活的时代，阶级矛盾尖锐，各种社会思潮和社会主张风起云涌，相互攻讦。对此，不仅需要有坚定立场，还需要将科学理论和科学方法相结合。列宁在批判自由民粹主义、探索俄国革命发展道路的过程中，始终坚持人民立场，坚持与马克思主义理论和方法相统一。在对民粹主义主观社会学的批判中，把马克思主义唯物史观与辩证法密切结合，完成了对米海洛夫斯基主观社会学的历史观的批判。在反驳自由民粹主义关于市场问题的质疑过程中，列宁依据马克思主义政治经济学基本原理，结合俄国的具体实际，不仅对俄国革命道路进行科学分析，还客观地评价了资本主义的作用。在此过程中，列宁遵循唯物史观的阶级分析方法，对革命的领导力量和依靠力量有了新的认识，阐明了无产阶级领导及建立工农联盟的思想。

二、坚持理论批判向革命实践的转化

列宁当时所面临的时代课题，是如何把科学社会主义理论运用到俄国现实之中，为俄国找到符合本国需要的革命道路和发展道路。列宁在各不同时期所从事的批判活动和理论研究，都直接与各不同时期的革命实践紧密相联，成为革命运动的先导。但理论与实践并不是简单的对应关系，二者之间存在鸿沟，理论向实践转化需要中介，列宁通过具体活动来实现理论与实践的有效勾连。他对俄国自由民粹主义的批判正是秉持这一向度展开的，"将对民粹主义的理论批判与教育俄国工人阶级、与布尔什维克党的政策措施结合起来"①。

其一，在批判中注重对工人阶级的马克思主义教育实践。列宁清晰地认识到，俄国人民的总体文化水平不高，即便是先进的工人阶级的理论水平也是十分有限的，单凭借自己的能力难以完成对马克思主义的理论自觉。他们更多受形形色色的错误思潮影响，事实上，自由民粹主义这一社会思潮在当时的俄国影响最大。对此，列宁明确指出："革命的成功取决于把人民中更广阔的阶层吸引到自由事业方面来，取决于教育他们，

---

① 杨军、郝垚丽：《列宁批判俄国民粹主义的科学方法及其启示》，载《思想教育研究》，2021年第7期，第97页。

组织他们。"① 在1894年的《什么是"人民之友"?》一文中，列宁驳斥米海洛夫斯基关于马克思主义者依靠的是现成的无产阶级的观点时，就明确指出，米海洛夫斯基对事实了解得极为肤浅。马克思主义在工人中传播并涌现出了许多有才华、有毅力的人物，认为马克思主义者"应该进而把这个理论通俗化，把它灌输给工人，应该帮助工人领会它并制定一个最适合我国条件的组织形式，以便传播社会民主主义并把工人团结为一支政治力量"②。列宁主张充分利用各种途径传播马克思主义理论，如创办工人夜校等各类学校并进行宣讲，创办《火星报》等报刊，以及在《前进报》《真理报》等刊物上刊文等，来揭露自由民粹主义的理论错误，宣传马克思主义理论。

其二，在批判中注重马克思主义的组织建设。列宁对自由民粹主义的批判不是针对纯粹的理论问题，更为重要的是"为无产阶级建立无产阶级革命政党、制定革命的战略和策略作了准备工作"③。1893年8月，列宁来到彼得堡，在批判自由民粹主义的同时，致力于联合各地分散的马克思主义团体，并主

---

① 中共中央马克思恩格斯列宁斯大林著作编译局编译:《列宁全集》第二版增订版(第十二卷)，北京:人民出版社，2017年版，第31页。
② 中共中央马克思恩格斯列宁斯大林著作编译局编译:《列宁全集》第二版增订版(第一卷)，北京:人民出版社，2013年版，第284页。
③ 张翼星:《列宁哲学思想的历史命运》，重庆:重庆出版社，1992年版，第51页。

动同下新城和莫斯科的马克思主义者建立联系。在这一时期，为了帮助工人们更好理解马克思主义理论，列宁积极参加各个马克思主义小组和工人小组活动，并在活动中宣读自己的著作，明确斗争目标，从而扩大组织及其影响力，增进团结。据克鲁普斯卡娅回忆："一八九四年秋天，弗拉基米尔·伊里奇在我们小组里宣读了他的著作《人民之友》。"① 这本书后来成了"俄国马克思主义著作的重要代表"②。在这些参加工人小组活动、聆听过列宁宣讲的人之中，许多人后来变成了俄国马克思主义革命组织的重要成员，成为革命的重要力量，如：巴布什金、波罗甫科夫、格里巴金等。列宁在参加工人活动中意识到，俄国马克思主义者的任务就是要把科学社会主义思想传播到工人群众中去。列宁批判自由民粹主义的一系列举措反映出，他创造性地把马克思主义理论运用于革命实践，同俄国实际情况相结合。

三、遵循马克思主义在批判中建构的路径

在批判中建构的路径是马克思主义的重要特征之一。恩格

---

① 娜·康·克鲁普斯卡娅著，哲夫译：《回忆列宁》，北京：人民出版社，2020 年版，第 6 页。

② Neil Harding, *Lenin's Political Thought*, Vol. 1, London: The Macmillan Press Ltd., 1983, p. 63.

斯在1885年9月为《反杜林论》所作的第二版序言中指出："本书所批判的杜林先生的'体系'涉及非常广泛的理论领域，这使我不能不跟着他到处跑，并以自己的见解去反驳他的见解。因此消极的批判成了积极的批判。"①同样，列宁对自由民粹主义的批判坚持马克思主义这一积极的批判，秉持在批判中建构的理念和路径，不仅厘清了自由民粹主义的许多模糊概念，纠正了自由民粹主义在俄国社会发展问题上存在的认识偏差和错误理解，还在积极批判中发展了马克思主义，揭示了许多社会发展的客观规律，为俄国革命和社会发展作了理论准备。

其一，明确揭示资本主义发展的客观规律。列宁在批判自由民粹主义绕过资本主义直接过渡到社会主义，以及俄国资本主义发展是"人为的""偶然的"等观点的过程中，揭示了俄国资本主义发展的客观趋势和规律。首先，针对自由民粹主义对俄国市场的质疑，列宁阐明了马克思主义政治经济学原理中关于市场问题的观点，明确了资本主义历史发展的两个关键，即社会分工和竞争关系。其次，列宁在《俄国资本主义的发展》中系统考察了俄国资本主义发展的全过程，从理论上揭示

---

① 中共中央马克思恩格斯列宁斯大林著作编译局编：《马克思恩格斯文集》（第九卷），北京：人民出版社，2009年版，第10—11页。

了资本主义在俄国的发展特征。一方面,揭示了俄国改革后地主经济逐步向资本主义农业经济转变,历经工役制度,过渡到资本主义制度的发展过程。另一方面,列宁结合俄国具体实践,以马克思主义政治经济学原理阐释了俄国资本主义发展的三个主要阶段:家庭手工业、工场手工业和大机器工业,并揭示了三者间的继承和发展关系。列宁在驳斥自由民粹主义对资本主义否定态度的同时,肯定了俄国资本主义具有历史的进步性,它能够为社会主义革命提供物质基础。

其二,在批判中提出了工农联盟及其无产阶级领导权思想。列宁以翔实的统计数据,从土地、牲畜、农具和雇佣劳动、生活水平等方面,全面分析了俄国资本主义的发展和农民的分化。而自由主义民粹派无视农村分化和阶级对抗的事实,试图诱导人民采取温和的改良方式,放弃斗争,成了堕落的小市民机会主义。事实上,村社农民已经分化为农民资产阶级和农民无产阶级,难以团结起来完成反对沙皇专制制度的任务。列宁的批判使自由民粹主义关于村社农民的"美好愿景"破灭,客观上驳斥了民粹派"俄国将来的主人是农夫"的观点。[1]

---

[1] 中共中央马克思恩格斯列宁斯大林著作编译局编译:《列宁全集》第二版增订版(第十二卷),北京:人民出版社,2017年版,第38页。

在力量的联合方面，在列宁看来，俄国工人基本上由农民转化而来，"大量地移入南方的农业工人，都属于农民中最贫苦的阶层"①，他们与农民有着天然的联系，有着共同话语，甚至是拥有共同的敌人——沙皇专制和资本压迫。要完成战胜敌人、实现革命胜利的任务，必须"实现无产阶级和农民的革命民主专政"②。对于民权党③打算联合一切反对沙皇专制制度的力量，力求把一切革命者的派别"统一"和"联合"起来争取政治自由，却避而不谈社会主义和非社会主义的立场问题，列宁认为，这是幼稚的、错误的，因为随着工人阶级和无产阶级队伍不断壮大，需要把民主革命转变为社会主义革命，需要把工人阶级组织起来，"根除一切偏见和神话，使社会主义者在马克思主义旗帜下聚集起来，由其余的集团组成一个民主主义政党"④。列宁进一步指出，"俄国工人是俄国全体被剥削劳

---

① 中共中央马克思恩格斯列宁斯大林著作编译局编译：《列宁全集》第二版增订版（第三卷），北京：人民出版社，2013年版，第212页。

② 中共中央马克思恩格斯列宁斯大林著作编译局编译：《列宁全集》第二版增订版（第十一卷），北京：人民出版社，2017年版，第285页。

③ 民权党是俄国民主主义知识分子的秘密团体。1893年夏成立，参与创建的有前民意党人奥·瓦·阿普特克曼、安·伊·波格丹诺维奇等。民权党的宗旨是联合一切反对沙皇专制的力量，为实现政治改革而斗争。1894年春，民权党的组织被沙皇政府破坏。大多数民权党人后来加入了社会革命党。

④ 中共中央马克思恩格斯列宁斯大林著作编译局编译：《列宁全集》第二版增订版（第一卷），北京：人民出版社，2013年版，第257页。

动群众唯一的和天然的代表",工人阶级是"全体被剥削群众的先进代表",是推翻沙皇专制统治和资本统治的领导力量。①

---

① 中共中央马克思恩格斯列宁斯大林著作编译局编译:《列宁全集》第二版增订版(第一卷),北京:人民出版社,2013年版,第263页。

第五章
理论价值：列宁批判俄国自由民粹主义的价值分析

第五章 理论价值：列宁批判俄国自由民粹主义的价值分析

列宁对俄国自由民粹主义的批判无疑在马克思主义发展史和科学社会主义运动史上有着举足轻重的地位。在批判的进程中，他利用深邃的理论和科学的方法完成了对自由民粹主义的批判任务，捍卫和发展了马克思主义，做到了革命理论和革命实践相统一。

第一节 列宁批判俄国自由民粹主义的历史地位

19世纪末20世纪初，自由民粹主义是影响俄国的重要社会思潮，当时俄国正处于历史发展的十字路口，未来何去何从是俄国各界都在思考的问题。民粹主义曾登上俄国历史舞台，在理论和实践上试图改变沙皇专制制度，但由于其代表小资产阶级利益的阶级实质，未能找到符合俄国发展的正确道路。列宁以马克思主义立场彻底地完成了对自由民粹主义的批判任务，在马克思主义发展史上有着重要的历史地位。

一、超越了俄国马克思主义先驱的批判

俄国民粹派是与马克思恩格斯最早直接往来、最早在俄国译介马克思著作的思想派别，可是他们后来却成为马克思主义在俄国传播与发展的主要障碍。但颇有意思的是，俄国最早的

马克思主义者基本上都来自民粹派。更有意思的是，据英国学者戴维·麦克莱伦（David McLellan）考证，似乎矛盾的是，尽管当时普列汉诺夫等在日内瓦确立了反对民粹派的马克思主义立场，但马克思恩格斯却靠近了民粹派。《〈共产党宣言〉1882年俄文版序言》中写道："假如俄国革命将成为西方无产阶级革命的信号而双方互相补充的话，那么现今的俄国土地公有制便能成为共产主义发展的起点。"① 到了1894年，恩格斯相信俄国资本主义发展摧毁了以公社为基础的革命的可能性，但马克思恩格斯的这种矛盾的文献证据在当时多未公开发布，故而，"并未对俄国最初的马克思主义者产生影响"②。

毋庸置疑，普列汉诺夫是19世纪末俄国卓越的马克思主义理论家和国际工人运动的活动家，被誉为"俄国马克思主义之父"，是俄国马克思主义的先驱。恩格斯在世时曾认为，俄国只有普列汉诺夫和梅林两个人理解和掌握了马克思主义。③ 与此同时，俄国民粹主义思潮的革命性丧失殆尽，彻底地堕落为自由民粹主义，并严重阻碍马克思主义在俄国的传播。普列汉

---

① 中共中央马克思恩格斯列宁斯大林著作编译局编：《马克思恩格斯文集》（第二卷），北京：人民出版社，2009年版，第8页。

② 戴维·麦克莱伦著，李智译：《马克思以后的马克思主义》（第3版），北京：中国人民大学出版社，2017年版，第87—88页。

③ 张一兵：《革命实践中的青年列宁与历史的主客体向度》，载《理论探讨》，2008年第1期，第32页。

第五章 理论价值:列宁批判俄国自由民粹主义的价值分析

诺夫转变信仰,以马克思主义者的立场对民粹主义进行了深刻有力的批判,"研究俄国民粹主义,普列汉诺夫的著作是必读的书籍"①。列宁指出,普列汉诺夫对民粹主义的批判功绩"是很大的","写了很多卓越的著作"。②

普列汉诺夫率先举起了批判民粹主义的大旗,但给予这一错误思潮以毁灭性打击、彻底完成批判任务的是列宁。早期的普列汉诺夫曾是民粹主义运动的主将,是土地和自由社的主要组织者,在这一组织分裂后,又组织领导土地平分社。但此时的普列汉诺夫显然属于革命民粹主义者,并以革命民粹主义立场发表了许多理论文献,主要有《俄国社会经济发展规律和社会主义运动的任务》《争论什么?》《"土地平分"社宣言》等,试图为革命民粹主义的纲领和策略提供理论根据。他当时认为:"在《资本论》的作者看来,社会主义是西欧各国社会经济发展进程的必然产物。"③ 但是此时的普列汉诺夫还是一个纯粹的民粹主义者,不能完全正确地理解马克思的革命理论。

---

① 李伟:《关于国内民粹主义研究的几点讨论》,载《马克思主义研究》,2003年第1期,第53页。

② 中共中央马克思恩格斯列宁斯大林著作编译局编译:《列宁全集》第二版增订版(第二十五卷),北京:人民出版社,2017年版,第294页。

③ 格·瓦·普列汉诺夫:《社会经济发展的规律和俄国社会主义的任务》,载中共中央马克思恩格斯列宁斯大林著作编译局国际共运史研究室编译:《俄国民粹派文选》,北京:人民出版社,1983年版,第488—489页。

1880年年初，普列汉诺夫和土地平分社的其他一些同志，为了摆脱沙俄当局的追捕和迫害，流亡国外，侨居瑞士。在这段时间里，普列汉诺夫系统地研究了马克思和恩格斯的著作，研究了他们的经济理论，特别钻研了马克思的哲学思想和阶级斗争学说。他愈来愈对民粹主义失望，从而转向马克思主义。特别是对《共产党宣言》的研究使他的思想发生了根本性转折，为此，他还坚持要拉甫罗夫邀请马克思恩格斯为他翻译的俄文版《共产党宣言》撰写序言，即《〈共产党宣言〉1882年俄文版序言》。这一情况充分表明，普列汉诺夫已经从民粹主义者转变为马克思主义者。对此，他本人在1910年曾明确表示："我成为马克思主义者不是在1884年而是在1882年。"[①] 在马克思恩格斯的理论感召下，结合俄国现实状况，他同查苏利奇、阿克雪里罗得、捷依奇等志同道合者于1883年9月创立了俄国第一个马克思主义组织，即劳动解放社。普列汉诺夫领导这一组织，不仅声明同民粹派思想体系决裂，还把批判民粹派错误观点作为组织活动原则。劳动解放社成为俄国第一个以马克思主义立场批判民粹主义的组织。普列汉诺夫也成为在俄国以马克思主义立场批判民粹主义的先行者，他在

[①] 米·约夫楚克、伊·库尔巴托娃著，宋洪训译：《普列汉诺夫传》，北京：生活·读书·新知三联书店，1980年版，第77页。

第五章　理论价值：列宁批判俄国自由民粹主义的价值分析

1883—1898年间撰写了大量批判民粹主义的著作。

其一，普列汉诺夫对自己的民粹主义思想进行了清算，从政治斗争理论上对革命民粹主义的错误认识进行批判。1883年11月，普列汉诺夫出版《社会主义和政治斗争》一书，列宁称之为"俄国社会主义的第一个纲领性文献"。书中初步阐释了他的马克思主义观点，对自己的民粹主义思想展开清算，开篇引用《共产党宣言》中"一切阶级斗争都是政治斗争"的论断来表明自己对政治斗争的态度。而革命民粹主义的斗争理论深受无政府主义影响，否认政治斗争。普列汉诺夫态度鲜明地指出，革命民粹主义这一观点是错误的。他还把政治斗争的希望寄托于工人阶级，强调必须依靠工人阶级进行政治斗争。在他看来，作为大工业产物的工人阶级的生活水平要比其他任何阶级都差，但革命性也比其他任何阶级都强，实现社会主义必须要依靠他们，"被历史待遇不公的工人阶级已经从童年成长为一个大人了，资产阶级不得不与他平分家产的时候到了"，"并且很快无产阶级就在它里面读到怎样为自己争得物质幸福"。[①] 他还认为，社会主义与政治斗争是不可分割的，工人阶级只有夺取政权后才能实现社会主义，"政治斗争是一种社

---

① 普列汉诺夫著，刘若冰等译：《普列汉诺夫哲学著作选集》（第一卷），北京：生活·读书·新知三联书店，1959年版，第95页。

会改造手段，其适合性是历史所证明了的。任何一个学说，如果与这一历史的归纳相矛盾，就失去其一大部分的确凿性，而假使现代社会主义真是斥责工人阶级的政治意图，认其为不合目的，那末单就这一点说，它就不能称为是科学的"①。

其二，普列汉诺夫开启对以米海洛夫斯基为首的自由民粹主义者的批判。针对米海洛夫斯基从哲学思维上对马克思主义发起的攻击，普列汉诺夫以马克思主义立场开启对自由民粹主义的批判，指出米海洛夫斯基"把马克思的理论中完全没有的东西，当作马克思的历史哲学理论"②；普列汉诺夫认为，社会发展有其客观规律，米海洛夫斯基所主张的主观社会学不是从经济现实出发，而是从"人的本性"出发，在俄国发展道路上对马克思存在曲解；"马克思的俄国学生，根据这种分析，断言：是的，将继续。没有根据可以使人希望俄国将迅速抛弃其在1861年后走上的资本主义发展的道路。这就是一切。"③ 与此同时，针对自由民粹主义者否认人民群众是历史创造者、主张唯心史观的立场，普列汉诺夫驳斥了其对马克思主义唯物史

---

① 普列汉诺夫著，刘若冰等译：《普列汉诺夫哲学著作选集》（第一卷），北京：生活·读书·新知三联书店，1959年版，第82页。

② 普列汉诺夫著，刘若冰等译：《普列汉诺夫哲学著作选集》（第一卷），北京：生活·读书·新知三联书店，1959年版，第786页。

③ 普列汉诺夫著，刘若冰等译：《普列汉诺夫哲学著作选集》（第一卷），北京：生活·读书·新知三联书店，1959年版，第790页。

观的否定。普列汉诺夫反对个人在历史中的决定作用,反对唯心史观;他认为杰出个人只能改变个别事件和局部结果,这些个人都是社会历史的产物。总之,普列汉诺夫认为米海洛夫斯基所主张的唯心史观是错误的,历史的发展必须依靠人民群众的参与,"没有大多数人即群众的参加,人类的历史要向前迈进一大步也是不可能的"①。

在马克思主义发展史上,列宁和普列汉诺夫都对批判俄国自由民粹主义作出了巨大贡献,普列汉诺夫以马克思主义立场开启对自由民粹主义的批判,列宁则在此基础上超越普列汉诺夫,完成对自由民粹主义的批判。

第一,列宁对普列汉诺夫批判民粹主义的论述给予了高度评价。列宁曾明确指出,1883年出版的《社会主义与政治斗争》是俄国社会民主主义的第一个宣言书,坚持了马克思主义的起码真理:一切阶级斗争都是政治斗争。这本小册子证实马克思主义适用于俄国,说明了俄国革命运动"为什么一定会使社会主义和政治斗争结合起来,使工人群众的自发运动和革命运动结合起来,使阶级斗争和政治斗争结合起来"②。普列汉诺

---

① 普列汉诺夫著,唯真等译:《普列汉诺夫哲学著作选集》(第二卷),北京:生活·读书·新知三联书店,1961年版,第235页。
② 中共中央马克思恩格斯列宁斯大林著作编译局编译:《列宁全集》第二版增订版(第四卷),北京:人民出版社,2013年版,第273页。

夫在1885年出版的《我们的意见分歧》中，围绕俄国资本主义发展、村社前景、无产阶级政党建设等问题，以马克思主义立场阐明了与民粹主义之间的意见分歧。列宁称《我们的意见分歧》为"第一本社会主义著作"，并大量引用该著作中的论述来反驳米海洛夫斯基。普列汉诺夫于1895年出版的《论一元论历史观之发展》集中批判了自由主义民粹派断言马克思主义不适用于俄国的错误观点，阐释了辩证唯物主义，捍卫了马克思主义。列宁称赞该书是"培养了整整一代俄国马克思主义者的著作"[①]。即便之后列宁在批判普列汉诺夫政治路线错误时，也对其哲学思想上的成就给予了充分肯定。列宁在1906年年底指出："普列汉诺夫的主要是批判民粹派和机会主义者的理论著作，仍然是全俄国社会民主党的牢固成果。"[②]

第二，列宁在批判自由民粹主义问题上，超越了普列汉诺夫，完成了对自由民粹主义的批判任务。尽管普列汉诺夫完成了与革命民粹主义的决裂，并开启了对自由民粹主义的批判，但他没有深入探索民粹派思想体系产生的社会根源和历史根源，因此不能从根本上瓦解自由民粹主义。普列汉诺夫长期侨

[①] 中共中央马克思恩格斯列宁斯大林著作编译局编译：《列宁全集》第二版增订版(第十九卷)，北京：人民出版社，2017年版，第310页。

[②] 中共中央马克思恩格斯列宁斯大林著作编译局编译：《列宁全集》第二版增订版(第十四卷)，北京：人民出版社，2017年版，第225页。

第五章　理论价值：列宁批判俄国自由民粹主义的价值分析

居国外，在批判俄国国内风行的自由民粹主义时，不可避免存在着偏差，这种偏差主要体现在对革命力量的看法上。自"到民间去"运动失败后，他长期对农民持有一种消极态度，不再信任农民，对发动农民参加革命斗争缺乏信心，把农民排斥在革命力量之外，仅仅看到工人阶级、无产阶级的革命性。他虽然清楚工人（无产阶级）和农民有着天然的联系，看到了大部分工人是由破产的农民蜕变而来，但并不认为二者关系紧密，反而片面强调无产阶级和农民是政治上真正对立的人，认为"俄国的革命运动只能作为工人运动而胜利，否则它永远不会胜利！"① 列宁继普列汉诺夫之后继续批判工作，克服了普列汉诺夫的片面性，不仅全面系统地批判自由民粹主义的错误，还系统地探究了民粹派思想体系及其社会根源，看到了革命民粹主义在农民主体地位及革命性方面的积极因素，提出了"工农联盟"的思想。在《俄国资本主义的发展》一文中，列宁以阶级分析法对农民分化进行细致考察，分析了富裕农民和贫穷农民的不同命运——最终走向农民资产阶级和无产阶级。列宁认为，农民不仅是无产阶级天然的同盟军，而且必须以实现二者革命力量的联合来推翻专制统治，探索了符合历史发展规律的

---

① 普列汉诺夫著，刘若冰等译：《普列汉诺夫哲学著作选集》（第一卷），北京：生活·读书·新知三联书店，1959年版，第469页。

革命道路。

第三，列宁超越了普列汉诺夫对马克思主义哲学体系研究的局限性。普列汉诺夫的《论一元论历史观之发展》作为一部论战性强、逻辑严密的著作，虽然给自由民粹主义哲学体系以重击，扫清了他们设置的思想障碍，但并未彻底粉碎自由民粹主义。这项任务是由列宁完成的，从而也实现了对普列汉诺夫批判的超越。一方面，列宁以革命实践为导向的批判立场，实现了对普列汉诺夫的超越。在批判自由民粹主义过程中，普列汉诺夫深入研究马克思的理论著作，并译介和撰写大量关于马克思主义的理论作品，为在俄国传播和发展马克思主义做了大量工作，作出了巨大贡献。但是，受历史局限和自身认知制约，普列汉诺夫对马克思主义的理解存在一定的不足和偏差。在马克思主义实践观上，尽管他深入研究《关于费尔巴哈的提纲》，也曾引用其中观点，但并没有看到实践观点在马克思主义思想体系中的重要地位，而是局限于一般唯物主义理论来思考。更为可悲的是，普列汉诺夫极少在具体的革命实践中正确地运用马克思主义。而列宁自登上俄国政治舞台就以革命实践为旨趣，坚持"破立并举，以立为本"的思路对自由民粹主义进行批判，不仅在理论上深入研究了马克思的实践观点，还以革命的实际行动践行了这一重要理念。

另一方面，在批判自由民粹主义关于马克思的辩证法的错

第五章 理论价值：列宁批判俄国自由民粹主义的价值分析

误认识上实现了对普列汉诺夫的超越。在这个问题上，普列汉诺夫率先批判米海洛夫斯基对唯物辩证法的攻击，并给予了黑格尔辩证法客观的历史性评价。但他是以恩格斯《反杜林论》的逻辑为前提，其辩证法观点"属于元哲学的逻辑层面"，"将辩证法定义为在现象的联系和发展中观察世界的方法"，忽视了对社会历史的观测，故而"不能理解马克思从社会发展出发的历史辩证法的合法性"。同时，普列汉诺夫在谈论马克思的唯物史观时，避而不谈历史辩证法。这一系列因素使得他在说明马克思主义历史观时陷入"地理环境决定论"[①]，即"地理环境经过社会环境影响于人"[②]。列宁对普列汉诺夫辩证法思想总体上持推崇态度，即使是晚年的列宁也仍然认为，"不知道普列汉诺夫哲学言论，就不可能把辩证唯物主义推向前进"[③]。但在历史观问题上，列宁显然要更进一步，正确地从马克思关于社会历史的看法中提出了他的辩证法，并将社会历史发展看作是不以人的意志为转移的"自然历史过程"。

列宁吸收了普列汉诺夫批判自由民粹主义时所主张的历史

[①] 张一兵：《革命实践中的青年列宁与历史的主客体向度》，载《理论探讨》，2008年第1期，第35页。

[②] 普列汉诺夫著，刘若冰等译：《普列汉诺夫哲学著作选集》（第一卷），北京：生活·读书·新知三联书店，1959年版，第766页。

[③] 娜·康·克鲁普斯卡娅著，中共中央马克思恩格斯列宁斯大林著作编译局译：《论列宁》，北京：生活·读书·新知三联书店，1963年版，第366页。

发展思想，但随着对马克思主义哲学研究的深入，以及对俄国现实问题思考的深化，列宁逐渐认识到普列汉诺夫存在的理论不足。普列汉诺夫过分夸大经济因素和社会存在的作用。在普列汉诺夫看来，"俄国革命的道路只有一条，那就是大力促进资本主义的发展，以便为社会主义革命创造条件，而且社会主义革命的发生必须建立在高度发展的生产力水平之上"①。列宁认为，普列汉诺夫教条式地对待马克思主义哲学，使其"庸俗化"，显然，对马克思主义理解"夹杂了显著的机械唯物主义色彩"②。列宁在《俄国资本主义的发展》第二版序言中曾郑重指出，以普列汉诺夫为首的右翼社会民主党人，试图在俄国革命性质问题上以单纯的逻辑推理去寻找具体问题的答案，完全不顾及社会历史条件和时代的变化，"这是把马克思主义庸俗化，并且完全是对辩证唯物主义的嘲弄"③。这一"庸俗化"的态度也为后来普列汉诺夫"在理论上是激进主义，在实践上是机会主义"④埋下伏笔。但他们的这一分野，却为此后列宁

---

① 朱哲、郑伟:《列宁对普列汉诺夫一元论历史观的继承与超越》，载《马克思主义理论学科研究》，2017年第3期，第87页。

② 刘怀玉、刘维春、陈培永:《马克思主义理解史(第三卷):苏俄马克思主义资本观》，南京:江苏人民出版社，2009年版，第60页。

③ 中共中央马克思恩格斯列宁斯大林著作编译局编译:《列宁全集》第二版增订版(第三卷)，北京:人民出版社，2013年版，第12页。

④ 何梓焜:《普列汉诺夫哲学思想述评》，广州:中山大学出版社，1987年版，第32页。

正确的革命理论与实践奠定了哲学基础。

第四,在批判方法上实现了对普列汉诺夫的超越。普列汉诺夫主要采取了理论和逻辑推理的方法来批判自由民粹主义,这当然是十分必要的。但是,单纯依靠理论的逻辑力量,难以从根本上透彻地说明俄国的问题,更不可能完成对自由民粹主义的批判任务。在现实问题上,缺少必要的历史和现实资料的支撑,也会使理论逻辑的批判显得苍白无力。自由民粹主义作为当时俄国社会的现实思潮,单纯从理论逻辑出发肯定不能完成批判任务。普列汉诺夫批判自由民粹主义的《论一元论历史观之发展》(1895年)、《论个人在历史上的作用》(1898年)等主要著作,都缺少这样的维度。列宁克服了这一点,采用大量俄国官方统计资料,做到理论逻辑与现实情况相结合,从抽象到具体,从马克思主义政治经济学原理出发,探讨相关理论在俄国的存在形式,对俄国问题进行有效剖析,实现对自由民粹主义主张的有效批判。而《俄国资本主义的发展》一书正是使用这一方法的典范,该书也标志着对自由民粹主义批判的完成。

二、廓清和探索了俄国发展道路问题

19 世纪末,关于俄国发展道路问题长期以来为俄国各界关注和争论。"俄国是'必须'还是'毋须'经过资本主义的'学校'呢?"① 这个问题是当时俄国各界争论的焦点和关键。自由民粹主义者自我标榜为"社会主义者",把社会主义作为其价值追求,但他们给出的纲领和主张是与马克思主义基本原理不符的,带有明显的空想性和浪漫主义色彩。他们仅仅强调资本主义竞争、剥削、"人民大众的贫穷化",以及资本家的贪婪,虽有着明显的反资本主义意识,但完全忽视资本主义的相对进步性。早期的民粹主义主张绕过资本主义,直接进入社会主义。

到19世纪90年代,自由民粹主义者大多不再否认俄国存在资本主义,而是探索如何在村社中避免资本主义带来的痛苦。但他们仍然沿袭早期革命民粹主义对待资本主义的敌对态度,对资产阶级厌恶,对资本主义恐惧,认为资本主义的发展是"偶然的""人为的",因而提出"资本主义行不通""俄国资本主义微不足道""不必要"等主张,"清谈'祖国走另外道路'的可能性"。② 究其原因,在列宁看来,自由民粹主义者代表俄国小资产阶级利益和观点的这一阶级实质,决定了其

---

① 普列汉诺夫著,刘若冰等译:《普列汉诺夫哲学著作选集》(第一卷),北京:生活·读书·新知三联书店,1959年版,第139页。
② 中共中央马克思恩格斯列宁斯大林著作编译局编译:《列宁全集》第二版增订版(第一卷),北京:人民出版社,2013年版,第461页。

第五章 理论价值：列宁批判俄国自由民粹主义的价值分析

成为理论上的"雅努斯"。因此，他们以国内市场"缩小"和农民购买力不足来说明俄国存在发展资本主义的障碍。尤其是在1891年的危机后，自由民粹主义者更加坚定地认为资本主义没有发展的基础，无力继续走资本主义道路，必须为祖国寻找另外的、非资本主义的发展道路，从而"避免资本主义的波折而走上另一条较为适当的道路"①。对此，自由民粹主义者丹尼尔逊认为，应以"村社原则阻碍资本夺取农业生产"②；米海洛夫斯基却宣扬俄国有着特殊的生活方式和独特的发展道路，他把资本主义发展和劳动人民受到剥削看作是某种缺陷，把国家看作是改变这种缺陷的工具，"主张国家来纠正'缺陷'"③。显然，自由民粹主义关于俄国发展道路的观点脱离俄国现实，缺少对俄国实际的考察。

为了指明俄国发展方向，明确俄国革命道路问题，列宁在批判自由民粹主义过程中，坚持马克思主义理论与俄国革命实践相统一，推进马克思主义理论在俄国的运用，积极探索符合社会发展规律、资本主义形成规律的发展道路。

---

① 中共中央马克思恩格斯列宁斯大林著作编译局编译：《列宁全集》第二版增订版（第一卷），北京：人民出版社，2013年版，第230页。

② 中共中央马克思恩格斯列宁斯大林著作编译局编译：《列宁全集》第二版增订版（第三卷），北京：人民出版社，2013年版，第289页。

③ 何干强：《论列宁对折中主义的批判》，载《马克思主义研究》，2020年第12期，第86页。

首先，在批判中辩证地分析了资本主义，客观地肯定了资本主义的进步性。列宁深入工厂和农村调研，并收集大量数据资料，用以研究俄国经济现状，特别是对农民和工人的生产生活状况进行了细致考察和理论分析，在批判自由民粹主义对资本主义全盘否定的观点时，以马克思主义立场，以理论和实际相结合的方法来对其错误理论和反动政策进行批判，揭露其在俄国发展道路问题上对资本主义责难的根源，并以历史主义态度评价了资本主义在俄国的相对进步性。列宁指出，如果从资本主义的种种矛盾中得出结论，认为资本主义是不可能的，那就是十分荒谬的，"资本主义的种种矛盾，证明了它的历史暂时性"[1]。列宁接着指出，承认资本主义的相对进步性，"与完全承认资本主义的消极面和黑暗面，与完全承认资本主义所必然具有的那些揭示这一经济制度的历史暂时性的深刻的全面的社会矛盾，是完全一致的"[2]。

其次，在批判中辨析了科学社会主义与民粹派的农民社会主义，澄明了"社会主义"的目标意涵。关于马克思主义的科学社会主义与其他各式各样社会主义的区别，马克思恩格斯在

---

[1] 中共中央马克思恩格斯列宁斯大林著作编译局编译：《列宁全集》第二版增订版（第三卷），北京：人民出版社，2013年版，第42页。
[2] 中共中央马克思恩格斯列宁斯大林著作编译局编译：《列宁全集》第二版增订版（第三卷），北京：人民出版社，2013年版，第548页。

《共产党宣言》中曾进行过系统阐释,批判了以往形形色色的社会主义,文中的农民社会主义是作为反动的社会主义,以封建的、"小资产阶级社会主义"面貌出现的。此后,恩格斯在《社会主义从空想到科学的发展》中进一步讨论了科学社会主义与以往形形色色的社会主义的本质区别,明确其各自所代表的阶级立场不同。列宁正是从这一角度出发,揭露了自由民粹主义所主张的这一"冒牌的社会主义"的本质。列宁认为,科学社会主义与民粹派所主张的社会主义,其各自所代表的阶级是完全不同的,这一点在他的文本中得到充分体现,他常常以"农民社会主义"和"工人社会主义"的表述来进行区分。在列宁看来,民粹派的农民社会主义实质上是代表俄国小生产者、小资产阶级的利益,这也决定了他们的主张是充满幻想的和回避事实的,他们主张"从农民、从小生产者的角度来反对俄国的农奴制度(旧贵族阶层)和资产阶级性(新小市民阶层)"[①],对俄国的村社制度和特殊的生活方式深信不疑,相信农民社会主义革命的可能性。同样的,米海洛夫斯基以主观社会学为基石,不愿看到农村分化的事实,不愿承认商品经济成为经济发展的基础,以及一切生产关系的资产阶级性质,继

---

① 中共中央马克思恩格斯列宁斯大林著作编译局编译:《列宁全集》第二版增订版(第一卷),北京:人民出版社,2013年版,第303页。

续宣扬俄国发展道路的特殊性和独特性,因而"已经变成软弱无力的折中主义"①。而科学社会主义所代表的是俄国工人阶级利益,他们把自己全部精力和注意力都放在工人阶级身上。列宁认为,当工人阶级先进代表(社会民主党人)接受科学社会主义先进思想,明白了自己的历史使命,把分散的、缺乏指导思想的"骚动"、罢工等俄国工人运动,改造成为有组织的阶级斗争,"并在工人中间成立坚固的组织","俄国工人就会起来率领一切民主分子去推翻专制制度,并引导俄国无产阶级(和全世界无产阶级并肩地)循着公开政治斗争的大道走向胜利的共产主义革命"。②由此可知,尽管二者都强调社会主义的目标,但"科学社会主义之所以是科学的,就是因为它是站在比以往社会主义更高的文明层次上看待人类文明的进步,是一种新的更先进的文化观"③。

最后,批判了自由民粹主义者在实现社会主义发展道路上的改良措施,提出了民主革命向社会主义革命转变的思想。自由民粹主义作为堕落的民粹主义,并不是要消灭剥削而是缓和

---

① 中共中央马克思恩格斯列宁斯大林著作编译局编译:《列宁全集》第二版增订版(第一卷),北京:人民出版社,2013年版,第229页。
② 中共中央马克思恩格斯列宁斯大林著作编译局编译:《列宁全集》第二版增订版(第一卷),北京:人民出版社,2013年版,第264页。
③ 何萍:《从列宁对民粹派的批判看列宁的东方社会理论》,载《马克思主义哲学研究》,2001年创刊号,第70页。

第五章　理论价值：列宁批判俄国自由民粹主义的价值分析

剥削，不是斗争而是调和。他们寄希望于国家和政府实行改革，祈求当局能够采取措施，保护底层弱者。在谈到未来出路时，尤沙柯夫在《俄国财富》杂志发表的《农业部》一文中，从改良主义的"小事情理论"出发，提出"改组农民银行，成立垦殖管理署，整顿官地租佃以利于人民经济"。克里文柯和卡雷舍夫又作了补充："发放低利贷款，组织劳动组合式的经营，保障销路，使企业主无利可得，发明更便宜的发动机和实行其他技术改良。"[①] 列宁认为，自由民粹主义者忽视了手工业的资本主义性质，只是简单把大机器工业看成是资本主义的起点，极力否认资本主义，但实质上从他们提出的纲领主张可以看出，这班先生是完全站在现代资本主义制度基地上修修补补、敷衍了事，实际上"只能是加强和发展资产阶级"[②]。列宁进一步分析指出，由于自由民粹主义者不懂得俄国生产关系的对抗性，在现代制度基础上的任何改良措施，客观上更多是促进资本主义经济的巩固和发展，广大人民继续遭受剥夺，甚至无钱养活自己。尤沙柯夫所主张的"农业社会化"的"共耕制"和"劳动组合"，同样也不例外。在列宁看来，这类措施

---

① 中共中央马克思恩格斯列宁斯大林著作编译局编译：《列宁全集》第二版增订版（第一卷），北京：人民出版社，2013年版，第203—204页。

② 中共中央马克思恩格斯列宁斯大林著作编译局编译：《列宁全集》第二版增订版（第一卷），北京：人民出版社，2013年版，第204页。

都是自由派温和的治标办法，只会引诱被剥削者放弃斗争，其危害比好处大得多，"改良的道路是一条迁延时日的、迟迟不前的、使人民机体的腐烂部分慢慢坏死而引起万般痛苦的道路"①。因此，列宁指出，要剥夺那些"吸血鬼"，实现社会主义，需要资本主义所创造的物质条件，"需要斗争，斗争，再斗争，而不是无聊的小市民说教"。② 这也为后来列宁提出"普鲁士式"和"美国式"两条发展道路奠定了基础。

三、捍卫和发展了马克思主义理论

列宁在批判自由民粹主义的过程中，注重"破立并举"的策略，一方面深入完成对民粹主义的批判，彻底地粉碎这一错误思潮，另一方面捍卫和发展马克思主义。显然，这是批判功效的一体两面，也遵循了马克思主义在批判中建构的经典路径。当时的俄国社会思潮林立，其中影响最大的自由民粹主义以"冒牌的社会主义"混淆视听，"并声明自己与马克思的经济学说是'一致'（？）的"③，给马克思主义的传播和发展制

---

① 中共中央马克思恩格斯列宁斯大林著作编译局编译：《列宁全集》第二版增订版（第十一卷），北京：人民出版社，2017年版，第33页。

② 中共中央马克思恩格斯列宁斯大林著作编译局编译：《列宁全集》第二版增订版（第一卷），北京：人民出版社，2013年版，第205页。

③ 中共中央马克思恩格斯列宁斯大林著作编译局编译：《列宁全集》第二版增订版（第一卷），北京：人民出版社，2013年版，第379页。

第五章　理论价值：列宁批判俄国自由民粹主义的价值分析

造了很大混乱，严重阻碍了马克思主义的传播。自由民粹主义的代表人物米海洛夫斯基、克里文柯、尤沙柯夫和沃龙佐夫等在《俄国财富》《欧洲通报》《星期周刊》等报纸杂志上发表长篇大论，利用俄国马克思主义者不能在当时的"合法刊物"上公开发表言论进行反驳的便利，大肆造谣中伤马克思主义。按照自由民粹主义者对待马克思主义的态度来看，一定程度上可以把他们看作是修正主义的一种特殊变种，他们从国际修正主义思潮中习得"精华"，几乎逐字逐句地照搬伯恩斯坦所宣扬的自由主义和社会主义的观点，宣称"社会主义并不像许多人担心的那样会对自由主义形成危险，它不是要毁弃而是要实现自由主义的遗训"①。

自由主义民粹派力图以小资产阶级立场的"冒牌的社会主义"偷换马克思主义的科学社会主义，以改良主义取代社会革命。当时许多自由民粹主义者拥有"革命的荣誉"，加剧了这一思潮错误主张的危害性，譬如，米海洛夫斯基作为"当时几乎完全主宰着进步著作界的民粹派老首领"②，也曾与革命民主主义的"人民意志"联系紧密；丹尼尔逊作为《资本论》的

---

① 中共中央马克思恩格斯列宁斯大林著作编译局编译：《列宁全集》第二版增订版（第八卷），北京：人民出版社，2017年版，第73页。
② 中共中央马克思恩格斯列宁斯大林著作编译局编译：《列宁全集》第二版增订版（第十六卷），北京：人民出版社，2017年版，第86页。

俄文译者也是名声大振。他们常常大量引用马克思恩格斯的论述，并进行歪曲理解和论证，"自由主义民粹派的经济学家沃龙佐夫甚至声称把马克思主义传播到沿着独特道路发展的俄国，是对马克思的凌侮"①。因此，自由民粹主义对马克思主义的误读和歪曲，严重阻碍了马克思主义的传播和发展。

"通过批判旧世界发现新世界"②，马克思的这一理论路向在列宁对自由民粹主义的批判上得到充分体现。列宁在"破立并举"的批判策略中，不仅完成了对自由民粹主义的批判任务，而且捍卫和发展了马克思主义，为俄国革命者在如何应对错误思潮方面提供了基本理论指导和方法遵循。

其一，捍卫和发展了马克思主义关于资本主义生产的理论。列宁依据马克思主义政治经济学原理，从社会分工角度入手对俄国资本主义产生的具体过程和不同形式作出科学分析，同时引用大量数据资料来论证俄国资本主义的产生和发展绝不是自由民粹主义者所说的"人为的""偶然的"，而是符合马克思主义关于资本主义及人类社会发展规律的理论阐释。一方面，在俄国农业资本主义发展过程中，阐释了地主经济由徭役

---

① 中国人民大学马列主义发展史研究所编著：《列宁思想史》，上海：上海人民出版社，1988年版，第57页。

② 中共中央马克思恩格斯列宁斯大林著作编译局编：《马克思恩格斯文集》（第十卷），北京：人民出版社，2009年版，第7页。

制转向工役制进而演变为资本主义经济的过程；另一方面，在俄国资本主义工业产生的过程中，阐释了"人民工业"的手工业，经由大作坊、工场手工业到大机器工业的资本主义发展过程。

其二，捍卫和发展了马克思主义哲学社会科学方法。列宁反对自由民粹主义主观社会学，捍卫和发展了马克思主义唯物史观。主观社会学从"人的本性"出发，认为"具有批判头脑"的杰出人物可以按照他的"自由意志"改变社会发展方向，宣称历史是由"具有自己的一切思想和情感的活的个人"创造的。他们还否认社会发展的客观规律，认为科学上的重复性无法在社会科学中验证，"历史和社会知识不可能是客观的，因为其总是依赖于无意识的情绪或更多依赖于知识分子理想的有意识的选择"①。列宁驳斥自由民粹主义的主观社会学，认为主观社会学是头足倒置的，离开现实抽象地谈论"一般社会"，难以把握俄国社会发展本质。列宁采用历史唯物主义的分析方法研究俄国社会发展问题，抛弃了所有这些关于"一般社会"和"一般进步"的抽象议论，采用《资本论》的剖析方法，按照社会发展的内在逻辑和联系，提炼出唯物史观分析具体社会

---

① 夏银平：《重新认识俄国民粹主义的"主观社会学"》，载《学术研究》，2010年第8期，第38页。

形态的方法，从俄国的历史和现实来考察社会生产关系，给自由民粹主义以毁灭性打击。这种批判自由民粹主义的方法也为扫清其他修正主义错误思潮提供了有力的理论和方法支撑。诚如列宁所言："社会科学的唯一科学的方法，即唯物主义的方法。"①

其三，开启了列宁对其他修正主义错误思潮的批判。修正主义在俄国的表现形式多种多样，自由民粹主义作为"冒牌的社会主义"可以说是其中的一种。此外，"经济主义""孟什维主义""取消主义"等也在俄国泛滥，"1895—1902 年的'经济主义'，1903—1908 年的'孟什维主义'，1908—1914 年的取消主义不是别的，正是机会主义和修正主义的俄国形式或变种"②。列宁对自由民粹主义的批判，"始终贯穿着与当时国际共产主义运动中修正主义思潮的批判和斗争"③，这些错误思潮大多带有主观主义色彩，与自由民粹主义思潮有着相似的哲学基础。列宁认为，他们忽视俄国现实，不能给俄国带来光明的未来，没有使马克思恩格斯学说向前发展和科学推进，也

---

① 中共中央马克思恩格斯列宁斯大林著作编译局编译：《列宁全集》第二版增订版（第一卷），北京：人民出版社，2013 年版，第 181 页。
② 中共中央马克思恩格斯列宁斯大林著作编译局编译：《列宁全集》第二版增订版（第二十五卷），北京：人民出版社，2017 年版，第 196 页。
③ 徐文文：《列宁对俄国民粹主义批判研究》，辽宁大学博士学位论文，2021 年 5 月，第 126 页。

没有给无产阶级带来新的斗争方法,反而腐蚀和瓦解革命运动,"他们只是向后退"①。列宁坚决捍卫马克思主义的历史唯物主义,对"经济主义""孟什维主义""取消主义"等错误思潮的批判和彻底清算都是运用了历史唯物主义原理。马克思主义正是在与各式各样的错误思潮作斗争中不断发展的,正如列宁所言:"马克思主义之所以能够成长壮大,就是因为它不掩饰分歧,不玩弄外交手腕,而是对俄国生活的可悲条件和俄国社会主义历史发展的转折所产生的歪曲进行了并且完成了胜利的进攻。"②

第二节 列宁批判俄国自由民粹主义的当代意蕴

尽管列宁对自由民粹主义的批判发生在100多年前的俄国,但对各种思潮涌现的当下依然有着重要的指导作用和借鉴意义。如今,民粹主义作为一种社会思潮在全球肆虐,从其思想倾向来看,形形色色的民粹主义之中,以右翼势力最为典型,各界常称其为"右翼民粹主义"。考察俄国民粹主义历程

---

① 中共中央马克思恩格斯列宁斯大林著作编译局编译:《列宁全集》第二版增订版(第四卷),北京:人民出版社,2013年版,第161页。
② 中共中央马克思恩格斯列宁斯大林著作编译局编译:《列宁全集》第二版增订版(第十七卷),北京:人民出版社,2017年版,第378页。

可知，俄国19世纪中期的革命民粹主义属于典型的"左翼"势力，而发生转向后的俄国自由民粹主义明显地具有右翼倾向，因此，从宽泛意义来说，俄国的自由民粹主义与当前盛行的民粹主义皆可归结为右翼的民粹主义范畴。列宁的批判思想对今天应对这一思潮有着重要的借鉴价值和指导意义。

列宁对待马克思主义理论的态度也适用于我们今天对待列宁的理论的态度。在列宁看来，马克思的理论不是一成不变的固定教条，相反，"它只是给一种科学奠定了基础"，我们必须结合实际把这门科学向前推进。"我们认为，对于俄国社会党人来说，尤其需要独立地探讨马克思的理论，因为它所提供的只是总的指导原理，而这些原理的应用具体地说，在英国不同于法国，在法国不同于德国，在德国又不同于俄国。"① 因此，我们需要把列宁在俄国革命时期批判自由民粹主义所用的原理和方法，与我们的时代特征相结合，运用到我们的具体实际中去，为当前抵御民粹主义等错误思潮提供有效的理论指导和方法借鉴。

---

① 中共中央马克思恩格斯列宁斯大林著作编译局编译：《列宁全集》第二版增订版（第四卷），北京：人民出版社，2013年版，第161页。

第五章　理论价值：列宁批判俄国自由民粹主义的价值分析

一、为把握当前民粹主义实质提供理论遵循

作为批判民粹主义的典范，列宁对俄国自由民粹主义的批判，尤其是以马克思主义理论和方法剖析和把握民粹主义实质，无疑为我们今天应对形形色色的民粹主义提供了指南。进入21世纪以来，世界范围内的民粹主义沉渣泛起、甚嚣尘上，特别是2016年特朗普当选美国总统和英国"脱欧"，民粹主义成为各界关注的热点和焦点。目前普遍认为，民粹主义思潮作为一种运动发轫于19世纪中期俄国的民粹派运动和美国的人民党运动，历经百余年，在世界范围内起起落落。民粹主义发展至今已历经了三波浪潮：第一波是19世纪俄美传统民粹主义；第二波是20世纪中叶席卷拉美的民粹主义；第三波是20世纪末出现的民主化转型中其他发展中国家以及欧美的民粹主义，并以新民粹主义这一称谓进行概括。①

民粹主义表现形式千变万化，各地各派千差万别，既可以是左翼的，又可以是右翼的；既可以是保守的，又可以是激进的；既有发达国家的，也有发展中国家的。新民粹主义者通常被视为对自由、民主的威胁。尽管这些民粹主义者的特征不是十分确切，但在欧洲，普遍认为奥地利自由党（FPÖ）代表人

---

① 费海汀：《民粹主义研究：困境与出路》，载《欧洲研究》，2017年第3期，第128—148页。

物约尔格·海德尔、法国国民阵线（FN）代表人物马丽娜·勒庞、荷兰自由党（LPF）代表人物吉尔特·威尔德斯等都属于民粹主义者，亦常被人们称为右翼民粹主义者。此外，欧洲还出现左翼民粹主义政党，如希腊的激进左翼联盟党（Syriza）和西班牙的"我们能"党（Podemos）。21世纪以来，在拉美出现了以委内瑞拉的查韦斯、厄瓜多尔的科雷亚、玻利维亚的莫拉莱斯为代表的左翼激进民粹主义者。在美国，不仅茶党异军突起，还有萨拉·佩林、泰德·克鲁兹、唐纳德·特朗普等民粹主义者。① 可以说，民粹主义以思潮、政党、运动等诸多形态出现和发展，已经遍布世界各地。

在这种形势下，学界对民粹主义的研究热情高涨。学者们从经济学、政治学、社会学等不同学科视角展开研究。但这一概念至今仍然模糊不清、疑问重重——"民粹主义到底是什么？一种意识形态、一种综合症、一场政治运动还是一种政治风格？"② 对此，我们该如何应对和处理，也是摆在我们面前的重要问题。网络信息技术的高度发达使网络民粹主义成为一股强劲的社会思潮。它形成了一套运作模式，且有着现代自由民

---

① 董经胜：《民粹主义：学术史的考察》，载《当代世界与社会主义》，2020年第5期，第184—192页。

② Cas Mudde, "The Populist Zeitgeist", *Government and Opposition*, Vol. 39, No. 4, 2004, p. 543.

第五章 理论价值：列宁批判俄国自由民粹主义的价值分析

主的"影子"，"专注于在社会中定义'人民'的范畴，以社会运动的方式抑制'他者'的诉求，从而保障'人民'的权利'均匀'"①。实际上他们所强调的"人民"不过是有限原则的面目模糊的同质人。而"民粹主义作为像变色龙一样的东西，能够随环境的变化而变化"②，同时"它是一种'政治涂料'，它可以涂在截然相反的不同意识形态和政治体制上"③。再则，网络技术的加持，使得这一问题更为复杂。

面对世界范围内风起云涌的民粹主义浪潮和网络民粹主义的兴起，列宁对自由民粹主义的批判为我们提供了重要理论指导和方法借鉴。列宁始终坚定马克思主义立场，按照唯物史观的原则，从物质利益着手对自由民粹主义的实质进行了分析，揭示了其小资产阶级实质。以此为切入口，不仅澄清了对马克思主义与民粹主义的模糊认识，还对自由主义民粹派的各种主张和观点有了清晰判断，最终完成了对自由民粹主义的批判任务。

面对如今形形色色的民粹主义思潮，我们需要学习列宁对

---

① 柳亦博:《自由民主与民粹主义的共生、异变及民主改良》，载《天津社会科学》，2022年第3期，第61页。

② 保罗·塔格特著,袁明译:《民粹主义》,吉林:吉林人民出版社,2005年版,第3页。

③ 俞可平:《现代化进程中的民粹主义》，载《战略与管理》，1997年第1期,第95页。

待民粹主义的态度和方法，既要实现精准批判，又要避免民粹主义泛化和滥用。需要在批判自由民粹主义这一理论与实践路向上，坚定马克思主义立场，从无产阶级的价值立场和实事求是的研究立场出发，采用辩证唯物主义和历史唯物主义的思维模式深入细致地分析各种思潮的物质利益和实质特征。站在现实和历史的基础上，把握各式各样民粹主义的物质利益和深层逻辑，透过现象发现事物的本质，认清这些思潮的真实面貌，避免错误思潮对马克思主义进行"部分套用""错误引用""歪曲借用"，从而为有效预防和抵制民粹主义提供依据。

二、为应对当前各类错误思潮提供方法借鉴

自由民粹主义作为19世纪末20世纪初俄国的主要思潮，其影响强大，拥趸众多，给俄国找到正确发展道路和马克思主义传播带来了严重挑战，直接影响了当时俄国的前途命运。列宁以强大的理论勇气和科学方法，完成了对这一错误思潮的批判，有效地净化了当时俄国的意识形态环境，逐步明晰了俄国社会发展和革命道路。

意识形态安全是国家安全的重要组成部分，关乎党和国家的前途命运。"当今时代，社会思想观念和价值取向日趋活跃，主流的和非主流的同时并存，先进的和落后的相互交织，社会

第五章 理论价值：列宁批判俄国自由民粹主义的价值分析

思潮纷纭激荡。"① 各式各样、形形色色的社会思潮层出不穷，除了民粹主义外，在这众多思潮中，不乏反对马克思主义、反对社会主义的错误思潮，给我国意识形态安全和经济社会发展带来影响和挑战。尽管从国内总体环境来看，这些错误思潮尚未造成严重社会危害，但如果任其肆意滋生蔓延，则会对我国社会主义建设事业和中华民族伟大复兴进程带来负面影响。因此我们必须毫不含糊、理直气壮、旗帜鲜明地与之进行斗争，分析其思想内核，深挖其理论根基，采取有效措施阻隔其渗透和蔓延，力争把这些错误思潮扼杀在萌芽状态，从而维护和捍卫马克思主义及社会主义意识形态安全，为中国经济社会发展营造良好的舆论环境。

这些错误思潮观点各异，各自有自己独特的理论体系和传播范式，具有较强的迷惑性和指向性。它们都有着共同的反马克思主义和反社会主义的特性，其根本是否定共产党的领导和社会主义事业。譬如，新自由主义以其经济理论和话语体系对社会主义进行否定，其经济理论继承了资产阶级古典自由主义经济理论中关于自由经营和贸易的思想，倡导"自由化""私有化""市场化"，以此来否定公有制，否定国家干预，否定社

---

① 习近平：《习近平谈治国理政》（第二卷），北京：外文出版社，2017年版，第328页。

会主义，鼓吹以超级大国主导的全球一体化。① 新自由主义旨在改变我国的基本经济制度，摧毁我国的经济竞争能力，最终使我国成为西方大国的附庸。历史虚无主义则是针对已成定论的历史事件和人物，以所谓的"重新评价"为名，鼓吹"告别革命"，贬损革命前辈和党的领袖，以支流否定主流，达到否定党的革命和建设奋斗历史的目的；② 面对国家在发展中出现的一些不足，新民粹主义者假借"人民的名义"，煽动敌对情绪，"对诸多领域指手画脚，将激烈的情绪倾泻在政府、官员、专家等所谓的非普罗大众身上"③。如何应对错误思潮的渗透和攻击，是中国在意识形态领域必须思考的问题。

回顾马克思主义发展史可知，列宁在与错误思潮交锋中使马克思主义民族化俄国化，并为我们提供了科学的方法论指南。在批判自由民粹主义等错误思潮过程中廓清了种种理论迷惑，展现了高度的方法论自觉，彰显出鲜明的方法论特征。列宁始终坚持理论与现实相结合，深入了解俄国的实际情况，再以马克思主义阶级分析方法对自由民粹主义的实质进行剖析，

---

① 中国社会科学院"新自由主义研究"课题组：《新自由主义研究》，载《马克思主义研究》，2003年第6期，第18—31页。
② 崔志胜：《错误思潮的危害本质及源头防控——兼论提高社会主义核心价值体系引领能力》，载《求实》，2012年第4期，第83—88页。
③ 王平：《后疫情时代社会思潮走向分析》，载《人民论坛》，2022年第2期，第26页。

第五章　理论价值：列宁批判俄国自由民粹主义的价值分析

以唯物史观审视民粹主义在俄国历史上的作用，以翔实的数据分析否定自由民粹主义对资本主义的判断，从而透视自由民粹主义的实质和特征，进而完成了对自由民粹主义的批判任务。

当前，民粹主义沉渣泛起，形形色色思潮此起彼伏，面对这些错误思潮，正如习近平总书记所言："我们要坚持底线思维，保持战略定力，勇于斗争，善于斗争。要牢牢把握斗争方向，团结一切可以团结的力量。"① 首先，要敢于斗争，列宁在面对影响巨大的自由民粹主义思潮时毫不畏惧，勇于以马克思主义的科学真理向它开战。如今我们也要敢于斗争，主动出击，不被这些错误思潮所扰乱，不在纷繁复杂的环境中迷失方向。

其次，要善于斗争，错误思潮的渗透和攻击带有很大的隐蔽性和迷惑性，多以所谓的"价值中立""学术研究"为由进行干预和渗透，且在网络信息技术的加持下，变得更加扑朔迷离，因此在应对方法上给我们提出了更高要求。习近平总书记明确强调："注意区分政治原则问题、思想认识问题、学术观点问题，旗帜鲜明反对和抵制各种错误观点。"② 运用阶级分析

---

① 习近平：《习近平谈治国理政》（第四卷），北京：外文出版社，2022年版，第337页。
② 习近平：《习近平谈治国理政》（第三卷），北京：外文出版社，2020年版，第33页。

方法透视错误思潮背后的动机和真实意图；运用历史主义分析方法，剖析这些思潮的发展历程，明晰其来龙去脉，并对其发展趋势进行预判；运用辩证分析方法，审视其理论和方法在发展过程中是否有可取之处。

最后，要破立并举，要善于在批判中澄清社会发展的相关问题。错误思潮常常伴随着具体的问题指涉存在，譬如，当前盛行的新自由主义主要针对的是我国社会主义发展道路问题，无非是想以其所倡导的"自由化""私有化""市场化"来否定我国公有制经济的主体地位，进而否定我国的社会主义道路，从而实现西方国家分化和瓦解社会主义国家的目的。因此，在对错误思潮进行批判的过程中，一定要秉持列宁对自由民粹主义"破立结合"的路向，在批判中构建中国自主的理论话语体系，深入阐释社会主义道路的优越性。

三、为马克思主义中国化提供实践指南

列宁对俄国自由民粹主义的批判遵循了马克思主义在批判中建构的理论路径，实现了真正的"批判"，在批判中丰富和发展了马克思主义，推动了马克思主义的民族化俄国化。马克思主义在俄国得以运用和发展，诞生了第一个社会主义国家，是马克思主义与各国具体实际相结合的第一个成功的实践典

第五章　理论价值：列宁批判俄国自由民粹主义的价值分析

范。在此过程中，列宁不论是在理论上，还是在实践中，都同各式各样的思潮、党派及其各自的不同势力进行了艰苦卓绝的斗争。"列宁坚持马克思恩格斯处理意识形态问题的基本原则和方法，将马克思主义同历史时代、俄国具体实际的发展相结合。"① 他在坚持马克思主义基本原理基础上，以理论智慧和科学方法对俄国错误思潮坚决地进行了批驳，最终使马克思主义在俄国散发出理论的科学性和真理性光辉，并形成了列宁主义。列宁推动马克思主义民族化俄国化就是从早期对自由民粹主义的批判开始的。

在批判的过程中，列宁把马克思主义同俄国具体实际相结合，不仅理清了自由民粹主义的发展道路和思维方法，还阐明了革命的依靠力量和领导力量，从而为俄国革命和发展奠定了基础。在发展道路问题上，马克思主义者与民粹主义者都主张走社会主义道路，但如何走向社会主义是他们争论的关键，究其实质在于如何对待俄国资本主义。19世纪末的自由民粹主义已经不能否定俄国资本主义存在的事实，但他们仍然渴望避开资本主义，认为俄国是不具备资本主义发展条件的，它的产生是"偶然的""人为的"。但列宁以马克思主义理论对资本主

---

① 贾淑品、孙自胜：《批判与建构：列宁在意识形态领域的斗争策略》，载《长白学刊》，2021年第1期，第31页。

义进行审视，充分肯定了它的历史进步性。资本主义的发展能够为俄国提供物质前提和产业工人，从而为社会主义革命奠定基础。在实现路径问题上，自由民粹主义寄希望于当局，试图通过改良来缓和不可调和的阶级矛盾。列宁在分析和批判的过程中，深化了对革命依靠力量的认识，阐明了俄国工人阶级的领导和主体地位，主张建立工农联盟，注重把农民组织起来。列宁不仅使俄国革命开启了新的局面，还开启了马克思主义民族化俄国化进程，为马克思主义与各国具体实际相结合提供了典范。

列宁之所以能够完成对民粹主义的批判任务，关键在于坚持了马克思主义批判理论中破立结合的方法路径，实现了对自由民粹主义错误观点的"破"，推进了马克思主义民族化俄国化和列宁主义创建的"立"，从而丰富和发展了马克思主义。诚如列宁所言："这一学说在其生命的途程中每走一步都得经过战斗。"[①]

如今，面对各式各样的思潮风起云涌，我们应该学习借鉴列宁对自由民粹主义的批判路径，坚持在批判中建构、破立结合的辩证思路和方法，以此来完成对错误思潮的批判，构建具

[①] 中共中央马克思恩格斯列宁斯大林著作编译局编译：《列宁全集》第二版增订版（第十七卷），北京：人民出版社，2017年版，第11页。

第五章　理论价值：列宁批判俄国自由民粹主义的价值分析

有中国特色、中国风格和中国气派的马克思主义话语体系。在理论和方法的具体运用方面，诚如马克思所言，"随时随地都要以当时的历史条件为转移"①。我们需要认真审视当前社会的时代语境和实践境遇，进而不断挖掘列宁批判思想中的理论资源和实践价值。

纵观当前，实际上，马克思主义之所以在我国焕发生机活力，正是由于我们在长期的革命、建设和改革实践中不断把马克思主义基本原理与我国具体实际相结合，勇于同各种错误思潮交锋和斗争，并在这一过程中不断推进马克思主义中国化时代化，锻造了与时俱进的马克思主义理论品格。为此，我们要认真研读马克思主义经典著作，领悟其精神实质，钻研其科学方法，以马克思主义的科学态度辨析错误思潮，追求真理，探索新知；要根据时代变化和实践发展，不断深化对各类思潮的认识，总结经验，在批判中实现理论与实践的良性互动，在实践中不断丰富和发展马克思主义，形成具有中国风格和中国气派的马克思主义，推动马克思主义理论创新性发展，以此来回应和回击国内外在社会发展和改革过程中出现的各种新情况。总之，正如习近平总书记所言："只有把马克思主义基本原理

---

① 中共中央马克思恩格斯列宁斯大林著作编译局编：《马克思恩格斯文集》（第二卷），北京：人民出版社，2009年版，第5页。

同中国具体实际相结合、同中华优秀传统文化相结合,坚持运用辩证唯物主义和历史唯物主义,才能正确回答时代和实践提出的重大问题,才能始终保持马克思主义的蓬勃生机和旺盛活力。"①

---

① 习近平:《高举中国特色社会主义伟大旗帜 为全面建设社会主义现代化国家而团结奋斗》单行本,北京:人民出版社,2022年版,第17页。

余 论
理性审视批判的两个问题

列宁对自由民粹主义的批判不是心血来潮,而是作为一名优秀马克思主义者,不得不去做的工作。在当时非马克思主义思潮泛滥的俄国思想理论界,猖獗的自由民粹主义已经成为马克思主义传播与发展的主要障碍,列宁把马克思主义与俄国具体实际相结合,从理论上对自由民粹主义进行了全面批判,并出色地完成了批判任务,厘清了自由民粹主义对资本主义和社会主义的模糊观念和错误认识,有效地捍卫了马克思主义。毋庸置疑,这对俄国革命和发展道路产生了积极而深远的影响,为我们今天应对错误思潮提供了理论指导和方法借鉴。但与此同时,我们有必要以客观视角对列宁的批判和民粹主义理论进行理性审视。

一、对自由民粹主义关于资本主义发展问题观点的审视

资本主义发展问题是列宁对自由民粹主义批判的主要问题。自由民粹主义关于资本主义的理论观点是空想的、荒谬的,其原因是他们抓不住事物的实质,看不到现象背后的本质,只是简单地描述资本主义带来的剥削、失业和贫困等社会现象,简单地以主观方法对资本主义进行抵制,臆断俄国资本主义的发展是条件不足、人为扶植的偶然现象。列宁抓住了自由民粹主义代表小资产阶级利益的实质,以严密逻辑和科学方

法完成了对自由民粹主义经济理论的批判。

但在这一问题上,当时的学者们存在不同看法,特别是在《俄国资本主义的发展》一书诞生后,看法的对立尤为突出。一种观点认为,列宁通过经济学分析,最终在《俄国资本主义的发展》一书中完成了对自由民粹主义的批判任务,捍卫了马克思主义政治经济学。这类学者重点对列宁研究的材料丰富性和系统性给予了高度评价,普遍认为列宁这位年轻的经济学家采用了大量非常有价值的原始材料,清晰地阐述了农民生活的各个方面,还以新理论的观点全面地阐释了这些材料,对自由民粹主义的经济观点给予了有效回击。在具体谈及列宁的《俄国资本主义的发展》一书时,1899年10月,波·阿维洛夫在《教育》杂志第10期上撰文指出:"作者能够分辨清楚各种最复杂的生活现象,并且能够给予正确的说明,因此在广大读者面前大量单个的事实联成了一整幅经济发展过程的画面。"[①] 另一匿名学者在批判中给予有限肯定,"年轻的经济学家的巨著包含了大量非常有价值的和几乎是原始的材料。这些材料清晰地阐述了农民生活的各个方面。这就是每个人都会喜欢读这本

[①] 波·阿维洛夫著,张正芸译,范忆竹校:《对〈俄国资本主义的发展〉一书所写的评论》,载中共中央马克思恩格斯列宁斯大林著作编译局《马列著作编译资料》编辑部编:《马列著作编译资料》(第六辑),北京:人民出版社,1979年版,第82页。

书的一个方面。伊林这本书的理论部分将会引起许多异议,在这部分中充满了对'民粹派'的尖锐批评,并且重弹马克思主义理论的老调"①。而巴·别尔林却给予了很高评价:"作者虽然运用了大量的事实材料,但并没有陷在这些材料之中,没有被这些材料所束缚,这是由于理论这个指针始终正确地指引着他的道路。"② 总之,列宁"在著作中提供了从改革后至九十年代中期的一幅清晰的、具有丰富数字材料的'资本主义发展'图景"③。

另一种观点认为,列宁对马克思主义和民粹主义的经济学理论是一知半解的。上面提及的波·阿维洛夫在肯定列宁的同时,也认为他不必要地缩小了研究任务,在证明俄国资本主义

---

① 张正芸译,范忆竹校:《对〈俄国资本主义的发展〉一书的匿名评论》,载中共中央马克思恩格斯列宁斯大林著作编译局《马列著作编译资料》编辑部编:《马列著作编译资料》(第六辑),北京:人民出版社,1979年版,第83页。

② 巴·别尔林著,张正芸译,范忆竹校:《对〈俄国资本主义的发展〉一书所写的评论》,载中共中央马克思恩格斯列宁斯大林著作编译局《马列著作编译资料》编辑部编:《马列著作编译资料》(第六辑),北京:人民出版社,1979年版,第94页。

③ 波·韦谢洛夫斯基著,张正芸译,范忆竹校:《对〈俄国资本主义的发展〉一书所写的评论》,载中共中央马克思恩格斯列宁斯大林著作编译局《马列著作编译资料》编辑部编:《马列著作编译资料》(第六辑),北京:人民出版社1979年版,第95页。

发展时，也要注意俄国的特点和前工业时代的特点。① 此外，1899年10月在《摩·奥·沃尔弗图书公司各书店文学、科学和书目书刊出版消息》（第1期）刊发的匿名评论指出："伊林②先生的理论是不能解释资本主义社会中的生产、再生产和产品的分配的。"③ "伊林先生无疑有权提出自己的在资本主义社会中社会产品实现的理论并用它来解释社会关系，但他没有丝毫权利把自己的理论冒充为马克思的理论。"④ 十月革命胜利后，苏联建立，受意识形态影响，对列宁批判自由民粹主义的评价呈现出全面肯定的局面。苏联解体后，直到现在，关于这一问题的研究越来越呈现出多元化趋势。

在这一问题上，需要注意的是：一方面，由于自由民粹主

---

① 波·阿维洛夫著,张正芸译,范忆竹校:《对〈俄国资本主义的发展〉一书所写的评论》,载中共中央马克思恩格斯列宁斯大林著作编译局资料室编:《马列著作编译资料》（第六辑）,北京:人民出版社,1979年版,第82页。

② 弗拉基米尔·伊林是列宁的笔名,他曾用此名发表过许多著作。此处是指列宁于1899年3月底在彼得堡出版的《俄国资本主义的发展》一书,署名为弗拉基米尔·伊林。1898年10月,列宁的第一本文集《经济评论集》也是以这一笔名在彼得堡出版。

③ 张正芸译,范忆竹校:《对〈俄国资本主义的发展〉一书的匿名评论》,载中共中央马克思恩格斯列宁斯大林著作编译局《马列著作编译资料》编辑部编:《马列著作编译资料》（第六辑）,北京:人民出版社,1979年版,第838页。

④ 巴·斯克沃尔佐夫著,张正芸译,范忆竹校:《商品拜物教》（摘录）,载中共中央马克思恩格斯列宁斯大林著作编译局《马列著作编译资料》编辑部编:《马列著作编译资料》（第六辑）,北京:人民出版社,1979年版,第93页。

义在俄国国情问题上看法不尽相同，体现为不同成员之间看法不同或者同一成员在不同时期存在不同看法，但他们总体上对资本主义生产是持否定态度的。列宁对此进行了系统性批判，以马克思主义政治经济学原理，结合俄国统计数据，驳斥了他们关于俄国资本主义生产条件不足、生产破坏，以及"人民经济优越论"等维护小资产阶级立场的经济观点，并深入挖掘了自由民粹主义这一系列主张的根源，指出他们的理论来源于西斯蒙第的小资产阶级经济理论，"不过是全欧洲浪漫主义的俄国变种"①。

另一方面，列宁对俄国资本主义发展的国情的认识是一个由浅及深、不断深化的过程。刚登上俄国政治舞台时，为了批判自由民粹主义，列宁重点关注俄国资本主义经济的发展。他的早期著作中认为资本主义生产在俄国已经到处都有。1894年的《什么是"人民之友"？》一文指出，在俄国的工厂、乡村，"到处都是在商品经济基础上形成的资产阶级和无产阶级的斗争"②。而在13年后的1907年，列宁在《社会民主党在1905—1907年俄国第一次革命中的土地纲领》中，通过数据

---

① 中共中央马克思恩格斯列宁斯大林著作编译局编译：《列宁全集》第二版增订版（第二卷），北京：人民出版社，2013年版，第218页。

② 中共中央马克思恩格斯列宁斯大林著作编译局编译：《列宁全集》第二版增订版（第一卷），北京：人民出版社，2013年版，第199页。

分析得出"农奴主-地主在俄国农业制度中以至整个俄国国家和俄国生活中占统治地位的基本条件"①。显然，列宁对俄国资本主义发展状况的认知是有所调整的，但这并未改变其对资本主义在俄国发展的事实判断，因此这并不损害他对自由民粹主义的分析和批判。

二、对自由民粹主义主观社会学的审视

尽管列宁对自由民粹主义的主观社会学进行了全面、系统、深入地批判，但不可否认，主观社会学在俄国哲学史上有着特殊的历史地位。瓦·瓦·津科夫斯基的《俄国哲学史》（两卷本）（1948—1950年）、尼·奥·洛斯基《俄国哲学史》（1951年）都专门对米海洛夫斯基及其主观社会学进行了细致的理论分析。虽然主观社会学在历史发展问题上与马克思主义的观点不同，但它并非简单肤浅的思想体系。主观社会学作为认识和把握人类社会历史发展进程的一种思维方式，在重视人的主体作用方面有其值得肯定的地方，我们有必要对其进行理性审视，进而挖掘这一思想的价值。

主观社会学的合理内核在于其对"人"的思想因素的重

---

① 中共中央马克思恩格斯列宁斯大林著作编译局编译：《列宁全集》第二版增订版（第十六卷），北京：人民出版社，2017年版，第388页。

视,这是十分值得珍视的理论态度。米海洛夫斯基指出:"个人从来不应该被用作牺牲","个人是神圣的和不可侵犯的,而我们大脑的全部努力都应指向下列这一点,即以最为细致的方式关注个性的命运。"① 他的这一伦理律令成为他所有思想创造的基础,并把"个性绝对化,转入无条件的和决绝的人格主义:个性成为最高价值",还把这一立场进一步发展为"个性成为真正的万物尺度"。② 米海洛夫斯基在人类历史问题上提出的三个阶段也体现了这一观点,即:第一是客观的人类的中心阶段,人类本能地认为自己是宇宙的中心,最高成就是创造了拟人化的宗教;第二是古怪阶段,人类失去整体性认识,随着身体与灵魂、物质和思辨的分离变得困惑,在他看来,所有决定论哲学都属于这一阶段;第三是主观的人类中心阶段,这一阶段,人成了万物的尺度,人对自然的掌控加强,其中所体现的核心:为个性而斗争。③

米海洛夫斯基的"为个性而斗争"必然引导他把人从自然秩序中分化出来,引导他走向与"适者生存"的自然选择作斗

---

① 转引自瓦·瓦·津科夫斯基著,张冰译:《俄国哲学史》(上卷),北京:人民出版社,2013年版,第403页。

② 瓦·瓦·津科夫斯基著,张冰译:《俄国哲学史》(上卷),北京:人民出版社,2013年版,第405页。

③ James H. Billington, *Mikhailovsky and Russian Populism*, London: Oxford at the Clarendon Press, 1958, pp. 39-40.

争的道路。19世纪60年代激进主义的失败促使米海洛夫斯基开始思考何谓进步。此时,皮萨列夫译介了达尔文的《物种起源》,把达尔文进化论的生存斗争思想引入了俄国,并把它作为科学真理,引入人类社会领域。但米海洛夫斯基只接受达尔文主义关于自然关系的描述,不接受社会达尔文主义。米海洛夫斯基还十分赞成他最亲密的朋友诺金的观点:"生存斗争是一个物种与另一个物种之间关系的有效描述,在同一物种之间,尤其是人与人之间,这种斗争是根本没有必要的,反而合作比竞争更重要,事实上,合作才能生存。"① 与此同时,米海洛夫斯基拒斥进化论的社会学,驳斥了前达尔文主义者赫伯特·斯宾塞所宣扬的社会进化论,反对这位哲学家把社会看成一个统一的机体的观点,不同意斯宾塞的"社会是通过劳动分工和其他成员的专业化得到发展的"论断,认为专业只能导致个人的退化,个体通过牺牲其他能力发展某一方面能力,将人从个别个人变成了自己本身的一个器官,认为在有机体生活中意味着进步的东西,在社会生活中意味着退步。②就米海洛夫斯基的主体性意义来说,在当时封闭、保守、落后的俄国,对于

---

① James H. Billington, *Mikhailovsky and Russian Populism*, London: Oxford at the Clarendon Press, 1958, p. 29.

② 洛斯基著,贾泽林等译:《俄国哲学史》,杭州:浙江人民出版社,1999年版,第83页。

在一定程度上促进人们的主体意识觉醒、实现完整性的人有着进步作用。

需要指出的是,米海洛夫斯基所强调的主体性作用,与马克思的思想有着某些相似性。① 对于这一观点,主观社会学先驱拉甫罗夫曾多次明确表示自己受到过马克思的强烈影响,② 并"称马克思为'伟大的老师',马克思去世时,称他为'我们这个时代最杰出的社会主义者'"③。马克思主义从未忽视人的主体作用,在《关于费尔巴哈的提纲》中就批判旧唯物主义脱离实践、缺少主体性因素,因而主观能动性不足。在《德意志意识形态》中,马克思明确了人的能动作用,完整系统地阐释了唯物史观原理,"自主活动"的"现实的个人"的主体性得到确证。

值得注意的是,主观社会学虽然在作为理论前提的抽象人性和历史唯心主义,以及否定社会发展的规律性上存在理论缺陷,但作为一种认识社会的方法论,其强调主体认识社会的在场性,有一定的积极意义。主观社会学就其实质而言属于认识

---

① 夏银平:《俄国民粹主义再认识》,广州:中山大学出版社,2005年版,第121页。
② 瓦·瓦·津科夫斯基著,张冰译:《俄国哲学史》(上卷),北京:人民出版社,2013年版,第398页。
③ Richard Pipes, "Russian Marxism and Its Populist Background: The Late Nineteenth Century", *The Russian Review*, Vol. 19, No. 4, 1960, p. 321.

论范畴，不具本体论意义。作为俄国实证主义者，米海洛夫斯基并不否认客观世界，在以实践为基础的时代，他高扬个人在社会发展中的主动性及其能动作用，并强调了个人在社会发展中所应该担负的职责。这种责任感在某种程度上能够避免陷入"我是犯了罪，但我没有自由意志，因此我没有犯罪"①的荒谬逻辑之中。

最后必须强调的是，米海洛夫斯基的符合"人的本性"、代表唯心史观的主观社会学与马克思主义思想是根本对立的。正是这一思维方法使自由主义民粹派不能在俄国现实国情、发展道路及革命前景等诸多方面形成正确判断，给俄国革命和发展造成思想上的混乱。自由民粹主义作为当时流行的社会思潮，影响巨大，并主动对马克思主义发起攻击，列宁正是在这一背景下，立足马克思主义唯物史观，从哲学思维高度对主观社会学进行了驳斥，完成了对自由民粹主义社会历史观的批判。

---

① Arthur P. Mendel, *Dilemmas of Progress in Tsarist Russia, Legal Marxism and Legal Populism*, Cambridge, Massachusetts: Harvard University Press, 1961, p. 28.

参考文献

一、经典著作

[1]习近平.高举中国特色社会主义伟大旗帜 为全面建设社会主义现代化国家而团结奋斗:在中国共产党第二十次全国代表大会上的报告[M].北京:人民出版社,2022.

[2]习近平.习近平谈治国理政:第1卷[M].北京:外文出版社,2018.

[3]习近平.习近平谈治国理政:第2卷[M].北京:外文出版社,2017.

[4]习近平.习近平谈治国理政:第3卷[M].北京:外文出版社,2020.

[5]习近平.习近平谈治国理政:第4卷[M].北京:外文出版社,2022.

[6]中共中央马克思恩格斯列宁斯大林著作编译局国际共运史研究室.俄国民粹派文选[M].北京:人民出版社,1983.

[7]中共中央马克思恩格斯列宁斯大林著作编译局.列宁全集:第1-7卷[M].北京:人民出版社,2013.

[8]中共中央马克思恩格斯列宁斯大林著作编译局.列宁全集:第8-60卷[M].北京:人民出版社,2017.

[9]中共中央马克思恩格斯列宁斯大林著作编译局.马克思恩格斯文集:第1-10卷[M].北京:人民出版社,2009.

[10]中共中央马克思恩格斯列宁斯大林著作编译局《马列著作编译资料》编辑部.马列著作编译资料:第10辑[M].北京:人民出版社,1980.

[11]中国人民大学马列主义发展史研究所.列宁思想史[M].上海:上海人民出版社,1988.

二、中文著作

[1]安启念.东方国家的社会跳跃与文化滞后:俄罗斯文化与列宁主义问题[M].北京:中国人民大学出版社,1994.

[2]曹维安.俄国史新论:影响俄国历史发展的基本问题[M].北京:中国社会科学出版社,2002.

[3]岑鼎山.列宁研究:第3辑[M].北京:中共中央编译局,1994.

[4]郭文.俄国近代自由主义的理路[M].广州:世界图书出版公司,2014.

[5]何萍.列宁思想在二十一世纪:阐释与价值[M].北京:人民出版社,2014.

[6]何梓焜.普列汉诺夫哲学思想述评[M].广州:中山大学出版社,1987.

[7]黑龙江大学俄语语言文学研究中心辞书研究所.大俄汉词典[M].北京:商务印书馆,2001.

[8]侯惠勤.马克思的意识形态批判与当代中国[M].北京:中国社会科学出版社,2014.

[9]黄楠森,曾盛林.列宁传[M].郑州:河南人民出版社,1989.

[10]黄楠森,等.马克思主义哲学史:第4卷[M].北京:北京出版社,1996.

[11]季正矩.列宁传[M].北京:人民日报出版社,2009.

[12]贾淑品.列宁、卢森堡、考茨基与伯恩斯坦主义[M].北京:人民出版社,2013.

[13]解国良.俄国社会革命党研究:1901-1925[M].北京:社会科学文献出版社,2012.

[14]金雁,秦晖.农村公社、改革与革命:村社传统与俄国现代化之路[M].北京:东方出版社,2013.

[15]金雁.苏俄现代化与改革研究[M].广州:广东教育出版社,1999.

[16]李强.自由主义[M].北京:东方出版社,2015.

[17]林红.民粹主义:概念、理论与实证[M].北京:中央编译出版社,2007.

[18]刘怀玉,刘维春,陈培永.苏俄马克思主义的资本主义观[M].南京:江苏人民出版社,2009.

[19]刘长军.列宁《俄国资本主义的发展》研究读本[M].北京:中央编译出版社,2014.

[20]刘祖熙.改革和革命:俄国现代化研究 1861-1917[M].北京:北京大学出版社,2001.

[21]马健行.马克思主义在垄断资本主义初期的发展[M].北京:人民出版社,1995.

[22]马龙闪,刘建国.俄国民粹主义及其跨世纪影响[M].桂林:广西师范大学出版社,2013.

[23]邵丽英.改良的命运:俄国地方自治改革史[M].北京:社会科学文献出版社,2000.

[24]孙成木,刘祖熙,李建.俄国通史简编:上册[M].北京:人民出版社,1986.

[25]孙成木,刘祖熙,李建.俄国通史简编:下册[M].北京:人民出版社,1986.

[26]孙来斌,刘斌主编.20世纪马克思主义发展史:第2卷[M].北京:中国人民大学出版社,2019.

[27]孙来斌.马克思的"跨越论"与落后国家经济发展道路[M].北京:社会科学文献出版社,2021.

[28]王进芬.列宁执政党思想研究[M].北京:中共中央党校出版社,2008.

[29]夏银平.俄国民粹主义再认识[M].广州:中山大学出版社,2005.

[30]徐芹.列宁早期俄国资本主义发展思想及对错误思潮的批判[M].北京:人民出版社,2018.

[31]姚海.俄罗斯文化[M].上海:上海社会科学院出版社,2005.

[32]姚海.俄罗斯文化之路[M].杭州:浙江人民出版社,1992.

[33]叶卫平.西方"列宁学"研究[M].北京:中国人民大学出版社,1991.

[34]俞良早.创论"东方列宁学"[M].南京:南京师范大学出版社,2004.

[35]俞良早.东方视域中的列宁学说[M].北京:中共中央党校出版社,2001.

[36]俞良早.列宁主义研究[M].南宁:广西人民出版社,1993.

[37]俞良早.马克思主义东方学[M].北京:人民出版社,2011.

[38]张建华.俄国史[M].北京:人民出版社,2004.

[39]张建华.俄国现代化道路研究[M].北京:北京师范大学出版社,2002.

[40]张建华.俄国知识分子思想史导论[M].北京:商务印书馆,2008.

[41]张一兵.回到列宁[M].南京:江苏人民出版社,2008.

[42]张翼星.列宁哲学思想的历史命运[M].重庆:重庆出版社,1992.

[43]庄福龄.简明马克思主义发展史[M].北京:人民出版社,2001.

[44]左凤荣,沈志华.俄国现代化的曲折历程(上)[M].北京:社会科学出版社,2009.

三、中文译著

[1]巴枯宁.国家制度和无政府状态[M].马骧聪,等,译.北京:商务印书馆,1982.

[2]保罗·塔格特.民粹主义[M].袁明,译.长春:吉林人民出版社,2005.

[3]鲍亨斯基.苏俄辩证唯物主义[M].薛中平,译.北京:商务印书馆,1965.

[4]鲍里斯·尼古拉耶维奇·米罗诺夫.俄国社会史[M].张广翔,等,译.济南:山东大学出版社,2006.

[5]彼·拉甫罗夫.历史信札[M].张静,译.北京:人民出版社,2022.

[6]彼·尼·波斯别洛夫.苏联共产党历史:第1卷[M].彭卓吾、徐鸣珂,等,译.上海:上海人民出版社,1983.

[7]波谷萨耶夫.车尔尼雪夫斯基[M].钟遗,殷桑,译.天津:天津人民出版社,1982.

[8]别尔嘉耶夫.俄罗斯的命运[M].汪剑钊,译.昆明:云南人民出版社,1999.

[9]戴维·麦克莱伦.马克思以后的马克思主义:第3版[M].李智,译.北京:中国人民大学出版社,2017.

[10]杜冈-巴拉诺夫斯基.政治经济学原理[M].赵维良,等,译.北京:商务印书馆,1989.

[11]敦尼克,等.哲学史:第5卷[M].秦念方,等,译.北京:生活·读书·新知三联书店,1976.

[12]弗·梅林.马克思传[M].樊集,持平,译.北京:生活·读书·新知三联书店,1965.

[13]弗兰克.俄国知识人与精神偶像[M].徐凤林,译.上海:学林出版社,1999.

[14]赫尔岑.往事与随想:上册[M].巴金,臧仲伦,译.南京:译林出版社,2009.

[15]莱泽克·科拉科夫斯基.马克思主义的主要流派[M].唐少杰,等,译.哈尔滨:黑龙江大学出版社,2015.

[16]联共(布)中央特设委员会.联共(布)党史简明教程[M].中共中央马克思

恩格斯列宁斯大林著作编译局,译.北京:人民出版社,1975.

[17]卢卡奇.列宁:关于列宁思想统一性的研究[M].张翼星,译.台北:流远出版事业股份有限公司,1991.

[18]路易斯·费尔希.列宁[M].彭卓吾,译.北京:国际文化出版公司,2010.

[19]洛斯基.俄国哲学史[M].贾泽林,等,译.杭州:浙江人民出版社,1999.

[20]马克思、恩格斯等.马克思恩格斯与俄国政治活动家通信集[M].马逸若,等,译.北京:人民出版社,1987.

[21]马里宁.俄国空想社会主义简史[M].丁履桂,郭镛森,译.北京:商务印书馆,1990.

[22]米·约夫楚克,伊·库尔巴托娃.普列汉诺夫传[M].李洪训,纪涛,谢梅馨,李兴耕,译.北京:生活·读书·新知三联书店,1980.

[23]娜·康·克鲁普斯卡娅.回忆列宁[M].哲夫,译.北京:人民出版社,2020.

[24]娜·康·克鲁普斯卡娅.论列宁[M].中共中央马克思恩格斯列宁斯大林著作编译局,译.北京:生活·读书·新知三联书店,1963.

[25]尼·别尔嘉耶夫.俄罗斯思想:十九世纪末至二十世纪初俄罗斯思想的主要问题[M].雷永生,邱守娟,译.北京:生活·读书·新知三联书店,1995.

[26]尼·别尔嘉耶夫.俄罗斯思想的宗教阐释[M].邱运华,吴学金,译.北京:东方出版社,1998.

[27]尼尔·哈丁.列宁主义[M].张传平,译.南京:南京大学出版社,2014.

[28]尼古拉·梁赞诺夫斯基,马克·斯坦伯格.俄罗斯史[M].杨烨,等,译.上海:上海人民出版社,2007.

[29]普列汉诺夫.俄国社会思想史:共3卷[M].孙静工,译.北京:商务印书

馆,2021.

[30]普列汉诺夫.尼·加·车尔尼雪夫斯基[M].汝信,译.北京:商务印书馆,2021.

[31]普列汉诺夫.普列汉诺夫哲学著作选集:第1卷[M].刘若冰,等,译.北京:生活·读书·新知三联书店,1959.

[32]普列汉诺夫.普列汉诺夫哲学著作选集:第2卷[M].唯真,等,译.北京:生活·读书·新知三联书店,1961.

[33]普列汉诺夫.普列汉诺夫哲学著作选集:第3卷[M].刘亦宇,等,译.北京:生活·读书·新知三联书店,1962.

[34]普列汉诺夫.普列汉诺夫哲学著作选集:第4卷[M].汝信,等,译.北京:生活·读书·新知三联书店,1974.

[35]普列汉诺夫.普列汉诺夫哲学著作选集:第5卷[M].曹保华,等,译.北京:生活·读书·新知三联书店,1984.

[36]司徒卢威.俄国经济发展问题的评述[M].李尚谦,等,译.北京:商务印书馆,1992.

[37]瓦·瓦·津科夫斯基.俄国哲学史[M].张冰,译.北京:人民出版社,2013.

[38]谢·尤·维特.俄国末代沙皇尼古拉二世:维特伯爵的回忆[M].张开,译.北京:新华出版社,1983.

[39]伊·阿·伊万斯基.列宁的青年时代[M].孙广英,译.北京:中国青年出版社,1959.

[40]以赛亚·伯林.俄国思想家[M].彭淮栋,译.南京:译林出版社,2001.

[41]约翰·格雷.自由主义[M].曹海军,刘训练,译.长春:吉林人民出版

社,2005.

四、中文期刊

[1]安启念.唯物史观视野下的苏联模式[J].哲学研究,2017(7)3-10+128.

[2]曹建萍.俄国民粹主义及其辩证分析:马克思对俄国农村公社的解读[J].人民论坛,2014(17)218-220.

[3]曹维安.简论俄国的自由民粹派[J].陕西师范大学学报(哲学社会科学版),2001(3)68-74.

[4]陈红,姜波.对西方"列宁学"批判的批判[J].当代世界与社会主义,2021(1)73-81.

[5]陈红,姜波.列宁早期对俄国非马克思主义思潮的批判[J].当代世界与社会主义,2022(1)49-56.

[6]崔志胜.错误思潮的危害本质及源头防控:兼论提高社会主义核心价值体系引领能力[J].求实,2012(4)83-88.

[7]丁笃本.列宁对俄国革命民粹派政党组织原则的批判继承[J].求索,1992(5)109-111.

[8]董经胜.民粹主义:学术史的考察[J].当代世界与社会主义,2020(5)184-192.

[9]杜立克.对俄自由主义的理论探讨[J].史学月刊,2004(8)79-84.

[10]费海汀.民粹主义研究:困境与出路[J].欧洲研究,2017(3)128-148+8.

[11]耿仁杰,孙来斌.列宁对俄国民粹主义的辩证批判及其重大意义[J].理论视野,2021(4)20-26.

[12]耿仁杰.马克思主义经典作家对早期俄国民粹主义的评析[J].理论视野,

2023(2)27-32.

[13]韩爱叶.重述列宁:真理抑或政治 兼论齐泽克对当代西方左翼政治理论的批判[J].马克思主义与现实,2014(1)128-133.

[14]何萍.从列宁对民粹派的批判看列宁的东方社会理论[J].马克思主义哲学研究,2001(0)69-80.

[15]何萍.列宁辩证法的内在逻辑与时代价值[J].马克思主义与现实,2020(2)36-44.

[16]胡钧.唯心史观和社会学中的主观方法批判:读列宁《什么是"人民之友"以及他们如何攻击社会民主党人?》[J].高校理论战线,2009(8)17-23.

[17]胡岩.民粹主义和社会主义[J].当代世界社会主义问题,1999(2)2-20.

[18]胡运锋.列宁东方理论及其时代意蕴[J].求实,2014(12)4-9.

[19]黄岭峻,徐婷婷.十月革命前列宁塑构工人阶级意识的实践路径与价值意蕴[J].马克思主义理论学科研究,2022(1)77-86.

[20]贾淑品,孙自胜.批判与建构:列宁在意识形态领域的斗争策略[J].长白学刊,2021(1)31-38+2.

[21]贾淑品,阳银银.列宁对"合法马克思主义"资本主义观的认识与批判[J].党政研究,2019(5)63-71.

[22]贾淑品,阳银银.列宁文化领导权思想的理论精髓及其当代价值[J].当代世界与社会主义,2022(5)68-75.

[23]金雁.论"警察民粹主义":民粹主义新论之一[J].开放时代,2001(7)50-61.

[24]李健.列宁对俄国民粹派的批判要点分析[J].思想理论教育导刊,2020

(12)29-33.

[25]李伟.关于国内民粹主义研究的几点讨论[J].马克思主义研究,2003(1)52-58+64.

[26]廖鹏辉,王永贵.列宁维护国家意识形态安全思想的精髓及其价值意蕴[J].当代世界与社会主义,2023(1)96-103.

[27]刘北成.俄国民粹派和民粹主义的再评价[J].战略与管理,1994(5)20-23.

[28]刘国华.《俄国自由主义思想(1860-1880)》简评[J].国外社会科学,2006(4)82-83.

[29]刘建国,马龙闪.论俄国民粹主义的文化观[J].哲学研究,2005(12)62-69.

[30]刘同舫.列宁的辩证唯物主义和历史唯物主义思想及其当代意义[J].马克思主义研究,2010(12)31-41.

[31]刘同舫.在应对当代各种社会思潮的挑战中发挥马克思主义的威力[J].马克思主义研究,2010(3)106-114.

[32]刘旺旺,俞良早.批判中阐释:列宁文化思想形成的基本路径[J].中南民族大学学报(人文社会科学版),2017(4)97-100.

[33]柳亦博.自由民主与民粹主义的共生、异变及民主改良[J].天津社会科学,2022(3)60-68.

[34]鲁法芹,蒋锐.俄国民粹主义在中国的初始传播及其特点[J].当代世界社会主义问题,2018(1)29-36.

[35]马龙闪.俄国民粹主义产生的历史条件和它的主要特征[J].俄罗斯研究,2002(2)59-64.

[36]马龙闪.关于俄国民粹主义的几个问题[J].史林,2002(2)99-104+121.

[37]马龙闪.论俄国民粹主义革命急进派的政治纲领[J].东欧中亚研究,2002(6)60-68+98.

[38]尼·康·米海洛夫斯基.卡尔·马克思在尤·茹柯夫斯基先生的法庭上[J].周来顺,译.现代哲学,2022(2)29-48.

[39]单程秀,张凤阳.马克思恩格斯文本中的"公社"概念[J].南京大学学报(哲学·人文科学·社会科学),2022(1)15-25+157.

[40]石镇平,刘雨.谨防跌入西方"民粹主义批判"的话语陷阱[J].毛泽东邓小平理论研究,2022(7)98-106+108.

[41]宋朝龙.西方新民粹主义逆全球化的囚徒困境与破解之道[J].理论与改革,2020(6)81-92.

[42]宋洪训.俄国民粹派的英雄史观[J].国际共运史研究资料,1981(1)133-154.

[43]孙来斌.列宁对待马克思主义的科学态度[J].马克思主义理论学科研究,2021(12)94-104.

[44]孙秀玲,吕薇洲.列宁对民粹主义思潮的批判方法及其当代价值[J].天津师范大学学报(社会科学版),2021(1)64-70.

[45]孙正聿.列宁的"三者一致"的辩证法:《逻辑学》与《资本论》双重语境中的《哲学笔记》[J].中国社会科学,2012(9)4-27+206.

[46]陶德麟.阶级分析的方法:马克思列宁主义党的锋利武器[J].理论战线,1958(3)38-42.

[47]田心铭.在反对自由主义民粹派的斗争中捍卫和阐发唯物主义历史观:列宁《什么是"人民之友"以及他们如何攻击社会民主党人?》第一编研读[J].思想理论

教育导刊,2012(11)21-27.

[48]王东,刘军.列宁《哲学笔记》蕴含的时代观探析[J].当代世界与社会主义,2020(2)27-32.

[49]王丽华.国外列宁研究中的不同观点[J].当代世界与社会主义,2005(6)154-158.

[50]王晓放.道路、主体、方法:列宁早期对民粹主义的批判与马克思主义民族化的探索[J].马克思主义哲学研究,2022(1)241-250.

[51]王中汝.列宁关于俄国革命和建设道路的探索及启示[J].科学社会主义,2021(3)134-142.

[52]夏银平.重新认识俄国民粹主义的"主观社会学"[J].学术研究,2010(8)36-39+159.

[53]夏银平.俄国民粹主义的人民主体论再分析[J].现代哲学,2009(3)34-37+48.

[54]夏银平.列宁与俄国民粹主义关系再认识[J].社会科学家,2007(1)191-194+198.

[55]夏银平.试析俄国民粹主义的个人主义社会主义观[J].合肥工业大学学报(社会科学版),2006(3)104-108.

[56]夏银平,冯婉玲.列宁对非马克思主义错误思潮的批判及其启示:以《什么是"人民之友"以及他们如何攻击社会民主党人?》为样本[J].中共福建省委党校(福建行政学院)学报,2020(5)152-158.

[57]肖遥,牛先锋.近年来国内学界关于列宁俄国民粹主义批判研究述评[J].理论视野,2021(8)99-104.

[58]徐芹.列宁对民粹派"人民经济论"的批判及其当代价值[J].南京政治学院学报,2015(5)19-23.

[59]徐芹.列宁对民粹派社会主义远景论的批判及其当代价值[J].江汉论坛,2015(12)49-54.

[60]徐芹.列宁早期对俄国民粹主义的批判及其当代价值[J].南京政治学院学报,2016(6)27-33.

[61]徐芹.列宁早期俄国资本主义矛盾观及对错误思潮的批判[J].科学社会主义,2018(2)132-137.

[62]徐芹.论列宁对民粹派"非资本主义道路"理论的批判[J].理论学刊,2010(2)8-12.

[63]徐芹.论列宁早期活动的社会主义主题[J].当代世界与社会主义,2011(3)37-41.

[64]徐芹.论列宁早期肯定俄国资本主义发展思想的出发点:兼驳关于列宁追求资本主义具有讽刺意义的观点[J].当代世界与社会主义,2010(5)49-53.

[65]徐芹.批判错误思潮与列宁早期俄国资本主义发展思想[J].马克思主义研究,2012(9)41-49.

[66]徐芹.十月革命前列宁对俄国社会发展道路的探索及其意义[J].马克思主义理论学科研究,2021(7)63-72.

[67]许传华.俄国民粹主义的悖论:基于民粹派文学的思考[J].中国俄语教学,2012(2)68-71.

[68]杨军,郝垚丽.列宁批判俄国民粹主义的科学方法及其启示[J].思想教育研究,2021(7)94-99.

[69]杨谦,杨文亮.论列宁对民粹派"社会主义实现论"的批判[J].思想理论教育导刊,2018(2)50-54.

[70]杨文亮.列宁"社会主义日常论"的生成、实践困境与当代重构[J].毛泽东邓小平理论研究,2020(3)101-106+108.

[71]杨文亮.论列宁对俄国民粹派"小事情理论"的批判与重构[J].河南大学学报(社会科学版),2021(2)8-13.

[72]杨文亮.论列宁与俄国民粹主义的关系[J].中共福建省委党校(福建行政学院)学报,2021(3)62-70.

[73]俞可平.现代化进程中的民粹主义[J].战略与管理,1997(1)88-96.

[74]张传平.尼尔·哈丁与当代西方"列宁学"研究的理论转向[J].山东社会科学,2018(7)70-75.

[75]张传平.西方"列宁学"视域中的列宁主义及其批判[J].南京社会科学,2008(12)10-16.

[76]张建华.从民粹主义到列宁主义:俄国知识分子思想的艰难跋涉[J].当代世界与社会主义,2001(6)121-125.

[77]张静.彼·特卡乔夫致弗·恩格斯的公开信[J].当代世界社会主义问题,2014(3)44-53.

[78]张一兵.革命实践中的青年列宁与历史的主客体向度[J].理论探讨,2008(1)29-38.

[79]张育瑄.现代美国民粹主义的结构与困局分析[J].世界民族,2021(1)24-33.

[80]郑敬斌.网络民粹主义:存在样态、运作模式与治理路向[J].东北师大学报

(哲学社会科学版),2022(6)48-56.

[81]郑祥福.列宁对马克思主义本土化发展的原创性贡献[J].哲学研究,2021(2)38-47.

[82]中国社会科学院"新自由主义研究"课题组.新自由主义研究[J].马克思主义研究,2003(6)18-31.

[83]周凡.在马克思主义与民粹主义之间:对恩格斯与特卡乔夫论战的反思(上)[J].学术研究,2015(4)18-27+159.

[84]周凡.在马克思主义与民粹主义之间:对恩格斯与特卡乔夫论战的反思(中)[J].学术研究,2015(5)17-27.

[85]周凡.在马克思主义与民粹主义之间:对恩格斯与特卡乔夫论战的反思(下)[J].学术研究,2015(6)1-11.

[86]周穗明.西方右翼民粹主义政治思潮述评[J].国外理论动态,2017(7)58-72.

[87]朱晓林,双传学.论列宁对俄国社会错误思潮的批判及其启示[J].广西社会科学,2015(7)57-61.

[88]朱哲,郑伟.列宁对普列汉诺夫一元论历史观的继承与超越[J].马克思主义理论学科研究,2017(3)81-93.

五、外文著作

[1] FISCHER G. Russian liberalism:from gentry to intelligentsia[M].Cambridge:Harvard University Press,1958.

[2] GOODING J. Socialism in Russia:Lenin and his legacy:1890-1991[M].London:Palgrave Macmillan,2002.

[3] HARDING N. Lenin's political thought [M]. London: The Macmillan Press Ltd,1983.

[4] IONESCU G, Gellner E. Populism: its meanings and national characteristics[M]. London: Weidenfeld and Nicolson,1969.

[5] MENDEL A P. Dilemmas of progress in Tsarist Russia, legal Marxism and legal populism[M]. Massachusetts:Harvard University Press,1961.

[6] NINA T. Lenin lives: the Lenin cult in Soviet Russia[M]. Cambridge:Havard University Press,1983.

[7] PAYNE R. The life and death of Lenin[M]. New York: Simon and Schuster Press,1964.

[8] PIPES R. The Russian revolution[M]. New York: Knopf,1990.

[9] POLAN A J. Lenin and the end of politics [M]. London: Methuen & Co. Ltd.,2017.

[10] POMPER P. Peter Lavrov and the Russian revolutionary movement [M]. Chicago:The University of Chicago Press,1972.

[11] POSSONY S T. Lenin: the compulsive revolutionary[M]. London:George Allen and Unwin Ltd.,2017.

[12] READ C. Lenin: a revolutionary life [M]. New York: Taylor & Francis Group,2005.

[13] SERVICE R. Lenin: a biography[M]. London:Macmillan,2000.

[14] SHANIN T. Late Marx and the Russian road: Marx and the peripheries of capitalism[M]. New York:New York University Press,1983.

［15］TIMBERLAKE C E. Essays on Russian liberalism［M］. Columbia：University of Missouri Press，1972.

［16］VENTURI F. Roots of revolution：a history of the populism and socialist movements in nineteenth－century Russia［M］. Chicago：The University of Chicago Press，1960.

［17］WALICKI A. The controversy over capitalism：study in the social philosophy of Russian populist［M］. London：Oxford University Press，1969.

［18］WOLF R D. Lenin［M］. New York：Twayne Pubilshers，1973.

六、外文期刊

［1］BILLINGTON J H. Mikhailovsky and Russian populism［J］. Political Science Quarterly，1958，73（4）：607－608

［2］CLARKE S. Was Lenin a Marxist? the populist roots of Marxism－Leninism［J］. Historical Materialism，1998，3：3－28.

［3］de Bertier de Sauvigny G. Liberalism nationalism and socialism：the birth of three words［J］. The Review of Politics，1970，32（2）：147－166.

［4］MUDDE C. The populist zeitgeist［J］. Government and Opposition，2004，39（4）：541－563.

［5］PIPES R. Russian Marxism and its populist background：the late nineteenth century［J］. The Russian Review，1960，19（4）：316－337.

［6］А. И. Юдин，Народничество и русский марксизм［J］. Вестник ТГУ，2011，№ 4. С. 244－251.

［7］В. Д. Жукоцкий，Ф. П. Фурман. Народничество русской интеллигенции и культуры[J]. Философия и общество,2004,№3. С. 256-275.

[8] Г. С. Лапшина, Газета" Неделя": 1866 - 1901 [J]. МГУ имени М. В. Ломоносова,2009.

七、其他类型文献

[1]程婧.屠格涅夫与俄国民粹主义[D].上海:华东师范大学,2019.

[2]金雁.俄国民粹主义的缘起[N].学习时报,2005-5-9.

[3]金雁.革命民粹派发展的最高阶段:社会革命党[N].学习时报,2005-7-18.

[4]刘明皞.马克思主义视域中的民粹主义思潮研究[D].武汉:湖北大学,2020.

[5]肖遥.列宁对俄国民粹主义批判研究[D].北京:中共中央党校,2022.

[6]徐瑾.列宁对俄国民粹主义认识的变化及其当代启示研究[D].武汉:华中师范大学,2018.

[7]徐文文.列宁对俄国民粹主义批判研究[D].沈阳:辽宁大学,2021.

[8] Рустем Вахитов. Ленин как стихийный народник [EB/OL], http://www.istoki-rb.ru/index.php? article = 593/2010-04-21.

[9]Юрий Белов. Старый хлам под новым флагом[N]. газета "Правда" ,2014-2-22.